北京师范大学史学探索丛书

满蒙权贵与20世纪初的政治生态研究书系

新政 新制 新文化

编订名词馆与贵胄学堂

孙燕京 ◎ 主编

何思源 程学峰 ◎ 著

华夏出版社
HUAXIA PUBLISHING HOUSE

《北京师范大学史学探索丛书》
编辑委员会

顾　问　刘家和　瞿林东　郑师渠　晁福林
主　任　杨共乐
副主任　李　帆　易　宁
委　员（按姓氏笔画排序）
　　　　　宁　欣　刘林海　安　然　张　升
　　　　　张　皓　张　越　张荣强　张　建
　　　　　吴　琼　周文玖　罗新慧　郑　林
　　　　　庞冠群　侯树栋　姜海军　郭家宏
　　　　　耿向东　董立河

出版缘起

在北京师范大学的百余年发展历程中,历史学科始终占有重要地位。经过几代人的不懈努力,今天的北师大历史学院业已成为史学研究的重要基地,是国家"211"和"985"工程重点建设单位,首批博士学位一级学科授予权单位。拥有国家重点学科、博士后流动站、教育部人文社会科学重点研究基地等一系列学术平台,综合实力居全国高校历史学科前列,被列入国家一流大学、一流学科建设行列,正在向世界一流学科迈进。在教学方面,历史学院的课程改革、教材编纂、教书育人,都取得了显著的成绩,曾荣获国家教学改革成果一等奖。在科学研究方面,同样取得了令人瞩目的成就,在出版了由白寿彝教授任总主编、被学术界誉为"20世纪中国史学的压轴之作"的多卷本《中国通史》后,一批底蕴深厚、质量高超的学术论著相继问世,如十卷本《中国文化发展史》、二十卷本《中国古代社会与政治研究丛书》、三卷本《清代理学史》、五卷本《历史文化认同与统一多民族国家的发展》、二十三卷本《陈垣全集》以及《历史视野下的中华民族精神》、《上博简〈诗论〉研究》等巨著,这些著作皆声誉卓著,在学界产生较大影响,得到同行普遍好评。

上述著作外,历史学院的教师们潜心学术,以探索精神攻关,又陆续完成了众多具有原创性的成果,在历史学各分支学科的研究上连创佳绩,始终处在学科前沿。为了集中展示历史学院的这些探索性成果,我们组织了这套"北京师范大学史学探索丛书",希冀在促进北师大历史学科更好发展的同时,为学术界和全社会贡献一批真正立得住的学术力作。这些作品或为专题著作,或为论文结集,但内在的探索精神始终如一。

当然，作为探索丛书，不成熟乃至疏漏之处在所难免，还望学界同仁不吝赐教。

北京师范大学历史学院

北京师范大学史学理论与史学史研究中心

北京师范大学史学探索丛书编辑委员会

清末政治生态与政治史研究的几点思考（代总序）

大时代与好时代

20世纪，全球化特征日趋凸显。它的第一个十年，资本帝国主义以血以火以资本的形式急速膨胀，被压迫国家、被压迫民族遭遇到不同程度的生存危机，一些继续沉沦，一些幡然奋起，这些变化同时解构着世界。

晚清以来，中华民族遭受了持续的苦难，强敌逼迫，国势凋敝，当权者不得不重新选择道路。走入20世纪，国家历史进程演绎出波澜壮阔的画面。

我一直以为，晚清不是好时代却是大时代。所谓"好时代"包括"文景之治"、唐宗宋祖等千百年传颂的妖娆，无须更多申说，大时代的意义却往往不同。之于晚清，其"大"特指"三千年未有之变局"，被迫卷入世界市场，走出专制、拥抱共和，成为亚洲第一个共和国。变动之剧，罕与匹敌。久居和平环境的我们，很难体会那种翻覆与动荡。1907年，因涉嫌"康党"而避祸上海的孙宝瑄感慨："风气至今，可谓大转移。立宪也、议院也，公然不讳，昌言无忌。且屡见诸诏旨，几等口头禅，视为绝不奇异之一名词，诚数年前余等居海上时所梦想不及也。"① 如果不是身处其间，很难体会短短七八年，观念、风气、时局所发生的剧变。

解构与重构是复杂多元的裂变过程。至清末，七十年变局造就社会结构的变化，原有结构发生从中心滑落边缘、边缘位移中心的秩序塌陷。经由太平天国运动，中央地方的权力消长致使督抚始而"尾大不掉"继而"分庭抗礼"终则"离心离德"。经由新式教育、选拔人才方式的变化，导致旧士人失

---

① 《孙宝瑄日记》，中华书局2015年版，第1157页。

势、新知识分子崛起，士大夫与皇权"天然联系"的纽带断裂。经由湘淮军、新建陆军，扭转了将不知兵、兵不知将的局面，却反转为"兵为将有"的格局。至于国家财政的窘败、满汉矛盾的潜滋暗长、最高统治集团的内耗，皆导致了统治危局。如何才能"解套"？显然，想维系旧的改革思路是没有指望的。

困顿求生，预备立宪不期而遇。但对它的期许，简直是见仁见智、南辕北辙。革命派要取消君权、立宪派要限制君权、当权派要维护君权，几近各不相让。博弈的过程，就成了清末政治渐次脱离君主专制走向立宪、走向共和的过程。

实际上，清末政治走向有多种可能性。一味地论证王朝最高决策者如何走向失败不过是习惯上的后见之明。在研究中，以历史的结果预设"固定"的进程，会遮蔽历史演化本身的丰富内容和可能进程。历史学一向有解释的功能，我们想解释这些过程，想指出各种可能，想说明结局的偶然与必然。追寻怎样走偏、如何误入歧途以及违背初衷的蛛丝马迹，好似围棋高手的复盘，会有以史为鉴、可知兴替的现实价值与学术意义。

人们常说，堡垒最容易从内部攻破。那么，行进二百多年的清王朝"天命"中的"气数"又是何时"耗尽"，自我朽败又是怎样开始且逐渐加深加速的呢？

清末政治的研究

与清末历史同样丰富多彩的是研究的热闹非凡。就研究范式而言，革命、现代化、从西方中心到中国中心先后登场，相互砥砺；区域社会、国家与社会、中央与地方关系各领风骚，反复切磋；一些固有的热点被冷落，一些貌似不起眼的问题迸发出耀眼的光芒。

学界对清末政治的研究可谓硕果累累。例如辛亥革命，经由民国时期的英雄谱系书写、共和国时期的革命叙述，学术层层堆垒，不仅成为高原，简直就是高山巍峨。但不可否认，相当长一段时间里辛亥革命的研究畸轻畸重，轻易地抹去了革命之外丰富的历史侧面。彼时，清王朝统治阶级、精英阶层，甚至态度与立场略显温和的群体都被当作革命的对立面，甚少关注。二十世纪六七十年代，一些港台地区的学者开始把视野投向立宪派、立宪运动；八十年代后，内地研究者也陆续调整了研究视野与方法，突破了简单化、贴标签、泛革命化的框架。此后，晚清政治史至少沿着三条线索——民族民主革命的线索、政治现代化的线索、权力结构与运作的线索，在六个方面——系统化、序列化趋向；从革命史单一向度到多维视界展开、形成多元互动的态势；借鉴相关学科的研究方法与理论框架；大幅推进制度史研究；开拓政治文化史、心态史、权贵研究等新领域；整理出版大量的晚清史资料，为研究的提升奠定了基础。总体而言，近三十年的晚清政治史成果显赫。即便如此，大家都觉得仍有一些待深化、需拓展的空间。

具体而言，研究对象仍可进一步细化、深挖。政治史研究与政治人物密不可分，随着史料发掘整理，对那些以往被忽视的清廷统治集团的核心人物、核心群体、满蒙权贵仍然有研究的空间；对清廷政策的调整、立宪认识与实施、解救危机的选择仍然有推敲的余地。甚至，清末新政取自民间的巨额经费，到底给下层人民多大的压力？百姓的"税负痛苦指数"究竟如何？是否可以进一步追索与解释？其实，自2012清帝退位百年之时，不少学者已经把视野转向了清廷权贵，试图更合理地解释鼎革之际"原体制内"的变化以及内部的自我侵蚀与消融。

卡尔说，历史是历史学家和他的客观事实之间永无休止的对话。我觉得，我们并没有穷尽晚清、清末的话题（可能永远不能穷尽），很多真相还湮没在历史的尘埃中。很长时间以来，谈及20世纪初十年这一段历史，人们多把它看作辛亥革命的准备、发动、成功与失败的完整链条，言外之意，楼都塌了，分析楼的主人怎么想、怎么说、怎么做还有什么意义？其实，回到历史本身，辛亥革命只是清末十年的一部分，换一句话，清末历史的多元内容远远不是一场革命所能涵盖的。

政治史是历史研究的脊梁

异彩纷呈的历史由人类写就。很多年里，不少研究者欣喜于社会生活的多姿多彩，欣喜于"宏大叙事"、治乱兴衰之外的丰富故事，致使政治史一定程度被"轻慢"。① 但是，当我们能够回望人类社会进程时，琐碎的边边角角毕竟是海滩上的沙砾。决定历史发展进程的，还是家国大事。所以白寿彝先生才感慨"政治是历史的脊梁"。

制度、人物、治乱兴衰是政治史最基本的观察点。我们立足于这一基本认知而关注清末政治大环境，也就是政治生态。政治生态是相对于自然生态、环境生态、经济秩序而言的一种社会政治状态。关于政治生态，时人早有涉及。1900年，孙中山在致港督卜力书信函中指出，"朝廷要务，决于满臣，紊政弄权，惟以贵选，是谓任私人。文武两途，专以贿进，能员循吏，转在下僚，是谓屈俊杰"。他把矛头指向了朝廷，也就是满蒙权贵把持的国家政权，认为他们是导致清末政治生态失衡的"罪魁祸首"。此后，研究者多承袭革命党人的申说，对清末的政治生态一言以蔽之"窳败"。那么，当权者是否知其"窳败"？是否任其发展而不想办法、不采取措施？这些措施是否全不对症、全然无效？是措施不对还是"运命"不好？换句话说，是否清廷没有一点机会、一点"历史的余地"？在我看来，至少宣统之初，少壮亲贵是有信心的。胡思敬说："载沣初摄政时，兴致甚高，凡批答各省章奏，变'依议'曰'允行'，如史臣记事之体，折尾恭誉套语辄加浓圈。后亦稍稍懈弛，视德宗时尤甚，虽交议交查密旨，或累月经年不复，亦若忘之，无过问者。"② 先是积极进取，继而懈怠疲玩，很快就书写了清末政治的一个"常态"，为什么？这与人们惯习的"扫帚不到，灰尘不会自己跑掉"的认知是不一样的。

我觉得20世纪初的中国，处于政治大转型时代，彼时存在着险中求胜的可能性。本着这一认知，我们重新审视这段历史，重新探讨当时的政治生态，

---

① 参见拙文《"内轻外重"抑或"内外皆轻"？——评李细珠〈地方督抚与清末新政〉兼论晚清政治史研究》，载于《近代史研究》2014年第2期。

② 胡思敬：《军机不胜撰拟之任》，《国闻备乘》，卷四，上海书店1997年版，第94页。

分析不同阶层、不同群体在塑造政治生态中扮演的角色。我们围绕满蒙权贵着手展开 20 世纪初十年的政治生态研究，策划了"满蒙权贵与 20 世纪初的政治生态研究"这一书系。从选题火花到逐渐清晰再到杀青历时十余年（每一种著作出版时间各不相同）。作为书系的主编，我在 20 世纪 80 年代初撰写硕士学位论文时，就特别关注晚清政治史及权贵群体。[①] 其后，有感于晚清政治史研究远没有穷尽，还有许多工作要做，甚至还需要"创榛辟莽、前驱先路"。心怀这个梦想，我在指导硕博学位论文时，开启了"十年大计"。我们打算从史实出发，力图还原历史的本真面貌，研究当时的权贵集团与政治生态。我们所说的"权贵"，是指统治集团中位高权重、地位显赫的群体；而满蒙权贵则专指清朝统治阶层位于权力核心的满蒙王公贵族、旗籍高官及封疆大吏；有时候范围更小一些，指的是皇族近亲，大凡取这个意思时就称之为"亲贵"。清末，由于政治权力构成的复杂性，权贵群体很难完全排除统治阶级中的汉族高官，故兼及之。研究的重点是清末政治生态的样态、成因、流变；执政的满蒙权贵的政治认同及其变化；对改革的认知、决策、争论以及政改取向；满蒙权贵对宪政理解；改革实施等关键环节，阐发体制内改革的因应及成败得失。

那么，什么样的生态造就了清末的制度变革、人物遭际以及房倒屋塌呢？

书系的构成

我们试图在全球观照下，讨论清王朝最后十年的外部逼迫与内部矛盾、政策调整、改革举措，特别是聚焦于满蒙权贵的际遇、因应、行事风格、所思所想。试图推演清末政治生态以及"危机"对改革成败的影响。

书系包括九种专著，分别是：

[①] 我的硕士学位论文题目是《地方督抚与晚清政局》，于 1984 年完成答辩，此后心猿意马，直到三十年后才再次回到这一领域，真应了那句"三十年河东，三十年河西"的老话。

朱文哲:《王朝与国家:清末满洲贵族的政治认同》

周增光:《宗室王公与清末新政》

杨猛:《最后的家天下:少壮亲贵与宣统政局》

梁山:《清末政治与中日关系》

周福振、庞博:《"铁帽子王"善耆与时代变局》

闫长丽:《新旧之间:端方与清末变局》

连振斌:《锡良与清末新政》

朱淑君:《赵尔巽与清末制度变革》

何思源、程学峰:《新政、新制、新文化:编订名词馆与贵胄学堂》

这些研究包含以满蒙权贵集团各个群体为视角的综合考察,以执掌中央职能部门的显赫亲王以及执政一方的满蒙督抚为中心的个案研究,还包括清末若干新设机构的个案研究。

在我们看来,清末新政乃至预备立宪既是形势所迫,也是自主选择。满蒙权贵先是颟顸不足道,后是走向世界并认识了权力的变通方式(用立宪代替专制)。尽管他们迈出的每一步都处心积虑地维护着皇权,但毕竟不知不觉地拥抱了现代制度文明。就像托克维尔在《旧制度与大革命》一书中揭示的大革命萌生于旧制度所说的那样。即使王朝覆灭以后,清末新政以及立宪的一些措施依旧延续下来,成为中国现代化进程中的一环或者一项制度性奠基。大如现代政治的形成、政治结构日趋专门化、政治职能的扩大和完善、政治组织趋于制度化、国家治理的法制化走向、选举与被选举权利的赋予、人民权利的宪法表达、现代生活观念的生成等,小如街道门牌的编制、衣食住行的变化,追根溯源,无不聚焦在那个时代。因之,考察它的过程、分析它的利弊得失、总结它的经验教训就具有了鉴往知来的意义。

我老是耽误自己。其实早些动手可以更从容地思考。但终日奔竞于日常琐事,每一次都是到交稿"大限"所剩无几才仓皇上阵,于是曾经的思考化为"大脑空白",只好临时起意,匆匆了事。谨以为序。

孙燕京于朝阳袖手斋

丁酉腊月

目 录

1　　绪　论

上编　编订名词馆

30　　第一章　编订名词馆的酝酿与设立
30　　第一节　新名词的涌入与清廷统一译名的初步尝试
35　　第二节　传播新知与端正世风：清廷设立编订名词馆的双重考量
43　　第三节　严复就职与编订名词馆的成立
48　　小　结

50　　第二章　承旧与开新：编订名词馆的制度考察
50　　第一节　机构与职能
55　　第二节　人事与决策
67　　小　结

68　　第三章　规范学科名词：编订名词馆的成果与影响
68　　第一节　名词对照表的编纂流程与体例
71　　第二节　名词对照表内容特点探析
83　　第三节　名词馆的社会影响
88　　小　结

90　　结　语

下编　贵胄学堂

- 96　第一章　贵胄学堂产生的历史背景
- 96　　第一节　改革的必然产物
- 105　　第二节　拱卫边疆的需要
- 107　　第三节　向国外学习的产物

- 109　第二章　陆军贵胄学堂
- 111　　第一节　招考情况
- 118　　第二节　机构设置与职掌
- 120　　第三节　师资情况
- 132　　第四节　经费情况
- 139　　第五节　课程和图书
- 156　　第六节　堂内生活掠影
- 161　　第七节　毕业生出路

- 165　第三章　贵胄法政学堂
- 165　　第一节　招考情况
- 171　　第二节　机构设置与职掌
- 172　　第三节　师资情况
- 174　　第四节　经费情况
- 182　　第五节　课程和图书
- 193　　第六节　堂内生活掠影

- 206　结　语

- 210　参考文献

- 222　附录一：编订名词馆所编各科名词对照表内容

291　附录二：黄摩西主编《普通百科新大辞典》相关学科词条

294　附录三：陆军速成学堂员司职守

296　附录四：贵胄游学章程

298　附录五：陆军贵胄学堂第一期毕业生毕业去向表

303　附录六：陆军贵胄学堂第一期毕业生同学录

324　后　记

绪　论

本书以清末编订名词馆与贵胄学堂为主要研究对象,通过对该制度的缘起、职能、组织、成绩及社会影响的研究,加深对近代中国自传统走向现代过程中政治转型与文化变迁的复杂性的理解。在进入正式研究之前,首先对编订名词馆与贵胄学堂所处时代的特征,即本书书名中的"新政""新制"与"新文化"三方面,略作学术史的回顾。

一、新政

1901年1月29日,因八国联军侵华而仓皇"西狩"的慈禧太后,以光绪皇帝的名义,在西安发布"变法"上谕,以"穷变通久"的经书大义和"列祖列宗"的"因时立制"作为变法的理论与历史依据,明令"军机大臣、大学士、六部、九卿、出使各国大臣、各省督抚,各就现在情弊,参酌中西政治,举凡朝章、国政、吏治、民生、学校、科举、军制、财政,当因当革,当省当并,如何而国势始兴,如何而人才始盛,如何而度支始裕,如何而武备始精,各举所知,各抒所见"。① 是为时人所称"新政"、后人所称"清末新政"的开端。此时距两宫抵达西安行在已近百日,距清廷向列强宣战已半年有余,而距离上一次"新政"即戊戌变法被慈禧太后亲手扼杀已过了862天。

清廷这场自上而下的新政,试图为因戊戌政变而中断的政治改革注入新的动力,以挽救其岌岌可危的命运。尽管"变法"上谕中仍斥责康有为之新

---

① 朱寿朋编:《光绪朝东华录》(第四册),中华书局1958年版,第4601—4602页。

法为"乱法",但统治者显然也意识到,仅靠学习"语言、文字、制造、器械"这些"西艺之皮毛"的"洋务运动改革模式"已难以为继,仿照西方政治制度进行全面的政治改革是其唯一的出路。于是,先有外交、财政、军事、教育、法律等诸多领域的制度设置,后又于1906年颁布"仿行宪政"谕旨,改革开始触及顶层权力的重新分配。然而,正如法国思想家托克维尔所言:"对于一个坏政府来说,最危险的时刻通常就是它开始改革的时刻。"① 在新政诏书颁布仅仅十一年后,看似因新政而重焕生机的清王朝,被武昌一隅的一声炮响震得分崩离析,匆匆退出了历史舞台。

清王朝覆灭后,"清末新政"作为已过去的一段历史,正式进入史学研究的领域。② 然而在很长一段时间里,史学界对研究清末新政并不热衷。这自然是因为在观察清末历史时,绝大多数人都被那场推翻两千年帝制、在亚洲建立第一个民主共和国的革命所吸引,进而探求其起源,还原其过程,评价其得失。中国的20世纪是革命的世纪,辛亥革命、国民革命、中共革命,三场革命前后接续、不断递进,犹如高山滚石。③ 而被革命的巨石所推翻、碾压的"反动势力",则在很长一段时间被学术研究所忽视。辛亥革命后,国民党和共产党这两股政治力量的态度决定了对辛亥革命前十年历史的评价。鉴于两党都声言继承了孙中山的革命遗产,其立党宗旨中又都有推翻封建专制主义的内容,由此对于革命的对象、代表封建专制力量的清王朝的自救行动自不会有什么正面评价。

还在新政过程之中,就有大量对新政持负面看法的言论。革命党人自然不会为清王朝的改革喝彩。陈天华早就戳破清末新政是"假维新","见从前守旧的惹出祸来,才敷衍行了一段新政,不过是掩饰人的耳目"。④ 孙中山也曾

---

① [法]托克维尔著,冯棠译:《旧制度与大革命》,商务印书馆1997年版,第210页。
② 关于"清末新政"的概念,现在普遍是指从1901年至1911年由清政府主导的改革运动。它可分为两个阶段,即1901—1905年的体制内变革,与1906—1911年以"预备立宪"为重心的政治体制自身的变革。过去一些研究多只将前一阶段视为"清末新政",而将后一阶段单独称为"预备立宪"时期。但近些年来学界普遍认识到这两个阶段实是互相关联、密不可分的。见李细珠《清末政治史研究的宏观检讨》,《史学月刊》2013年第2期。
③ 参见王奇生《导言:高山滚石——20世纪中国革命的连续与递进》,王奇生主编:《新史学(第七卷):20世纪中国革命的再阐释》,中华书局2013年版,第1—24页。
④ 陈天华:《猛回头》,严昌洪、何广编:《中国近代思想家文库·杨毓麟、陈天华、邹容卷》,中国人民大学出版社2014年版,第162、160页。

提醒世人不要为满清政府的改革所迷惑，"那些诏旨只不过是专门用以缓和民众骚动情绪的具文而已"。① 甚至清政府的拥护者也逐渐认清其"假维新"的本质。在新政诏书颁布之初，国内就有舆论称新政乃是"以旧人行新政"，"新政不新"。② 在国外为清廷立宪长期奔走、与革命派大打笔战的梁启超，也在 1907 年著文称："现政府者，制造革命党之一大工场也"，并且是"以积极的手段直接而制造革命党"。梁启超何以会出此言？这是因为梁启超对清政府的虚假变法已忍无可忍："号称预备立宪改革官制，一若发愤以刷新前此之腐败，夷考其实，无一如其所言，而徒为权位之争夺，势力之倾轧，借权限之说以为挤排异己之具，借新缺之立以为位置私人之途，贿赂公行，朋党各树，而庶政不举，对外之不竞，视前此且更甚焉。"③ 在君主立宪和民主共和两种政体之间，梁启超一向支持前者，并在舆论上持续为清廷改革造势。然而，新政的实际效果，却令其极度失望。

尽管新政实施的某些措施也曾获得时人的好评④，但在民国建立之后，上述抨击清末新政的声音愈加凸显，并主导了这一时期历史学者对这段历史的评价。1921 年，毕业于北京高等师范学校、时为中国社会主义青年团团员的魏野畴，将其研习中国近代历史的心得撰成一部《中国近世史》。在这本书中，作者较为详细地介绍了清末新政的主要内容，包括 1905 年前的"废科举，立学校，裁汰闲职，派遣出洋留学生"，以及 1905 年后在日俄战争影响下"高谈立宪政体"，并从预备立宪、整顿军备和学校教育三方面展开讲述。但对清末新政的评价，作者持负面态度，如批评立宪是政府"推托和欺骗人民的手段"，毫无诚意可言。⑤

---

① 孙中山：《中国问题的真解决》，广东省社会科学院历史研究室等合编：《孙中山全集》（第一卷），中华书局 1981 年版，第 251 页。
② 《论中国以旧人行新政之谬》，《中外日报》1901 年 4 月 28 日。转引自章开沅、朱英主编《中国近现代史》，河南人民出版社 2009 年版，第 246 页。
③ 梁启超：《现政府与革命党》，梁启超著，汤志钧、汤仁泽编：《梁启超全集》（第六集，论著六），中国人民大学出版社 2018 年版，第 222、224 页。
④ 例如在军事领域，在华传教士丁韪良近距离观察新军的军事演习，评价很高："这些演习显示，在铁路运输的帮助下，中国能够聚集起一支训练有素的十万人大军。"（丁韪良：《序》，[美] 丁韪良著，沈弘译：《中国觉醒》，世界图书出版公司北京公司 2010 年版，第 11 页）另外在奏章、报刊中也常见时人对新政的正面评价，但需注意这些评价或为刻意吹捧，不能尽信之。
⑤ 魏野畴：《中国近世史》，开明书店 1932 年版，第 228—233 页。

在 1949 年新中国成立以前，由共产党人或左翼学者撰写的中国近代史著作中，魏野畴的这部著作或许是对清末新政介绍最为详尽的。但他对这一时代的论述重心还是放在列强侵略和革命活动上。此后出版的同类著作亦有类似特点。华岗的《中国民族解放运动史》第一卷第六章名为辛亥革命，实际包含了《辛丑条约》签订至清朝灭亡十二年的历史。其主题包括帝国主义侵略与中国人民反抗的具体事例、民族资本主义的发展、革命团体的活动、辛亥革命的经过和结果等。对于清末新政，仅在论述民族资本主义发展时略有涉及，但强调清廷"借用立宪的幌子来压制革命"，并最终导致资产阶级"对于清室的改良开始幻灭了"。清政府不仅没有通过新政推动资本主义发展，其自身还和帝国主义一起成为阻碍资本主义发展的敌人。① 胡绳的《帝国主义与中国政治》，强调新政的内容"对于人民有利的'革新'是一点也没有的"，清廷实行新政、预备立宪，是为了"降低革命风险、蒙骗人民"，以及"讨好帝国主义列强"，"使帝国主义相信他不仅是忠仆，而且是很有能力的忠仆"。② 其著作的重心在于批评帝国主义的侵略。

实际上，对清末新政的轻视以至批判，是民国时期史学界的普遍意见，不独左翼史家而已。如吕思勉在其《中国近代史讲义》中称："清孝钦后之回銮也，复貌行新政，以敷衍人民，然绝无诚意。"评价其预备立宪措施为："看似百度具举，实多格不能行；或行之而名不副实，转以滋扰。"③ 而改革开放后被大陆学者普遍视为中国近代史研究的"现代化范式"开创者的蒋廷黻，在其名作《中国近代史》中，也并未将清末新政视为中国现代化进程中的重要环节。他认为奕訢、曾国藩领导的洋务运动，康有为领导的变法运动和孙中山领导的革命运动，是近代史上通往现代化的三种救国方案，而清政府主导的新政并不在其列。其原因在于这场新政运动的背后，实际是满族统治者"借改革以收汉人的政权"。④ 他认为在义和团运动之后，汉族就将满清政权的存在视为民族复兴的障碍，因此对满族人主导新政本就怀疑；而新政尤其是预备立宪时期满族亲贵的揽权举动，更加激化了满汉之间的矛盾，推动了

---

① 华岗：《中国民族解放运动史》（第一卷），鸡鸣书店 1947 年版，第 199—202 页。
② 胡绳：《帝国主义与中国政治》，生活书店 1948 年版，第 165—166 页。
③ 吕思勉：《中国近代史讲义》，《中国近代史八种》，上海古籍出版社 2008 年版，第 127、128 页。
④ 蒋廷黻：《中国近代史》，艺文研究会 1938 年版，第 116 页。

革命运动的爆发。满汉矛盾的视角，也是除马克思主义史学家的反帝反封建视角外，另一种民国时期流行的研究清末新政的视角。除上书外，还可举李剑农《最近三十年中国政治史》一书为例。作者从新政之初就强调满清政府"处处防备汉人"，新设立的督办政务处、外务部、练兵处甚至京师大学堂，都以满人压制汉族官员；到预备立宪时期，满清贵族和汉大臣官僚都想借立宪夺取对方手中的权力，从而导致宪政无法真正施行。①

在上述著作中，满洲统治集团在清末新政中的形象和作用都是负面的。这种论调直接决定了民国学人对清末新政的总体评价。而这一"满洲观"的形成也与民国社会对"逊清"统治者的态度直接相关。如果说民国时人对晚清汉族重臣，如曾国藩、左宗棠、张之洞、袁世凯等人的态度至少还是毁誉并存的，那么对于清末皇族，除少数"遗民"以外，绝大多数国人没有任何好感。②辛亥革命刚刚过去，革命派"排满"宣传的影响依旧显著。再加上满洲上层统治者确凿无疑的丧权辱国和贪渎腐朽，致使其风评毫无"翻案"的可能。魏野畴在书中如此评价清末统治集团："大凡末年的专制君主和大臣，不出两类人物：一是贪赃凶顽的，一是庸愚无知的。前者对于时代的趋势，人民的期望，不愿意顺从；后者实在是不知道顺从。那拉时代的清政府，就是第一类的；到宣统和摄政王载沣时代的清政府，就是第二类了。所以末年的清政府活动，是无诚意的，无希望的。"③无论是"贪赃凶顽"，还是"庸愚无知"，作者所指的对象主要还是满蒙权贵集团。民国时期形成的简单化的负面评价，致使学界很难以一种严谨的研究心态对待这一群体，高水平的研究成果自然也付之阙如。学者对权贵集团的具体认知，主要依靠晚清历史的亲历者所撰写的一批笔记文章。④

---

① 李剑农：《最近三十年中国政治史》，太平洋书店1930年版，第90—91、115页。民国时期对清末新政着墨较多的著作，还有孟世杰《中国近百年史》（百城书局1931年版）和陈恭禄《中国近代史》（商务印书馆1935年版）。两书都从积极的一面评价清末新政的成果，但也不乏对清廷改革不彻底的批评。而新政引发的满汉矛盾，书中也有简略分析。这两部书可视为民国时期研究清末新政立论较为持平、论证较为周详的代表作。

② 关于清"遗民"的政治取向，可参考林志宏《民国乃敌国也：政治文化转型下的清遗民》，中华书局2013年版。

③ 魏野畴：《中国近世史》，开明书店1932年版，第228页。

④ 例如黄濬的《花随人圣庵摭忆》、胡思敬的《国闻备乘》、恽毓鼎的《崇陵传信录》等书。

总体而言，民国时期的清末新政史研究刚刚起步，高水平的专题式研究并未出现，而通史著作中的一般性研究也大多是辛亥革命研究的陪衬。这种情况到1949年后的很长一段时间也没有改变。据统计，从1949至1978年，国内史学界刊出的与新政直接相关的专题论文只有两篇，此外还有三本涉及这一领域的小册子。①其研究热度与深度均不可与同时期作为"三次革命高潮"之一的辛亥革命研究相比。即使到了改革开放初期，清末新政作为辛亥革命研究附属品的地位仍未完全改变。直至1990年代，清末新政研究才真正成为中国近代史研究的一个独立课题。

1990年代至今，是清末新政研究高速发展的时期。这一学术热点的出现，一方面是学术研究规律的自然发展。当对同时期的革命派、立宪派研究达到较高水平后，学者的注意力必然会转移到统治集团这一过往研究中被标签化、被忽视的群体身上；另外，国门开放后我国台湾地区及西方国家相关研究对国内学者的启发，也对清末新政研究的进步起着助推作用。②另一方面这也是

---

① 崔志海：《建国以来的国内清末新政史研究》，《清史研究》2014年第3期。
② 台湾地区的清末新政研究，也同中国大陆学界走过了近似的道路，即从"革命史范式"下的贬低、忽视，到"现代化范式"下的重新发现。早期研究集中在立宪运动［如张朋园的《立宪派与辛亥革命》（"中央研究院"近代史研究所1969年版），对清末新政中的立宪运动及地方咨议局设立的情况略作讨论］、留学运动（如黄福庆《清末的留日学生》，《"中央研究院"近代史研究所集刊》1971年总第2期）、军事制度（如刘凤翰《晚清新军编练及指挥机构的组织与变迁》，《"中央研究院"近代史研究所集刊》1980年总第9期）等方面。1980年代后区域现代化研究兴起，台湾"中央研究院"近代史研究所组织学者出版了一批专就某一区域或省份在晚清民国时期现代化成果进行研究的著作，包括苏云峰《中国现代化的区域研究：湖北省（1860—1916）》、张玉法《中国现代化的区域研究：山东省（1860—1916）》、李国祁《中国现代化的区域研究：闽浙台地区（1860—1916）》、张朋园《中国现代化的区域研究：湖南省（1860—1916）》、王树槐《中国现代化的区域研究：江苏省（1860—1916）》、谢国兴《中国现代化的区域研究：安徽省（1860—1937）》、朱浤源《从变乱到军省：广西的初期现代化（1860—1937）》等。上述这些著作均论及清末新政中的改革措施对各地政治、军事、经济、教育、社会等领域的现代化的推动。但总体而言，清末新政研究在台湾地区史学界并非学术热点，相关论著及博、硕士论文较少。
关于20世纪西方学界研究清末新政的主要成果，在崔志海《国外清末新政研究专著述评》（《近代史研究》2003年第4期）一文中有较为详细的点评。在作者介绍的十余本著作中，既有综合性的研究，又有立宪运动、教育、军事、重要官员（张之洞、袁世凯）、外国影响等不同专题的研究。对于清末新政，上述著作作者普遍认为新政中的一些措施改变了中国发展的方向，具有深远的历史意义，如清末新军与辛亥革命和北洋军阀的密切联系、教育改革对地方社会的深度冲击以及预备立宪开启的中国民主政治进程等。21世纪以后，随着国际学术交流的日益频繁，西方学界（尤其是美国的中国研究学者）对清末新政研究仍有持续的产出。例如Edward J. M. Rhoads的 *Manchus and Han: Ethnic Relations and Political Power in Late Qing and Early Republican China, 1861-1928*（University of Washington Press，2000）（转下页）

社会思潮在学界的反映。1992年初邓小平的南方谈话，重申了深化改革、加速发展的必要性和重要性，推动了思想的进一步解放。在建设现代化国家的宏伟目标中，清末新政的负面形象被淡化，其作为中国现代化发展重要一环的积极意义凸显了出来。而彼时出现的反思革命的声音，又从另一维度推动了学界深入研究清末改良与革命的关系。①

最早为清末新政"正名"且具有深远影响力的著作，一是陈旭麓的《近代中国社会的新陈代谢》。这本初版于1992年的著作提示人们注意"假维新中的真改革"，清末新政中的改革举措推动了中国在军制、政制、法制、实业、教育等相关领域的现代化。过往研究一般从清廷"推行新政的动机来说明它的欺骗性和反动性"，这样的评价失之简单。"清政府推行新政固然有取悦列强、拉拢立宪派、打击民主革命的一面，更有统治阶级变法自强的一面；它有欺骗、拂逆舆情的一面，更有符合历史发展逻辑的具体内容。"②另一本著作是罗荣渠的《现代化新论》。本书是中国现代化研究的典范之作。书中在探讨现代化理论的同时，还从历史的维度对中国和世界的现代化历程加以勾勒。他认为中国的现代化运动开启于1860年代的洋务运动，而戊戌维新到清末新政乃是"向制度性变革转换"的关键时期。这场转换虽最终失败，但其在中国现代化历史上的贡献不容忽视。这一时期的种种变化表明，"中国正在开始

（接上页）一书［中文版译名为《满与汉：清末民初的族群关系与政治权力（1861—1928）》，中国人民大学出版社2010年版］，对于新政中针对满族的改革措施以及满族与汉族高层之间的博弈有具体的研究。Xu Xiaoqun研究清末民国时期司法改革的著作 *Trial of Modernity: Judicial Reform in Early Twentieth-Century China, 1901-1937*（Standford University Press，2008），在分析新政时期中央司法改革的同时，也对地方的司法实践多有关注。最后是Joseph W. Esherick等编辑的论文集 *China: How the Empire Fell*（Routledge，2014），本书汇集了十二篇中国学者研究清末新政与辛亥革命的代表性论文，向英语世界介绍了这一领域的研究趋势与主流观点。由于美国中国学研究的现实指向性，近些年来其清史研究包括清末新政研究的成果数量呈下降趋势，其研究焦点在时段上逐渐后移。关于美国及其他国家的清史研究概况，可参阅胡祥雨主编《百年清史研究史：海外研究卷》，中国人民大学出版社2021年版。

① 例如朱英在《清末新政与清朝统治的灭亡》（《近代史研究》1995年第2期）一文中，就正面回应了李泽厚贬低辛亥革命、拔高清末新政的观点，深入剖析了清政府在实施新政过程中的种种失策，使学界对清末新政和辛亥革命的研究与评价更加准确、客观。又如在辛亥革命100周年之时，法学界一些学者提出清帝逊位是中国版的"光荣革命"，认为《清帝逊位诏书》具有重要的宪法意义（高全喜：《立宪时刻：论〈清帝逊位诏书〉》，广西师范大学出版社2011年版），这种论述角度也引起一些历史学者的关注与回应。

② 陈旭麓：《近代中国社会的新陈代谢》，上海人民出版社1992年版，第253—254页。

进入深化社会变革的新起点","这十年的变化超过鸦片战争以来半个世纪的变化"。①

新的思路一旦打开,新的研究成果亦如雨后春笋般涌现。最近三十年,清末新政研究从乏人问津的学术"贫瘠之地",一跃成为中国近代史研究的"显学",甚至可视为晚清史研究领域的第一学术"增长点"。研究成果中,既有微观、中观层面的人物、制度等方面的研究,又不乏建筑在上述实证研究基础上的宏观问题探讨。最近的一些研究,更能超越"革命史范式"或"现代化范式"的历史评价体系,以更实证性、更贴近"历史现场"的研究风格,试图重现清末新政中的细节,在此基础上建构起新政、立宪与革命三方互动的时代主题。②这些研究成果与近期依靠新史料、新视野产出的一批辛亥革命史研究新著,共同加深了知识界对清末一段历史的认识与理解。③

相应地,对于清末新政的重要人物,学界关注的目光也从立宪派、汉族大臣逐渐转移到满蒙权贵。新中国成立后的前十七年(1949—1966),学界对于这些权贵仍旧立足于批判,除了组织撰写并出版了一批回忆文章之外,并没有给今天的读者留下太多有学术价值的作品。改革开放以后,研究汉族大臣成为中国近代史学界的热点,甚至引发了社会的普遍关注;而对清末统治集团中的满蒙权贵,详尽、客观的研究在世纪之交才开始大量出现,具体的研究对象包括慈禧太后、奕劻、载沣、载泽、善耆、端方、锡良、那桐等人。④研究者并不是要做"翻案文章",为这一统治集团鸣冤叫屈,而是力图通过基于原始档案的实证性研究,尽可能还原晚清政坛中人物和事件的本来面貌,以便更准确地理解这一时期历史的逻辑。

---

① 罗荣渠:《现代化新论——世界与中国的现代化进程》,北京大学出版社1993年版,第287、294页。
② 李细珠早已指出,清廷当局、立宪派和革命派这三个清末最具影响力的政治集团之间的分分合合,形成了历史的合力,深刻影响到清末及民国的政治实践。(李细珠:《试论新政、立宪和革命的互动关系》,《社会科学战线》2003年第3期)从这一视角出发,许多学者致力于对清末政治事件与人物的再研究,摒弃刻板印象,挖掘过往所忽视的历史细节。
③ 对于清末新政研究的学术史回顾,可参考崔志海《建国以来的国内清末新政史研究》(《清史研究》2014年第3期)、李细珠《清末政治史研究的宏观检讨》(《史学月刊》2013年第2期),以及崔志海《近十年来的国内晚清政治史研究》(《兰州学刊》2020年第5期)等文章,此处不详细展开。
④ 具体的学术史回顾,参见朱文哲《清末十年满洲权贵统治策略的调整》,北京师范大学博士研究生学位论文,2013年,第2—11页;周增光:《宗室王公与清末新政》,华夏出版社2017年版,第1—10页;杨猛:《少壮亲贵与宣统政局》,北京师范大学博士研究生学位论文,2018年,第3—15页。

本书所研究的两大主题，编订名词馆和贵胄学堂，正是清末新政时期由政府设立的新机构。新政时期中央新设的机构就有督办政务处、练兵处、财政处、外务部、商部（农工商部）、学部、巡警部（民政部）、度支部、陆军部、海军部、法部、邮传部、考察政治馆（宪政编查馆）、修订法律馆、资政院、审计院、内阁、弼德院等数十处，其下设的新机构总数当不下一百所。编订名词馆和贵胄学堂，在清末新政中并非核心部门，但其职能却不是无足轻重。

教育改革乃是清末新政中的关键措施。兴办新式教育使得新式教科书在清末社会泛滥，在教育国民的同时也使清廷忧惧其对皇权意识形态的冲击。在张之洞等朝中重臣的擘画下，编订名词馆应运而生，表面上是为统一译词、提升教科书的质量，其背后用意还在于借机限制异端名词、不靖思想的传播。从文化史的角度来看，编订名词馆的成果又体现了严复、王国维等近代第一代独立翻译家[①]统一学科名词、推动学术进步的贡献，并反映出当时错综复杂的翻译思想和文化主张。即便从制度史研究的角度，对编订名词馆这一"麻雀虽小、五脏俱全"的新机构细加审视，亦能以一孔窥探新政新制的种种利弊，从而更具体、客观地评判清末新政中的得与失。

贵胄学堂的出现，同样与清末新式教育直接相关。新式教育的兴起，促使清朝统治者重新审视原有的贵族教育体制。尤其在政治权力格局发生重大变动的时代背景下[②]，如何教育核心统治集团的下一代，使其顺利接班、延续政权，就成为一项迫在眉睫的难题。为此，清廷先后为贵族集团子弟设立了陆军贵胄学堂、贵胄法政学堂，并筹划建立贵胄小学堂和贵胄女学堂，希望

---

① 熊月之在其《西学东渐与晚清社会》（上海人民出版社1994年版）中，将晚清中国的翻译人才分为中述人才、西译人才和日译人才三类。中述人才以洋务运动时期的李善兰、徐寿和清末的林纾为代表，并不精通西文，其翻译工作需要借助西人或精通西文的中国人。而西译及日译人才大多出现于甲午战争以后，其外文能力出色，能够独立从事翻译工作。（参见上书第679—680页）严复等人一方面精通外语，能够独立译书；另一方面身份相对独立，并非高官幕僚，因此在选择翻译时具有较大自主性，且以翻译工作为主要谋生手段。因此笔者将其称为"第一代独立翻译家"。

② 太平天国运动以后，汉族官员在清廷的地位越来越高，其中出任地方督抚者，通过把持财、政、军、教等大权，在一定程度上成为相对独立的政治势力。在清末新政中，立宪派成为推动宪政改革的重要势力，具有强烈的政治参与动力。这些新兴的政治势力使清廷中的满蒙权贵集团高度警觉，希望通过实施新政，将权力牢牢把持在"自己人"手中。对于晚清以来的政治格局研究，可参考李细珠《地方督抚与清末新政：晚清权力格局再研究》（增订版），社会科学文献出版社2018年版。

提升他们的思想与知识水平,进而牢牢抓住新政大权。与编订名词馆相比,贵胄学堂在政治和军事上的用意更为深远。也由于它与清朝统治核心集团的接近,使得对这一制度的考察,不仅能从一个侧面了解清末新式教育的发展,还可以借此观察到清末新政中权贵集团的思想与心态。

二、新制

职官、地理、目录、年代被视为研究中国历史的"四把钥匙"[①],而包含职官研究在内的政治制度研究长期以来受到中国史研究者的重视。一如钱穆所说:"中国历史价值,即在其能涵有传统的政治制度,并占有极重要的地位。若不明白到中国历代政治制度,可说就不能懂得中国史。"[②]

作为中国最后一个王朝,清朝在政治制度上既有延续前朝的一面,又有在西方压力下改革自新的一面。在1861年总理衙门成立以后,清朝政治制度的改革开始接纳西方政治制度的若干特色,随后在夭折的戊戌维新以及清末新政中更进一步受外国影响。新政中设立的新制度,因其融合中西(包含日本)、接续古今的独有特色,成为国内清末新政研究的重中之重。

1949年前,在孟世杰的《中国近百年史》(百城书局1931年版)和陈恭禄的《中国近代史》(商务印书馆1935年版)两本书中都对清末新政中的制度改革有所介绍,尤以前一本较为详细。改革开放后,张德泽编著的《清代国家机关考略》出版[③]。是书对清末新政时期的新设机构做了较为全面的介绍,但限于篇幅并未深入研究。直到1990年代后,对于清末新政中新制度的研究才逐渐深入。研究者不再满足于简单地复述官修志书记载的新制度设立与功能的文字,而是试图回到历史现场,深入解读档案史料,还原制度颁布的台前幕后、各类文书的上行下达、人事关系的是是非非、新制施行的实际成效与后续调整等内容,并以此更加全面、客观地评价具体某项改革的历史地位。

---

① 刘浦江:《邓广铭与二十世纪的宋代史学》,《历史研究》1999年第5期。
② 钱穆:《中国历史研究法》,生活·读书·新知三联书店2001年版,第19页。
③ 张德泽编著:《清代国家机关考略》,中国人民大学出版社1981年版。

近三十年来，这样的制度史研究成果层出不穷。最具典范意义的成果为关晓红所著《晚清学部研究》一书。① 本书选取学部这一横跨政制变革与教育更新两大新政领域的新设机构为研究对象，探究其历史渊源、时代背景、职能、人事、经费、实绩，重建其在清末社会中的真实样貌，并审慎地评价其在清末新政以及中国近代文化教育转型中的地位。在史料方面，本书除全面掌握清政府官方出版的政书、官报等基本资料外，还大量使用了中国第一历史档案馆藏学部及相关机构的档案，并参考了一批清末民间报刊与相关人士的文集、日记等资料，涉猎相当全面。本书无论是在研究方法上还是史料使用上，都对此后的清末新政制度研究具有示范作用。

《晚清学部研究》出版之后，一批针对某一新政部门的个案研究不断涌现，代表性成果包括苏全有《清末邮传部研究》（中华书局2005年版）、王奎《清末商部研究》（人民出版社2008年版）、陈煜《清末新政中的修订法律馆：中国法律近代化的一段往事》（中国政法大学出版社2009年版）、彭剑《清季宪政编查馆研究》（北京大学出版社2011年版）、谢蔚《晚清法部研究》（中国社会科学出版社2014年版）、史新恒《清末提法使研究》（社会科学文献出版社2014年版）、李文杰《中国近代外交官群体的形成（1861—1911）》（生活·读书·新知三联书店2017年版）等。此外，还有研究督办政务处、度支部、陆军部、大理院、礼学馆、课吏馆、自新所等新制度新机构的博、硕士学位论文与单篇论文，在此不一一赘述。

除上述关于某一机构的研究以外，学界还对以下问题展开讨论。预备立宪研究一向是清末新政研究的重点。对于预备立宪中成立的资政院与咨议局的研究，在1990年代出版的韦庆远、高放、刘文源《清末宪政史》（中国人民大学出版社1993年版，2012年增订版改名为《清末立宪史》，由华文出版社出版）和侯宜杰《二十世纪初中国政治改革风潮：清末立宪运动史》（人民出版社1993年版）两本书中已有框架性的研究，近年来又出版了多部详尽的个案研究，丰富了学界对清末立宪运动的认知程度。② 中央官制改革是预备立

---

① 关晓红：《晚清学部研究》，广东教育出版社2000年版。
② 沈晓敏：《处常与求变：清末民初的浙江咨议局和省议会》，生活·读书·新知三联书店2005年版；刁振娇：《清末地方议会制度研究：以江苏咨议局为视角的考察》，上海人民出版社2008年版。

宪中的核心内容，在这场改革中，宗室王公、地方督抚均深入参与其中，对此问题的研究近年来有升温的趋势。①对于与中央官制改革相对的地方官制改革，有学者对其加以审视，分析外官改制的酝酿、改革方案的出台、在各地的实施状况及朝野论争等问题，指出其在晚清制度变革中的历史意义。②有学者讨论了清末满汉政策的变化，指出其"平满汉畛域"制度最终失败的原因。③有学者对清末新政中的财政制度改革加以研究，认为此项改革受到西方财政知识与制度的影响，在中央与地方的财权争夺中陷入僵局。④有学者对清末新政中的文化政策进行分析，指出其既有除旧布新、推动新文化产生的一面，同时又有审查、监控思想言论的一面。⑤另外，新政时期教育、司法、军事等领域的制度研究，同样为近年来清末新政制度史研究不断推陈出新的领域。

　　本书所研究的编订名词馆成立于新政期间的1909年，结束于清帝逊位的1912年。宣统元年春，学部呈奏筹备立宪事宜清单。在当年的事宜中，除颁布简易识字课本、国民必读课本和编辑并颁布学堂各科教科书之外，尚有一条"编定各种学科中外名词对照表（择要衔编，以后按年接续）"；宣统二年又有"编辑各种辞典（以后逐年续编）"的任务。⑥为完成这些工作，学部专门开设一新机构，即编订名词馆。它成立于当年秋季，设在学部之下，主要职责即为"编订学科名词、各种辞典"。⑦学部事先与严复谈妥，任命他为本馆"总纂"；此外，还有十几名"分纂"负责协助工作。

---

① 代表性成果包括周增光《宗室王公与清末新政》（华夏出版社2017年版）、李细珠《地方督抚与清末新政：晚清权力格局再研究》（增订版）（社会科学文献出版社2018年版）等。
② 关晓红：《从幕府到职官：清季外官制的转型与困扰》，生活·读书·新知三联书店2013年版；刘伟、彭剑、肖宗志：《清季外官制改革研究》，社会科学文献出版社2015年版；关晓红：《清末新政制度变革研究》，中华书局2019年版。
③ 迟云飞：《清末最后十年的平满汉畛域问题》，《近代史研究》2001年第5期；李细珠：《清末预备立宪时期的平满汉畛域思想与满汉政策的新变化——以光绪三十三年之满汉问题奏议为中心的探讨》，《民族研究》2011年第3期。
④ 刘增合：《"财"与"政"：清季财政改制研究》，生活·读书·新知三联书店2013年版。
⑤ 白文刚：《应变与困境：清末新政时期的意识形态控制》，中国传媒大学出版社2008年版；张小莉：《清末新政时期文化政策》，人民出版社2010年版；张运君：《晚清书报检查制度研究》，社会科学文献出版社2011年版。
⑥ 《奏分年筹备事宜折》，《学部官报》第八十五期，宣统元年三月十一日。
⑦ 《奏本部开办编订名词馆并遴派总纂折》，《学部官报》第一零五期，宣统元年十月初一日。

以上就是编订名词馆的基本情况。然而若想再深入了解该机构，则在很长一段时间里无法实现。编订名词馆设立于1909年秋，两年之后武昌起义爆发，次年年初清帝逊位，王朝终结，编订名词馆亦随之成为一历史名词。因此，该馆的实际工作时间，仅有两年零几个月而已。由于存在时间较短，编订名词馆并没有完成其预定工作，所编名词对照表种类较少，对外刊布数量亦少，影响未彰。

民国时期，时人所见"名词馆"一词时，一般都与严复的名字相联系。例如在陈宝琛为严复作的墓志铭及《清史稿》中的严复传记中，都记载了严复在宣统元年"充学部名词馆总纂"一事①，但对其馆内工作未置一词。在严复长子严璩所作《侯官严先生年谱》中，将严复被学部尚书荣庆聘为"审定名词馆总纂"的年份错记在1908年。文中简述其在馆情况："自此供职三年，直至国体改革，始不视事。遗稿甚多，尚存教育部。"②在《严几道年谱》中，延续了严璩在年份上的错误，并在注释中提道："《现代中国文学史》云：其后章士钊董理其稿，草率敷衍，乃弥可惊。叹复借馆觅食，未抛心力为之也。"③此处所引《现代中国文学史》一书为钱基博所著，1933年出版。④王栻在其1957年出版的《严复传》中，一方面在严复任职时间上采用严璩的错误说法，另外又引章士钊所言，以证明严复在担任编订名词馆总纂时"对这项工作仅是应付而已"。⑤尽管后来在1975年的新版书中，王栻删去了"仅是应付"的评价，并通过阅读严复晚年日记与家书，判定"严复对于馆中某些工作，并不'草率敷衍'"，但还是保留了章士钊对其负面评价的文字。⑥

需要指出的是，清末民初之际，严复与章士钊在公私领域均有龃龉，因

---

① 《清故资政大夫海军协都统严君墓志铭》《〈清史稿〉本传》，王栻主编：《严复集》（第五册），中华书局1986年版，第1542、1544页。
② 严璩：《侯官严先生年谱》，王栻主编：《严复集》（第五册），中华书局1986年版，第1550页。
③ 王蘧常：《严几道年谱》，商务印书馆1936年版，第79页。
④ 原文见钱基博《现代中国文学史》，世界书局1933年版，第366页。
⑤ 原文为："据章士钊说：'（民国）七年（1918），愚任北大教授，蔡校长（元培）曾将先生（严复）名词馆遗稿之一部，交愚董理，其草率敷衍，亦弥可惊，计先生借馆觅食，未抛心力为之也。'"王栻：《严复传》，上海人民出版社1957年版，第65页。钱基博和本书记载的章士钊言论最早出自章氏《孤桐杂记》一文（《甲寅周刊》第1卷第7号，1925年8月29日）。
⑥ 王栻：《严复传》，上海人民出版社1975年版，第96页。

此对章士钊事后评价严复的言语需审慎看待。1910年后，章士钊多次在报纸上公开发文，严厉批评严复译词的失误之处，主张翻译名词时应遵从音译原则，否定严复的意译名词。以译界后辈的身份向当时被誉为"中国西学第一"的严复挑战①，这本来体现了值得赞赏的学术勇气。然而在这些文章中，章士钊对严复某些译词的评价却略显苛刻。②音译、意译孰优孰劣，时至今日仍难明确判定。章士钊全以己之见为是，对严译名词评价过低，因此他对编订名词馆成果的评价可能也有偏颇之处。另外，在1912年北京大学校长更换风波中，身为校长的严复因"携烟被拘"的谣言被迫离职，教育部任命章士钊继任。然而北大学生却发起留严拒章风潮，导致章士钊最后未能就任。在此次风波中，力主更换严复的教育总长范源濂、造谣的北大学生彭佛公、彭侠公兄弟以及继任校长章士钊，均为湖南长沙人，这一地缘"巧合"难免会引人揣测章士钊在事件中的角色。③此次风波势必也会影响严、章二人的关系。

因此，对编订名词馆这一机构及对其成果的评价，长期以来一直存在模糊不清之处。近些年虽然出现了一些研究成果，但仍需继续推进。下文仅涉及与制度史研究相关的成果，关于名词馆所编名词表及其与近代新文化关系的研究，请参看下一节。

编订名词馆创立的目的，除官方文件中记录的统一名词译名之外，还有更深一层考量。在彭雷霆《张之洞与编订名词馆》④一文中，梳理了张之洞在主持学部期间的种种举措，从思想动机上分析了以张之洞为代表的清王朝决策层设立编订名词馆的双重考量，即在统一译名的同时，清除那些不利于维持清廷统治和传统学术风教的新名词，以达到控制社会思想、遏制各种"异端邪说"传播的目的。作为机构总负责人的严复，其在馆内的具体情况，在

---

① 康有为在1900年称严复"译《天演论》，为中国西学第一者也"。《与张之洞书》，康有为撰，姜义华、张荣华编校：《康有为全集》（第五集），中国人民大学出版社2007年版，第314页。
② 详细讨论可参见孙晓娅《如何为新词命名？——论民国初年的"翻译名义"之争》，《文艺研究》2015年第9期。
③ 详见尚小明《民元北大校长严复去职内幕》，《北京大学教育评论》2014年第4期。
④ 彭雷霆：《张之洞与编订名词馆》，《湖北大学学报》（哲学社会科学版）2010年第1期。

皮后锋《严复大传》①、沈国威《一名之立　旬月踟蹰：严复译词研究》②以及张运君《严复与近代教科书的发展》③等成果中有所呈现。馆内人事研究，有王亮《学部编订名词馆时期的严复与王国维》④一文，重点讨论了严、王二人的交往以及在审定逻辑学译词上的分歧。另外，关晓红在其研究学部的专著中，也注意到学部下设的编订名词馆这一机构，但只是零星地提及这一机构基本的沿革情况，并没有形成系统的论述，内容上亦有不甚准确之处。⑤最后，笔者在2014年发表论文《清末编订名词馆的历史考察》，从该馆的酝酿与设立、机构与职能、人事与决策、成果与特点等方面展开研究，并简略分析了其成果未能引起社会反响的原因。⑥但限于篇幅与当时接触材料的欠缺，尚有补充、深入的必要。

贵胄学堂的设立，始于光绪三十二年。前一年，清廷发布上谕，称："自来习戎整武，实为强国之基。方今军制日新，尤应讲求兵学。兹据奏称建立贵胄学堂，令王公大臣各遣子弟投考入学，新习士伍，洵属振兴武备之资。"⑦1906年6月，陆军贵胄学堂正式开学，归陆军部管理。这是清末新政中军政改革的重要步骤，吸收了载沣、载洵、溥伟等王公贵胄及一批汉族大臣子弟入学。1909年，基于培养立宪制度下贵族议员的需要，清廷又设立了贵胄法政学堂。此外，在清廷内部，还有设立贵胄女学堂和贵胄小学堂的讨论，但直至清朝灭亡，都未能真正实行。

贵胄学堂在清末一度引起朝野的热议，但随着清朝的覆亡，它也成为明日黄花，迅速被人遗忘。民国时期几乎没有学者对这一制度予以关注，新中国成立后人们也大多基于政治立场简单地对其予以否定。1960年代，陆军贵胄学堂曾经的学生撰写了一些文史资料，为此后的研究者提供了许多生动的素材。这些文章包括韩世儒《清末陆军贵胄学堂第二期的回忆》、张绍程《清

---

① 皮后锋：《严复大传》，福建人民出版社2003年版，第363—367页。
② 沈国威：《一名之立　旬月踟蹰：严复译词研究》，社会科学文献出版社2019年版，第175—196页。
③ 张运君：《严复与近代教科书的发展》，《历史教学问题》2009年第6期。
④ 王亮：《学部编订名词馆时期的严复与王国维》，《中国典籍与文化》2014年第4期。
⑤ 关晓红：《晚清学部研究》，广东教育出版社2000年版，第100、199、283、379页。
⑥ 何思源：《清末编订名词馆的历史考察》，《韩山师范学院学报》2014年第4期。
⑦ 《清实录·德宗景皇帝实录（八）》，中华书局1987年版，第294—295页。

末的陆军贵胄学堂》和胡宝华《陆军贵胄学堂观操纪实》。①但受时代的限制，这些资料的主观性较强，内容集中在学校生活领域，回忆也可能存在不准确之处。更加客观、全面的研究，尚需第一手资料的发掘。

2005年，本书作者之一的硕士论文通过毕业答辩，这是深入研究贵胄学堂的第一篇学术论文。②此后，以贵胄学堂为主题的论文逐渐增多。研究主要集中在陆军贵胄学堂和贵胄法政学堂，着重分析其创办背景、经费开支、教学情况、学校生活、社会影响等问题。③还有研究专门述及这些贵胄学堂对于启蒙蒙古族贵族思想的积极影响。④此外，还有学者对"胎死腹中"的贵胄女学堂加以研究，进而讨论清末女学所遭遇的困境。⑤虽然已有不少成果，学界对贵胄学堂的研究似乎还有从文化史的角度进一步展开的空间。

本节开篇提到，制度研究在中国史研究中居于举足轻重的位置。对于制度史研究的方法，研究者也多有反思与创新。21世纪以来，邓小南、阎步克、侯旭东等中国古代史学者依据他们的治史经验，分别提出了"活的制度史"、制度史观、日常统治史等考察中国古代制度的新视野、新方法。⑥这些新提法带来的启发是，制度史研究不能仅依据法规条文、奏章文集等作静态讨论，而应尝试还原制度运作的动态过程，并透过制度观察到制度背后的政治、社会和思想文化。因此，本书作者在研究编订名词馆和贵胄学堂时，也努力尝试将制度写"活"，对这一制度的来龙去脉、职能人事详加考订的同时，力图还原其机构设立的社会文化背景及其在中国近代文化史上所独具的重要地位。

---

① 分别载于《湖北文史资料》1990年第3辑（总第32辑）;《文史资料存稿选编》（军事机构下），中国文史出版社2002年版。
② 程学峰:《贵胄学堂与清末贵族》，北京师范大学硕士研究生学位论文，2005年。
③ 王栋亮:《清末陆军贵胄学堂述略》，《历史档案》2008年第4期；冯月然:《陆军贵胄学堂研究》，中央民族大学硕士研究生学位论文，2010年；周增光:《宗室王公与清末新政》，华夏出版社2017年版，第55—60页；张剑虹:《清末贵胄法政学堂研究——基于清朝军机处、内阁、宗人府档案的考察》，《延安大学学报》（社会科学版）2020年第6期；谢曼:《晚清宗室教育研究》，烟台大学硕士研究生学位论文，2021年。
④ 柳岳武:《清末"开蒙智"探微——以代表性蒙旗为中心》，《史学月刊》2015年第3期。
⑤ 黄湘金:《贵胄女学堂考论》，《北京社会科学》2009年第3期。
⑥ 参见邓小南《走向"活"的制度史——以宋代官僚政治制度史研究为例的点滴思考》，《浙江学刊》2003年第3期；阎步克编著《波峰与波谷：秦汉魏晋南北朝的政治文明》，北京大学出版社2017年版；侯旭东《什么是日常统治史》，生活·读书·新知三联书店2020年版。

三、新文化

近代以来西方新文化的传入,加快了中国社会由传统向现代转型的步伐。这一西学东渐的过程,"始则工艺,次则政制",给中国传统思想文化带来了前所未有的冲击。如梁启超所言,在这之前的士大夫"若生息于漆室之中,不知室外更何所有";而当接触西学后,则如同"忽穴一牖外窥,则粲然者皆昔所未睹也,还顾室中,则皆沉黑积秽"。① 这一评价或许有些过于绝对,忽视了西学来华后长期存在的中西新旧之争,但作为一种迥异于传统的思想文化,西学②在内容和形式上分别为中国提供了崭新的"思想资源"和"概念工具"③,则是毋庸置疑的。这种崭新性,一定程度上体现在译介西学过程中出现的大量"新名词"上。作为西学的表征和其传播的主要形态,新名词所携带的"先进思想文化及其物化形态的'现代性'因素之能动作用",在促进"中国人思维方式、价值观念的现代性变革"的同时,又参与推动了与这一变革相关的社会文化和政治制度的变迁。④

在不同的历史时期,西学向中国传播的方式和主题均有不同。学界一般认同将 1895 年作为西学东渐和近代中国思想文化变迁的一个节点。甲午年败给"蕞尔小国"日本以及《马关条约》割地赔款的耻辱,使国人愈发认识到传统资源的无力。在沮丧与愤怒的心情影响下,更多的中国士人开始由"在传统中变"(change within the tradition)转向"在传统外变"(change beyond the tradition)⑤,自觉地学习西方,学习因学习西方而打败中国的日本。这种心态的变化,加之官方政策的导引,尤其是戊戌维新运动的巨大推力,导致

---

① 《清代学术概论》,梁启超著,朱维铮校注:《梁启超论清学史二种》,复旦大学出版社 1985 年版,第 59 页。
② 笔者在此所用的"西学"一词,概指广义上的"西学",既包括了直接由西方传入中国的器物、制度、文化等新知,又包括经过日本的中介而传入中国的西洋文化。对于后者,有研究者将它称为"东学",如郑匡民《梁启超启蒙思想的东学背景》一书(上海书店出版社 2003 年版)。
③ 王汎森:《中国近代思想与学术的系谱》,吉林出版集团有限责任公司 2011 年版,第 183—197 页。
④ 黄兴涛:《近代中国新名词的思想史意义发微——兼谈对于"一般思想史"之认识》,《开放时代》2003 年第 4 期。
⑤ 葛兆光:《中国思想史》(第二卷),复旦大学出版社 2013 年版,第 476 页。

1895年后，中国人逐渐取代了西方传教士，成为翻译引进西方新知的主体；同时，译介的重点也从自然科学转向社会科学。更为深刻的转变是，在原先"西潮"冲击的基础上，又吹来了从东瀛来的"东风"。日本作为中国学习西方的中介，其作用愈加凸显。一批又一批的中国人迈出国门、漂洋过海，在日本的新式学校里汲取西学知识；同时又有大量从日本译来的西学书籍在中国社会流行，不仅年轻学子着迷于此，就连内外臣工、硕学通儒都为之侧目。

随着1901年清末新政的开启，西学及"东学"在兴办新式教育的浪潮中加速涌入中国。作为同时引起朝野双方瞩目的改革领域，教育改革的实绩较为丰富。1902、1904年，清廷先后发布"壬寅学制"和"癸卯学制"，是为清末开办新式教育的纲领性文件；1905年宣布废除科举，为教育革新扫清一大障碍；1906年清廷颁布的"仿行宪政"上谕中，又将"广兴教育"作为"预备立宪之基础"，与"议定官制""厘定法律""清理财务""整饬武备"等措施并列。而在民间，私人倡办新学校、学习新知识之风兴起。普通学堂、实业学堂、师范学堂、女子学堂……几乎各类新学校都有民间人士的热心赞襄，或予以资助，或参与管理与教学。与此同时，商务印书馆、文明书局等新式出版机构为新式教育编译、出版了大量教科书，《申报》《大公报》等大众报刊为新式教育不断鼓吹。官民双方的合力，使新政时期的新式教育成绩显著。根据学部的教育统计图表，宣统元年全国新式学堂已有52911所，学生共计近164万人。①

甲午战后至国民革命的三十年，被史学家称为"转型时代"。②在这一"转型时代"，甲午至辛亥这十余年可谓第一阶段，其意义不容小觑。在文学研究领域，有"没有晚清，何来'五四'"的论点③，而在知识和思想领域，这一时段的承前启后意义亦尤为关键。其中，伴随着新式教育、新式文化一同进入中国的新名词，为思想文化界构建了一个"思想现代性的语言平台"④。这些反

---

① 张海荣：《清末三次教育统计图表与"学部三折"》，《近代史研究》2018年第2期。
② 《中国近代思想史的转型时代》，张灏：《幽暗意识与民主传统》，新星出版社2010年版，第134—152页。
③ 《导论：没有晚清，何来"五四"？》，[美]王德威：《被压抑的现代性——晚清小说新论》，北京大学出版社2005年版，第1—19页。
④ 黄兴涛：《清末民初新名词新概念的"现代性"问题——兼论"思想现代性"与现代性"社会"概念的中国认同》，《天津社会科学》2005年第4期。

映西方现代物质文化、制度文化、思想文化的新名词从西洋或转经日本传来,不仅引发了国人在观念上的认同,还促进了以追求现代化为目的的戊戌维新、立宪运动、新文化运动等社会运动的发生。其中一些反映西方近代学术的学科名词,虽然在当时不及民族、社会、民主、科学、进化等新名词传播广、影响大,但在塑造现代学科体系和知识结构领域贡献极大,造成了另一场思想"革命"。1905年,王国维在《论新学语之输入》一文中指出:

> 事物之无名者,实不便于吾人之思索,故我国学术而欲进步乎,则虽在闭关独立之时代犹不得不造新名,况西洋之学术骎骎而入中国,则言语之不足用固自然之势也。……言语者,思想之代表也,故新思想之输入,即新言语输入之意味也。十年以前,西洋学术之输入,限于形而下学之方面,故虽有新字新语,于文学上尚未有显著之影响也。数年以来,形上之学渐入于中国,而又有一日本焉,为之中间之驿骑,于是日本所造译西语之汉文,以混混之势,而侵入我国之文学界。好奇者滥用之,泥古者唾弃之,二者皆非也。夫普通之文字中,固无事于新奇之语也,至于讲一学,治一艺,则非增新语不可。[①]

王国维的态度是,面对无论在学术分科还是学科内容上都与中国传统学术迥然有别的西方近代学术,只有将传入中国的"新言语"与"新思想"等同起来,才能将西方的学科顺利地移植到中国。而这里的"新言语",就是指系统的西方近代学科名词。

在清末,无论是以慈禧太后、张之洞、袁世凯为代表的清廷掌权者,还是革命派、改良派等民间人士,他们的政治立场虽有很大差异,但在提倡、传播西学这一点上却有共同之处。他们通过多样的方法,包括在报刊上发表文章,开办新式学堂,以及翻译或编纂教科书、辞典、百科全书等,使西学在社会上得以普及。他们均认可一点,即西学的传播会有助于实现其各自的政治目标。作为统治者的清廷,它之所以提倡西学,主要目的是顺应舆论

---

① 谢维扬、房鑫亮主编:《王国维全集》(第一卷),浙江教育出版社、广东教育出版社2009年版,第127页。

呼吁、增强国力，以维持政权的稳固。然而提倡西学又会造成中学趋于"无用"，使清廷维系统治的意识形态基础受到了愈发严重的挑战。在这样一种两难的局面下，清朝统治者该如何对待令其"又爱又恨"的"新名词"？这就牵涉到了本书的研究对象——编订名词馆。

上节讨论了编订名词馆设立的政治改革背景。从文化的视角观察，这一机构具有进步性和保守性的双重因素。一方面，清廷希望通过设立专门审定名词的机构，实现统一各学科名词，以便推动新式教育、进而推动预备立宪的目的；另一方面，由于外来"新名词"中夹杂着许多导致社会不安定的"思想资源"与"概念工具"，清朝统治者又企图借编订名词馆的工作，实现其束缚、禁锢异端思想的用意。最后，名词馆所编的名词对照表，体现了总纂严复及其同仁何种文化思想与翻译思想，其在当时及后世产生了何种影响，这也是本项研究题中应有之义。总而言之，编订名词馆虽然机构小、存在时间短，但通过阅读相关史料却能发现，在这一机构身上反映了清末政治生态和思想文化的诸多特点。

由于编订名词馆所编名词对照表在清末并未广泛刊布，20世纪学术界对其研究因而付之阙如。直到近十年，方有一批研究者发现北京、上海等地图书馆藏有少量该馆的工作成果，并以此为基本资料，对其价值与意义展开讨论。如黄兴涛《新发现严复手批"编订名词馆"一部原稿本》[1]、彭雷霆、谷秀青《清末编订名词馆与近代逻辑学术语的厘定》[2]、冯志伟《严复手批〈植物名词中英对照表〉原稿本的发现》[3]、杜良《编订名词馆与〈数学中英名词对照表〉的编订》[4]、张胜前《从〈辨学名词对照表〉看逻辑术语的变迁》[5]等文章，均就名词馆所编某一部名词对照表，具体分析其学科名词的翻译情况及其在该学科的中国发展史上的地位。另外，还有学者通过分析严复审定的

---

[1] 黄兴涛：《新发现严复手批"编订名词馆"一部原稿本》，《光明日报》2013年2月7日，第11版。
[2] 彭雷霆、谷秀青：《清末编订名词馆与近代逻辑学术语的厘定》，《郑州大学学报》（哲学社会科学版）2013年第4期。
[3] 冯志伟：《严复手批〈植物名词中英对照表〉原稿本的发现》，《中国科技术语》2014年第2期。
[4] 杜良：《编订名词馆与〈数学中英名词对照表〉的编订》，《中国科技术语》2016年第3期。
[5] 张胜前：《从〈辨学名词对照表〉看逻辑术语的变迁》，《华北水利水电大学学报》（社会科学版）2017年第6期。

这批名词对照表，研究这些译名所体现的严复的文化观念与翻译思想。如笔者曾在一篇文章中指出，严复对于清末受到热捧的"东学"，即由日本翻译并输入中国的西方学术持批判态度，对随之而流行于中国的大量日译新名词亦认为有诸多翻译不当之处。因此，他主持编订名词馆统一名词工作时，试图以经其审定的"雅驯"译词取代日译名词。这一活动既体现了学术思想领域的权势之争，又反映出严复的语言民族主义思想。① 沈国威在其近著中也利用了这些名词对照表，并通过民国初年德国人赫美玲所编《官话》辞典中所收录的编订名词馆译词来分析其翻译特点，并揭示这些译词背后的中日词汇交流与互动。②

由于严复译词在与日译名词的竞争中最终失败，过去学术界往往因此贬低严复译词在中国近代译名统一过程中的作用，并连带着批评严复的翻译主张。例如王树槐在 1969 年《清末翻译名词的统一问题》一文中，就认为清末译名统一工作成绩甚微，原因在于严复在任职编订名词馆期间，"喜自立新名，将以往之译名多舍弃不顾"，"不但对统一译名未尽其责，反而斤斤计较于译名本身是否恰当"，"以如此之人负责编订名词馆，焉能有成！"③ 然而，如果对照编订名词馆所编名词对照表，可见严复并非"将以往之译名多舍弃不顾"，而是保留了大量旧有译名。而作者所批评的严复"斤斤计较于译名本身是否恰当"，更是不知所云。译者如果为追求一致，只采用社会通用的译名，而对该译名是否恰当不加评判，如此绝不能称为科学、负责的翻译态度。

近年来一些学者并没有沿用上述对严译名词的负面观点，而是以更为公允、客观的态度对其加以研究。除上文所列沈国威的著作以外，黄克武的文章也指出，严复译语虽在与"和制汉语"的竞争中落败，但这并不意味着严复译语全无可取之处。决定这场"新名词之战"胜负的关键并不在于译名的质量，而在于由各种出版物所造成的"约定俗成"的习惯的力量。严复译语

---

① 何思源：《严复的东学观与清末统一译名活动》，《北京社会科学》2015 年第 8 期。
② 沈国威：《一名之立 旬月踟蹰：严复译词研究》，社会科学文献出版社 2019 年版，第 187—209 页。又可参考作者的另一部专著《近代中日词汇交流研究：汉字新词的创制、容受与共享》，中华书局 2010 年版。
③ 王树槐：《清末翻译名词的统一问题》，《"中央研究院"近代史研究所集刊》1969 年总第 1 期，第 67、76 页。

中体现出的一些翻译原则仍值得后人借鉴。①陈力卫认为，不应仅从严译和日译名词的对立视角研究和评价严复译词，还应将严复译词与清末的文体变革、西方传教士的翻译工作等历史事件结合起来。他认为："说到底，严复译词不敌日本借词的根本原因，就是时代要求新的文体，而承载这一文体的又主要是复音节词。"②对于严译名词与日本译词的比较研究，逐渐成为中国近代文化史、翻译史研究的一个热点。③

对编订名词馆所编名词对照表的研究，除了从相关学科在中国发展历史的角度、从严复翻译思想及其译词与日本译词的竞争角度加以展开之外，还可以将其纳入中国近代新名词译名统一过程之中，探讨其前后继承的关系。在编订名词馆成立之前，傅兰雅等西方传教士就已经开始从事统一译名的工作；进入民国后，民间人士亦感觉到统一译名的必要性，发起科学名词审查会等组织；南京国民政府成立后，又在教育部下成立国立编译馆，试图通过行政力量实现名词翻译的统一。④然而过往的许多研究，由于未能接触到关于编订名词馆的一手资料，或对其成果与影响语焉不详，或草率地以"后见之明"加以评判（如前引王树槐文）。因此，这一领域的研究，仍需在分析基本史料的基础上，审慎地评判其历史意义。

从官方设定的编订名词馆职能来看，无论"编订学科名词"还是编纂"各种辞典"，都与外来新名词涌入中国的时代背景不可分离。研究编订名词馆，需要对近代史上这些进入中国的新名词有更为深入的认识。

---

① 黄克武：《新名词之战：清末严复译语与和制汉语的竞赛》，《"中央研究院"近代史研究所集刊》2008年总第62期。
② 陈力卫：《东往东来：近代中日之间的语词概念》，社会科学文献出版社2019年版，第421页。
③ 相关研究成果，还可参见王中江《中日文化关系的一个侧面——从严译术语到日译术语的转换及其缘由》，《近代史研究》1995年第4期；罗志田《抵制东瀛文体：清季围绕语言文字的思想论争》，《历史研究》2001年第6期；胡积《严复的译语与日本的"新汉语"词汇》，《福建师范大学学报》（哲学社会科学版）2002年第1期；王荣《雅训与传承：从严氏译词看严复的语言观》，《广西社会科学》2013年第3期；廖七一《严译术语为何被日语译名所取代？》，《中国翻译》2017年第4期。
④ 限于篇幅，以上仅略述中国近代统一译名过程中的代表性事件，更加详尽的综合性研究可参考王树槐《清末翻译名词的统一问题》，《"中央研究院"近代史研究所集刊》1969年总第1期；王冰《中国早期物理学名词的审定与统一》，《自然科学史研究》1997年第3期；张剑《中国近代科学与科学体制化》，四川人民出版社2008年版；温昌斌《民国科技译名统一工作实践与理论》，商务印书馆2011年版。针对某一学科或某一个人、机构的专门研究，可通过以上论著按图索骥，恕不一一列举。

这里需要对"新名词"的概念做一番界定。1990年版的《汉语大词典》对"新名词"有如下定义:"随着新事物新思想的产生而产生的新词语。多指进入一般语汇的各科术语(不限于名词)。"笔者认为近代中国历史上出现的"新名词",应在上述定义的基础上做出如下界定。首先,从时间维度上考虑,"新名词"是19世纪初马礼逊来华到1949年中华人民共和国成立期间,中外人士在向中国引入西学的过程中创造的、古代汉语中未有的新词汇。由于时间设定在近代,这些新词汇不包括佛教东传以及明末清初耶稣会士来华等中国古代文化交流所带来的新词汇。其次,这些新词汇或为中国古代典籍所未有,或为旧词新意,其共同之处,在于它们反映了"新事物新思想"。在近代中国的大背景下,这些"新事物新思想"在很大程度上就是西方新知。第三,这些新词汇必须在近代中国的某个时段、某个地域或在某些学科内,被一部分中国人所运用,即"进入一般语汇"。这样就排除了在译介西学过程中出现的那些没有来得及产生一定影响就被其他译法所取代的词汇。① 最后,这些新词汇在词性上以名词为主,但并不限于名词,还包括"解放""批评""绝对""积极"等非名词的实词。②

"从晚清到五四再到共产革命,有一批又一批非常强大有力的新名词、新概念所形成的'群聚',构成一张又一张新的词汇地图。"③ 自19世纪至今的二百余年里,海量的新名词、新概念出现在中文语境中,改变了无数人的思想和轨迹。由于国外新名词的传入对近代中国社会影响深远,全面检讨其传播与作用的学术研究开始甚早。中外学者从语言学与历史学等不同角度对该课题进行深入发掘,既不乏规模宏大的总体研究,又有丰富的以某学科名词或单个名词为研究对象的个案研究。早期的研究成果,以王力的《汉语史稿》

---

① 需要指出的是,笔者在这里强调以"产生一定影响"作为是否将某一词汇纳入研究范围的标准之一。笔者认为,对近代新名词的考察,不仅应致力于对现代汉语中仍在使用的词汇进行考察,还应注重研究那些已经被时代淘汰、但在当时仍产生过一定影响的词汇。比如,尽管严复所译的诸如"群学""天演"等词,早已被日译名词"社会学""进化"所淘汰,但这些严译新语对晚清思想界的影响是巨大而深远的。

② 由于专业知识所导致的研究视角的不同,语言学家在研究这一领域时,多使用"外来词""新词""借词"等术语。更详细的探讨参见[意]马西尼著,黄河清译《现代汉语词汇的形成:十九世纪汉语外来词研究》,汉语大词典出版社1997年版,第153—184页。

③ 王汎森:《思想是生活的一种方式:中国近代思想史的再思考》,北京大学出版社2018年版,第81页。

（1957—1958年出版）和日本学者实藤惠秀的《中国人留学日本史》（初版1960年，增订版1970年）为代表，具有筚路蓝缕之功。

王力的《汉语史稿》一书代表着二十世纪五六十年代中国大陆学界从现代汉语形成的角度探讨近代新名词的研究水平。在绪论中，王力对整个汉语史进行分期，认为1840年到1919年为汉语从近代到现代的过渡阶段。①作者在正文里专辟一章，专门从词汇发展的角度探讨了近代新名词的问题。他认为近代新名词产生的背景是："鸦片战争以后，中国社会起了急剧的变化。随着资本主义的萌芽，社会要求语言用工作上需要的新的词和新的语来充实它的词汇。特别是一八九八年（戊戌）的资产阶级改良主义运动前后，'变法'的中心人物和一些开明人士曾经把西方民主主义的理论和一般西方文化传播进来，于是汉语词汇里更需要增加大量的哲学上、政治上、经济上、科学上和文学上的名词术语。"②这些新词的特点在于"尽量利用意译"和"尽量利用日本译名"。③通过作者的分析论述，读者不难了解近代新名词在汉语词汇史，乃至整个汉语史上的地位。受写书时的时代限制，本书在内容和观点上存在许多不足之处。如在研究汉语词汇发展时，作者有意无意忽视了19世纪初西方传教士的翻译工作，将1840年前出现的新词汇都归于《海国图志》的贡献；在汉语史分期上，也迁就于政治史的分期，将1840年作为汉语从近代向现代过渡的开端。

实藤惠秀的著作《中国人留学日本史》，专立一章对现代汉语吸取日本词汇的问题进行研究。在这一章中，作者详细探讨了甲午战后传入中国的日本词汇融入中国语文的过程，对在这一过程中起着重要作用的历史事件，比如日语辞典的出现和国人对日本词汇的责难等展开论述，以呈现这一历史过程中中日双方合作与对立交融的复杂关系。④同时，作者通过对1896年至1937年间中国人留学日本这一事件的缘起和演变、留日学生就读的学校种类与课程、留日学生的翻译活动与对出版界的影响以及他们在国内外的政治活动的研究，为读者理解清末以来日译新名词在中国的传播，提供了政治、思想、

---

① 王力：《汉语史稿》（上册），科学出版社1957年版，第35页。
② 王力：《汉语史稿》（下册），科学出版社1958年版，第525页。
③ 王力：《汉语史稿》（下册），科学出版社1958年版，第525—537页。
④ 参见［日］实藤惠秀著，谭汝谦、林启彦译《中国人留学日本史》，生活・读书・新知三联书店1983年版，第281—338页。

文化、社会等多方面的历史背景。

20世纪90年代以来，近代新名词的研究越来越成为研究近代中国政治、社会和思想文化绕不开的课题，在广度与深度上均有杰出的研究成果出现。受现代化研究模式的影响，学人着重强调了近代新名词在中国由传统走向现代过程中的重要作用。意大利学者马西尼通过讨论19世纪出现于中国社会的新名词的源流发展，提出了在西方与日本影响下，汉语如何向国语发展进化的问题，引起了学界对国语（national language）的讨论。① 美国学者任达的著作从思想和体制两方面论述了日本在1898—1912年期间对中国"新政革命"的积极影响。② 作者认为日本为中国的新政思想革命提供了"新载体"与"新概念"③，并强调如果没有由日本传入中国的现代词汇，"中国任何改革努力，都要在词汇战争和争吵中失败"④。熊月之在《西学东渐与晚清社会》一书中，详尽描述了近代新名词的发展背景：明末清初至辛亥革命期间的西学东渐。作者从知识传播的角度强调了甲午战后兴起的赴日留学和从日本翻译西书的风潮，特别是民办译书机构翻译编订的大量源于日本的新版教科书对中国教育界、思想界的冲击。这些日译西书的广泛流传使中国社会出现的"新名词大爆炸"，深刻影响了汉语的面貌和国人的思想，加快了晚清社会走向现代的脚步。⑤

---

① ［意］马西尼著，黄河清译：《现代汉语词汇的形成：十九世纪汉语外来词研究》，汉语大词典出版社1997年版。相关学术批评，参见黄兴涛《近代中国汉语外来词的最新研究——评马西尼〈现代汉语词汇的形成〉》，《开放时代》1999年第5期。
② ［美］任达著，李仲贤译：《新政革命与日本：中国，1898—1912》，江苏人民出版社2006年版（原著出版于1993年）。这里需要说明的是，任达所理解的"革命"并不只是狭义的"被压迫阶级用暴力夺取政权，摧毁旧的腐朽的社会制度，建立新的进步的社会制度"（见商务印书馆1996年版《现代汉语词典》的解释），还应包括"非暴力的、不流血的""悄悄地进行"的"革命"。他在本书中所要研究的新政时期的思想与体制变革就包含在这种广义的"革命"之中。（参见作者上引书，第2页）
③ 作者所指的"新载体"为"在日本的中国学生和在中国的日本教习及顾问"，"新概念"的源泉是"翻译包括学校教科书在内的日文书籍"。同上书，第46页。
④ 同上书，第195页。笔者认为作者在此夸大了日译新语在近代中国历史上的意义。首先，作者在这里假设了一个与历史事实相反的情景，并分析它会带来何种后果，这似乎有悖于历史研究的原则；其次，近代以来围绕新概念如何翻译问题的争论，实际上促进了学界对于新概念的准确界定和新思想在社会上的广泛传播，这些贡献远大于这种争论在社会上引发思想混乱的负面影响。
⑤ 参见熊月之《西学东渐与晚清社会》，上海人民出版社1994年版，第638—678页。相关的研究成果还有很多，如罗志田《抵制东瀛文体：清季围绕语言文字的思想论争》，《历史研究》2001年第6期；黄克武《新名词之战：清末严复译语与和制汉语的竞赛》，《"中央研究院"近代史研究所集刊》2008年总第62期；黄兴涛《新名词的政治文化史——康有为与日本新名词关系之研究》，载黄兴涛主编《新史学（第三卷）：文化史研究的再出发》，中华书局2009年版，第100—129页。

在个案研究方面，越来越多学者致力于研究近代流行的若干关键词，包括其源流发展、语义变迁、传播途径以及社会认同等方面，通过考察这些新名词从被国人接受，到在其影响下的历史实践，探究思想观念对近代中国的真实影响力。这种研究既继承了中国古代史学重视考据、训诂的传统，又结合了最近由西方传入中国的"话语""文本""语言学转向"等后现代历史学的理论与方法。[①]优秀的研究成果近年来层出不穷，在此仅举方维规、黄兴涛对"文明""文化"概念的考察[②]和陈建华对"革命"一词的研究[③]两例。[④]另外，研究某一学科历史的学者对某些学科名词在中国产生、发展、确立过程的探索也不断有新发现。最新的研究成果可见《新词语新概念：西学译介与晚清汉语词汇之变迁》《呈现意义：晚清中国新学领域》等书。[⑤]

针对如何扩展新名词研究的深度，有学者借鉴其他社会科学门类，提出了一些新的理论。刘禾在《语际书写》和《跨语际实践》两书中对美国学者萨义德的后殖民话语理论进行了反思。[⑥]她提出的"跨语际实践"的研究重心"并不是技术意义上的翻译，而是翻译的历史条件，以及由不同语言间最初的接触而引发的话语实践"，也就是对"新词语、新意思和新话语兴起、代谢，并在本国语言中获得合法性的过程"进行考察。[⑦]黄兴涛则从"搭建现代思想平台"的视角对近代新名词的意义进行阐发，提出不仅应从"社会的文化史"角度考察新名词产生、传播这一文化现象形成的社会因素，还应从"文化的社会史"角度，对新名词所蕴含的思想观念、文化价值的社会化过程进

---

① 对此类研究进行方法论的探讨，可参阅方维规《什么是概念史》，生活·读书·新知三联书店 2020 年版。
② 方维规：《论近现代中国"文明"、"文化"观的嬗变》，《史林》1999 年第 4 期；黄兴涛：《晚清民初现代"文明"和"文化"概念的形成及其历史实践》，《近代史研究》2009 年第 6 期。
③ 陈建华：《"革命"的现代性：中国革命话语考论》，上海古籍出版社 2000 年版。
④ 由孙江主编的《亚洲概念史研究》，从 2013 年开始出版，目前已出至第六卷。本书汇集了中外学者对近代新名词个案研究与方法讨论的最新成果。
⑤ [德]朗宓榭、[德]阿梅龙、[德]顾有信编著，赵兴胜等译：《新词语新概念：西学译介与晚清汉语词汇之变迁》，山东画报出版社 2012 年版；[德]朗宓榭、[德]费南山主编，李永胜、李增田译：《呈现意义：晚清中国新学领域》，天津人民出版社 2014 年版。
⑥ 刘禾：《语际书写——现代思想史写作批判纲要》，上海三联书店 1999 年版；刘禾著，宋伟杰等译：《跨语际实践：文学、民族文化与被译介的现代性（中国，1900—1937）》，生活·读书·新知三联书店 2002 年版。
⑦ 刘禾：《语际书写——现代思想史写作批判纲要》，上海三联书店 1999 年版，第 35 页。

行考察，注重对承载它们的权力和制度性载体的分析。[①] 冯天瑜则从思想与词汇"跨文化旅行"的角度，探讨了近代新语在从原产地（欧美）到中介地和受容地（中国和日本）的"旅行"中经历接受和抵抗的不同态度，获得新的意义与用法，最后被本国语言"涵化"的过程。作者试图从"文化互动"视角，通过追溯同属"东亚汉字文化圈"的中国和日本在近代以来面对西方新知的涌入所创制的汉字新语的源流，展现中日双方在"积极回应、彼此推引、双向传播"过程中实现中、西、日文化互动的图景。[②]

综观目前对于近代新名词的研究，论者所依据的史料多为言论界领袖的文章和报刊、辞书、教科书等文字资料，研究的问题多为考证这些词汇意义的变迁、传播以及社会认同等，而往往容易忽略新名词传播过程中政府所做出的努力。实际上，在近代中国，由于国家力量的强大，国家行政力量对于某些问题的解决往往比社会的努力更有效用。晚清时期，尽管各个阶层的民众参与政治的热情与力量呈上升趋势，但"大政府、小社会"的总体格局并未改变，何况新政期间清廷还采取了诸多集权措施巩固其统治力。因此，考察清末新名词问题，政府力量是不可忽视的一方面。清末新政期间的诸多改革措施对于近代新名词的发展与传播起着相当重要的作用，编订名词馆可视为一个典型案例。

至于贵胄学堂，它的诞生同样是在新文化的背景下。"欧风美雨驰而东"，传统的宗室教育早已不合时宜。接受西式的军事教育、法政教育，成为宗室子弟在西学东渐的变革时代攫取政治权力的救命稻草。新政期间，清廷安排许多满洲权贵出洋考察，重点学习的就是欧美、日本等国的政治制度与军事制度。于是，在国内设立新式学堂，招收贵族子弟学习西方的政治与军事知识，也就理所当然了。这些新成立的贵胄学堂，尽管因其学风恶劣，在当时便引起社会嘲讽[③]，也未能挽救贵族集团的历史命运，但它毕竟也是清末改革

---

① 参见黄兴涛《近代中国新名词的思想史意义发微——兼谈对于"一般思想史"之认识》（《开放时代》2003年第4期）、《清末民初新名词新概念的"现代性"问题——兼论"思想现代性"与现代性"社会"概念的中国认同》（《天津社会科学》2005年第4期）两篇论文以及《文化史的追寻——以近世中国为视域》（中国人民大学出版社2011年版）一书中的相关文章。
② 参见冯天瑜《新语探源：中西日文化互动与近代汉字术语生成》，中华书局2004年版。
③ 有一首竹枝词专门讽刺陆军贵胄学堂："而今贵胄列专科，功课平均嫖赌多。最有惊人可传事，也能唱得几军歌。"［杨米人等著，路工编选：《清代北京竹枝词（十三种）》，北京古籍出版社1982年版，第145页］

中传播新思想新知识的教育机构，对这些贵族学员的思想产生了一些正面的影响。例如载沣、毓朗等朝中大员，在陆军贵胄学堂学习时态度都颇为认真，这为其推行新政提供了一定的思想与知识资源。受清末女性解放思潮的影响，开设贵胄女学堂的讨论在贵族集团中也引起了一定的思想触动，这也有利于女性社会地位的改善。

从教学内容来看，陆军贵胄学堂和贵胄法政学堂的课程与同时期的军事和法政学校并无区别。在陆军贵胄学堂，学员除了要学习伦理、汉文、中国历史、中国地理等传统知识之外，还需学习外国历史地理、外语、理化、军事学等西式学科，同时还要完成西式的军事训练；贵胄法政学堂的学生同样要兼修中外课程，其核心课程为宪法、刑法、民法、商法、国际法等一系列法律课程。这些课程体现了学堂所具有的现代性要素，值得研究者关注。

甲午战后，新思想涌入中国，使清朝统治者既喜且惧。一方面，他们通过兴办新式教育，因势利导，使新思想新文化为己所用，帮助推进新政和稳固统治。贵胄学堂正是清廷为辅助王公贵族学习新学、办理新政而设的新式学校。① 另一方面，新思想新名词的流行又使其警惕内含"不靖"内容，为此加强了思想控制。编订名词馆的设立，表面上是为统一各学科名词的译名，其背后的目的则是强化审查，控制思想。从编订名词馆和贵胄学堂可见，在清末新政中，政治与文化从来都是不能分割的。

---

① 贵胄学堂的新设，除了受西方新文化的影响外，还与清末统治者张扬满洲意识、抑制汉族地位的统治策略相关。在开设贵胄法政学堂的奏折中，宝熙便直言不讳地声称："政要之地，非无阶级者所骤跻；机密大计，非至亲贵者不足与议。"（军机处录副奏折，卷 538 号）清朝立国后，政策上一直偏重满族、蒙古族，视其为立国之基。近代虽因平定太平天国运动，致使汉族军功集团兴起，一定程度上改变了满洲畸重的权力格局，但在戊戌政变之后，满洲权贵重新揽权，并借新政之机大力排挤汉族大臣。这些举措不但使汉族官员离心离德，也导致革命党的"排满"宣传正中其要害。

上编
编订名词馆

第一章　编订名词馆的酝酿与设立

19世纪以来，伴随着中国一步步走向世界的进程，来自西方文明的知识也逐渐从沿海深入内地，对国人产生越来越大的影响。这些来自异域的知识，因其迥然有别于中国传统，而成为新的思想资源，为思考如何"穷则求变"的中国人所逐渐接受，并成为助推中国走向现代文明的一大动力。然而，外来的新知识、新概念也引起倭仁、徐桐等保守主义者的抵制。清末新政期间，尽管政府与社会都在推动新的国家建设事业，但守旧的思想并没有立刻退出历史舞台。新与旧之间的矛盾和冲突依然存在。

第一节　新名词的涌入与清廷统一译名的初步尝试

在晚清，西方新知传入的过程，可以按传播主体、内容以及知识的来源，大致分为前后两个阶段。甲午中日战争前，向中国引介西学的工作，主要由西方来华传教士和一批先知先觉的中国士大夫共同完成。这一时期的译书多直接来自西方，以世界各国基本的乡土人情、史地知识，以及西方自然科学、应用科学的成果为基本主题。这种选题的偏向性是与当时的中国人初步认识世界和洋务运动的需要相配合的。而在1895年后，受甲午战争惨败、割地赔款的巨大心理冲击，中国士大夫的目光转向东方的日本，开始主动吸取日本富强的经验，甚而亲赴东瀛一探究竟。这种心态的变化，导致1895年后，中国人取代了西方传教士，成为翻译和传播西方新知的主体；同时，译介的重点也从自然科学扩展到社会科学，国人试图借鉴西方的政治、经济思想，来治疗中国的痼疾。随着20世纪初中国留日学生数量的激增，日本作为中国学习西方的中介，其作用愈加凸显。1927年出版的《译书经眼录》一书详细记录了1901—1904年中国译介外国书籍的情况。在总共的533本译书中，译自日本的图书有321本，占60%强；其余译自英、美、法等国的图书中，又有许多是当时的留日学生从日本重译过来的。[1]清末知名文人孙宝瑄在其日记中，如此评价当时来自日本的"东学"对中国的影响："自东国游学途辟，东学之输入我国者不少，新书新报年出无穷，几于目不暇给，支那人脑界于是不能复闭矣。"[2]日本对甲午战后中国思想文化的影响可见一斑。

由于中西语言的不通，翻译成为西学东渐过程中至关重要的一环。中西译者在翻译西书时，经常会遇到一些中国传统典籍中没有的事物，这就需要译者创造新的名词，或将已有的词汇赋予新的意义，来翻译这些新事物。有些新名词因为译得妥帖，随着译书一同在社会上流行，而成为社会和翻译界的固定译法；而有的新名词则并没有很快被社会接受，还因为译者不同，有了多种译法。这就给读者阅读西书带来了很大不便，也阻碍西学的传播。基于这种情况，一些译者认识到统一译名的必要性，开始自发地开展统一名词的工作。如傅兰雅在江南制造总局任翻译时，便规定在翻译西书时应同时编订"中西名目字汇"，"凡译书时所设新名，无论为事物人地等名，皆宜随时录于华英小簿，后刊书时可附书末，以便阅者核察西书或问诸西人。而各书内所有之名，宜汇成总书，制成大部，则以后译书者有所核察，可免混名之弊"。[3]梁启超也认为，"译书之难读，莫甚于名号之不一，同一物也，同一名也，此书既与彼书异，一书之中，前后又互异，则读者目迷五色，莫知所从"。译者应当合力编纂"中西文合璧表"，使人地名、官制、名物、律度量衡、纪年五个方面，"整齐划一，公定译名，他日续译者毋许擅易"。[4]

---

[1] 转引自[日]实藤惠秀著，谭汝谦、林启彦译《中国人留学日本史》，生活·读书·新知三联书店1983年版，第239—241页。
[2] 孙宝瑄：《忘山庐日记》，上海古籍出版社1984年版，第739页。
[3] 傅兰雅：《江南制造总局翻译西书事略》，张静庐辑注：《中国近现代出版史料：近代初编》，上海书店出版社2003年版，第16页。
[4] 梁启超：《变法通议》，梁启超著，林志钧编：《饮冰室合集（1）·文集之一》，中华书局1989年版，第71—72、55页。

由于社会存在统一译名的需求,在晚清出版的一批英汉辞典中,辞典作者对译名问题格外注意。如美国传教士裨治文(Elijah Bridgman)1841年出版的 *Chinese Chrestomathy in the Canton Dialect* 一书中,作者在将英文的医学、植物学术语翻译成中文时,重点"不在创造新词,而是放在了利用旧词表达新义上"。如在翻译 Blood vessels、Nerves 等医学名词时,刻意使用中医中的"经络/经脉/络脉""筋"等名词作为译词。这种"旧瓶装新酒"的译词在传播西学时带来了准确性的困扰。① 稍后出版的西方人罗存德(Wilhelm Lobscheid)《英华字典》(1866—1869)、卢公明(Justus Doolittle)《英华萃林韵府》(1872)等辞典中,也收录了大量反映西学的汉语词汇。1904年美国传教士狄考文(C. W. Mateer)编辑出版的,由益智书会(Educational Association of China)审定的,包括数学、物理学、化学、生物学、地理学、心理学、法学等诸多学科共计12000余项名词的《术语辞汇》(*Technical Terms, English and Chinese*)出版。本书可视为百年以来来华传教士翻译西方术语的总结,但书中通过创造新汉字来表达西方学术中的新概念的翻译主张却不被中国人所欢迎,这些译名也多被日本译词所取代。②

清末民间的中国人同样有统一译名的行动。1899年,商务印书馆总经理张元济曾致信严复,向他咨询"译专门字典"事宜。严复回信称:"此事甚难,事烦而益寡。……鄙见不如随译随定,定后为列一表,以后通用,以期一律。近闻横滨设一译会,有人牵复入社,谓此后正名定义,皆当大众熟商,定后公用,不得错杂歧异,此亦一良法也。"③ 信中所提及的日本横滨的"译会",当是在日本的中国人组织并开展译名编订工作的团体。其后在1908年,由颜惠庆主持编译的《英华大辞典》出版。本书是当时出版的质量最高的一部英汉辞典,对于"泰西之科学美术"中的"新思想新名辞","罔不分类著录",在社会上产生了很大影响。在确定译名时,编者参考了大量中外人士的著作、严复等人的译著、商务印书馆出版的教科书以及英日辞典等书籍,以极审慎的态度制定最佳译词。颜惠庆对确定名词译名的困难和过程有非常详细的介绍:

---

① 沈国威编:《近代英華華英辭典解題》,日本关西大学出版部2011年版,第61—68页。
② 沈国威编:《近代英華華英辭典解題》,日本关西大学出版部2011年版,第197—203页。
③ 《与张元济书》(二),王栻主编:《严复集》(第三册),中华书局1986年版,第528页。

> 是编实为群书总汇,亦一具体而微之百科全书。而翻译之难,即寓于此。何也?凡泰西所有天文舆地诸子百家,暨种种美术,靡不包举无遗。而我华科学,尚属幼稚时代,一切名辞,未经审定者强半,微论广通科学者难其人,即专精英文者亦不多睹。欲成理想粹完之辞典,苦乏理想粹完之译才,其难者一。科学名辞,译既不易,而普通字语,更有穷思极想,终乏谛当之说,足与发明者。盖英文有正用备用,正用者尚易索解,至备用则辗转相通,茫无涯涘。况又达以华文,恐贻毫厘千里之憾,其难者二。有此二种,因遂商之同志,遍搜旧典,博考群言,必择其谛当者而用之,俾无疵颣。①

朝野人士的议论促使清廷成立专门机构,负责解决名词统一的问题。在戊戌变法之初筹办京师大学堂时,即有官员建议在各地设立译书局、统筹各局译书事业并统一译书中名号称谓。②光绪帝任命在戊戌维新时期声誉卓著、熟悉译书事业的梁启超办理译书局事务,亦可见当时清廷对此问题的关注度与解决问题的决心。可惜戊戌变法如昙花一现,百日即遭倾覆。这些改良措施也因之成为一纸空文。

庚子事变后,清廷重开兴学之议,革新教育成为清末新政的重要内容。张百熙在任管学大臣期间,重启京师大学堂的建设。戊戌时期筹办大学堂的一系列措施又一次被提出,其中就包括在大学堂下附设译局,以便编译西书、统一名词。针对"中国译书近三十年,如外洋地理名物之类,往往不能审为一定之音,书作一定之字"的混乱局面,张百熙建议"由京师译局定一凡例,列为定表,颁行各省,以后无论何处译出之书,即用表中所定名称,以归划一,免淆耳目"。③光绪二十八年(1902),严复受张百熙之聘,担任京师大

---

① 《例言》,颜惠庆主编:《英华大辞典》,商务印书馆1935年版,第4—5页。
② 《总理衙门奏筹办京师大学堂并拟学堂章程折》(光绪二十四年五月十五日):"查应译之西书甚繁,而译成一书,亦颇不易。若两局同时并译,不相闻问,易致复出,徒费无益。且书中一切名号称谓,亦须各局一律,始便阅看。"北京大学校史研究室编:《北京大学史料·第一卷:1898—1911》,北京大学出版社1993年版,第46页。
③ 《张百熙奏筹办京师大学堂情形疏》(光绪二十八年正月初六日),北京大学校史研究室编:《北京大学史料·第一卷:1898—1911》,北京大学出版社1993年版,第54页。

学堂译书局总办①，并为之编订章程。在章程中，严复规定译书局人员在翻译西书之前，应"另具一册，将一切专名按西国字母次序开列，先行自拟译名，或沿用前人已译名目（国名、地名，凡外务部文书及《瀛寰志略》所旧用者从之），俟呈总译裁定后，列入《新学名义表》及《人、地专名表》等书，备他日汇总呈请奏准颁行"；在翻译过程中，"遇有专名要义，无论译传其意，如议院、航路、金准等语，抑但写其音，如伯理玺天德、哀的美敦等语，既设译局，理宜订成一律，以免纷纭"；而在书译成之后，"于所译各书之后附对照表，以备学者检阅，庶新学风行之后沿用同文，不生歧异"。②严复的规划固然完备，但他自己对译书局的工作却并不尽心，正如其自述："鸡肋之恋，正在月薪"③而已。1904年严复就辞去译书局总办一职，离京赴沪。连领导者都如此心不在焉，译书局在统一译名方面也就难有建树了。④

同时，清廷又成立译学馆，作为编译名词的又一机构。译学馆的前身为成立于1862年的京师同文馆。1902年年初，清廷颁布上谕，将同文馆并入京师大学堂，改为译学馆。归并之初，张百熙上奏聘请英、法、俄、德、日五国语言文字专科教习各一人，在教授馆内学生的同时，还承担"编辑各国文典一部"的任务，如此则"将来翻译各书"，有"事半功倍"的成效。⑤在1904年颁布的《奏定学堂章程》中，规定于译学馆内设文典处，派专员与外国教习一并编纂五国辞典。应编辑的辞典分三种："一种以中文为目，以外国文系缀于后；一种以外国文为目，以中文系缀于后；一种编列中外专名，系以定义定音。"编纂时要广泛搜集资料，"凡已译书籍字典，及本馆外国文教科译出之字，或外来函告所及者，概行纂录"。清廷希望通过译学馆编订的各种

---

① 近代著名翻译家林纾当时也受聘至译书局任职。见《贞文先生年谱》（卷一），朱羲胄撰：《林琴南先生学行谱记四种》，世界书局1965年版，第30页。
② 《京师大学堂译书局章程》，王栻主编：《严复集》（第一册），中华书局1986年版，第128、131页。
③ 《与熊季廉书》（五），孙应祥、皮后锋编：《〈严复集〉补编》，福建人民出版社2004年版，第233页。
④ 有学者认为严复在工作时，是一个"缺乏责任心和行动力，言行非常不一致"的人，往往"根本无意去落实自己的理念，经常是出工不出力"。他真正热衷的事业是做大官，"译书、办学、办报等活动对严复来说只是他为了谋生挣钱的无奈之举"。《张仲民谈清末民初那些"被隐藏"的史事与人事》，澎湃网·上海书评，https://www.thepaper.cn/newsDetail_forward_9446497，2021年8月15日。这样的评价或可解释严复在担任京师大学堂译书局总办期间无所成就的原因。
⑤ 《光绪二十八年十一月十九日管学大臣张百熙奏陈同文馆归并大学堂变通办法折》，王学珍、张万仓主编：《北京高等教育文献资料选编：1861—1948》，首都师范大学出版社2004年版，第119页。

中外语言辞典，达到统一名词翻译的目的。章程中规定："文典编定之后，凡翻译书籍文报者，皆当遵守文典所定名义，不得臆造；其未备及讹误之处，应即告知本馆，续修时更正。其随时审定之名词，虽未成书，可知照译书局及大学堂润色讲义处，以归画一。"① 尽管在章程制定上如此详细，但译学馆在统一名词上与京师大学堂译书局一样，并没有大的作为。究其原因，恐怕在于清廷聘请的外文教习，虽娴于本国语言，但并非通才。对于各学科专业的学术名词，他们也所知不多，难以翻译。

在19世纪末20世纪初，除了位于京师的译书局和译学馆外，在上海和南京，还有两家官方设立的编译名词机构，分别是盛宣怀筹办的南洋公学译书院和刘坤一、张之洞合办的江楚编译局。② 尽管清廷在中央和地方均做出了统一译名的努力，但其成效不彰，译名混乱的现象在当时仍普遍存在。除译才不足等客观原因外，清廷设立的编译名词机构之间互不统属、成果不能互相借鉴，本身就加剧了这一乱象。1909年，清廷在学部设立编订名词馆，力图改变此前机构重叠的局面，正式走出了中国政府集中官方力量，有规模、有计划地统一译名的第一步。这种改变的发生，有其特定的历史契机。

第二节　传播新知与端正世风：清廷设立编订名词馆的双重考量

自清末新政以来，推行新式教育成为清廷在改革上着力甚深的举措。"育才兴学"的内容，屡见于当时的上谕和奏折中。壬寅学制和癸卯学制相继颁布后，各类学堂的授课科目已拟定，编纂各科目教科书成为清廷推广新式教育所亟须解决的问题。尽管在当时，清廷已在北京设有专门编辑教科书的机

---

① 《奏定译学馆章程》，璩鑫圭、唐良炎编：《中国近代教育史资料汇编：学制演变》，上海教育出版社2007年版，第441—442页。
② 以上两家机构的详情，参见王树槐《清末翻译名词的统一问题》，《"中央研究院"近代史研究所集刊》1969年总第1期，第64—65页。

构,并在学制中格外强调中央权威,试图将教科书的编审权和决定权控于中央①,但由于"应编各书,浩博繁难,断非数年所能蒇事,亦断非一局所能独任",因此在光绪二十九年颁布的《奏定学务纲要》中,不得不相应变通,鼓励京外官局和私人编纂教科书,并允许地方学堂斟酌选用外国教科书。②

上述措施适度放开了民间企业进入教科书市场的条件。在经济利益驱使下,新成立的书局如雨后春笋般在各地纷纷建立,新编、新译的教科书也层出不穷,充斥于图书市场之中。③然而,由于编译者能力高低不同,选材视角各有差异,导致教科书的质量良莠不齐,有些书甚至不适于各类学堂的使用。严复就曾针对当时教科书"真赝互陈,良楛并出"的情况,批评编译者"往往但求速成,剿割庞杂;或苟矜新异,逆节违理;或不知而作,雅郑不分;或陈腐因仍,无所启发;或利蘖溢恶,潜滋厉阶"。④更严重者,在于使用各学科名词时,没有一个统一的标准,致使不同的教材描述同一事物所使用的称谓各不相同,造成教育的混乱,使教师、学生无所适从。

针对民间教科书质量参差、译名混乱的问题,清廷借学部成立的契机加强了审查力度。学部内与教科书相关的机构有两处,一为编译图书局,1906年设立,由学务处原设编书局改办,其主要工作除编译一般图书外,"于局中附设研究所,专研究编纂各种课本"⑤;1907年又在编译图书局下设立审定科,主要负责审定学部发行的教科书。⑥另外,学部初设时的基本架构为"五司

---

① 仅举数例,如《钦定京师大学堂章程》中规定:"其外省学堂,一律照京师大学堂奏定课本办理,不得自为风气。"又见《钦定高等学堂章程》:"凡各项课本,须遵照京师大学堂编译奏定之本,不得歧异。其有自编课本者,须咨送京师大学堂审定,然后准其通用。"又见《奏定初等小学堂章程》:"初等小学堂教科所用图书,当就官设编书局所编纂及学务大臣所审定者采用,且须按学堂所在之情形选定。"其余各类学堂章程也有类似规定。以上史料引自璩鑫圭、唐良炎编《中国近代教育史资料汇编:学制演变》,上海教育出版社2007年版,第253、265、311页。
② 《奏定学务纲要》,陈学恂主编:《中国近代教育史教学参考资料》(上册),人民教育出版社1986年版,第544—546页。
③ 清末主要的教科书出版机构,包括商务印书馆和文明书局等;辛亥革命后,中华书局抓住国体更变的契机,抢占了民国初年教科书的市场。详见史春风《商务印书馆与中国近代文化》(北京大学出版社2006年版),周其厚《中华书局与近代文化》(中华书局2007年版),石鸥、吴小鸥《中国近现代教科书史》(上册)(湖南教育出版社2012年版)等书的相关章节。
④ 《论小学教科书亟宜审定》,王栻主编:《严复集》(第一册),中华书局1986年版,第202页。
⑤ 《奏拟本部官职暨归并国子监改定额缺折》,《学部官报》第一期,光绪三十二年七月初一日。
⑥ 《第一次学部编译图书局备览》,《学部官报》第六十八期,光绪三十四年九月十一日。

十二科一厅"，其中总务司下有"审定科"，"掌审查教科图书"，"凡编译局之已经编辑者，详加审核、颁行"。① 这两处机构都负责审定教科书事宜，虽有叠床架屋的非难，但亦可从中看出政府对教科书事宜的重视。

学部成立后，迅即命令教科书编者谨遵"忠君、尊孔、尚公、尚武、尚实"的教育宗旨，"编纂中小学堂教科书，进呈之后一律颁发。至各省所编教科书，亦必认定宗旨，呈由臣部核定，然后许其通行"。② 同时向各省发出电报，要求各省将"学堂教员所编讲义及采用私家课本"以及"未经采用之私家著述"，一齐"从速征集，汇解本部，以备采择"。③ 于是，审查各省上呈的各种教科书，成为学部的日常工作之一。在审查意见中，经常可以看到关于学科名词问题的评语。如上海美华书馆呈《化学详要》一书，评语为："译笔未精，译名亦多未妥"④；文明书局出版的《蒙学西洋历史教科书》中，也存在所译外国地名"一课中多所抵牾"，即译名不统一的问题⑤。学部人员还会在每本书的校勘表中，将他们认为不妥的译名一一列出，并附上更替的译名。如将化学教科书中"养化质"改为"氧化物"、"化合质"改为"化合物"、"冰度及沸度"改为"冰点及沸点"，将生物教科书中"脊骨动物、圜节动物、轮辐动物"改为"脊椎动物、节足动物、腔肠动物"等。⑥

尽管学部审查人员非常重视教科书中的译名统一，但由于当时并不存在由政府名词审定机构正式公布的各学科名词对照表，审查人员在评定送审教科书中的名词优劣时所能参考的文献不多，故而难免有较强的主观性。⑦ 随

---

① 《奏拟本部官职暨归并国子监改定额缺折》，《学部官报》第一期，光绪三十二年七月初一日。
② 《奏请宣示教育宗旨折》，《学部官报》第一期，光绪三十二年七月初一日。
③ 《通行各省汇解学堂课本电》，《学部官报》第一期，光绪三十二年七月初一日。
④ 《上海美华书馆呈书七种请审定禀批》，《学部官报》第十一期，光绪三十二年十月初六日。
⑤ 《蒙学西洋历史教科书二册》，《学部官报》第二十三期，光绪三十三年五月初一日。
⑥ 《〈最新化学教科书〉校勘表》，《学部官报》第五十八期，光绪三十四年六月初一日；《〈最新动物学教科书〉校勘表》，《学部官报》第五十九期，光绪三十四年六月十一日。
⑦ 据审查意见，审查人员在评定一本代数学教科书时，参考过一部《英华学语对照表》。(《〈查理斯密小代数学教科书〉校勘表》，《学部官报》第八十八期，宣统元年四月十一日) 这一《对照表》可能是指上节所述由狄考文编纂、1904 年出版的《术语辞汇》(Technical Terms, English and Chinese)。这本书的缺陷亦在上节指出。另外，1908 年商务印书馆印行的《物理学语汇》《化学语汇》，是由学部审定科编纂的学科名词表，在中国近代物理学、化学史上意义重大。但审定科并无编订各科名词表的正式职能，这项工作并不具有持续性，更像是编者的个人行为。书中术语重点参考了日本译词，将日文、英文、中文名词对照排列。

着教科书审查工作的进行，学部越来越认为坊间流行的各种课本"杂立名词，无复抉择"①，有碍于新式教育的推行。有鉴于此，学部在奏呈的预备立宪筹备事宜清单中，将统一名词作为立宪工作的重要一环，规定于宣统元年"编定各种学科中外名词对照表（择要先编，以后按年接续）"，二年"编辑各种辞典（以后逐年续编）"。②为表示对这一工作任务的重视，学部于同一年奏设编订名词馆，专门负责"统一文典，昭示来兹"③的工作。由上可知，编订名词馆的成立，短期目的是为了统一各科名词；而其根本，则在于为优质教材的编纂提供可能，为新知识的传播和新式教育的推广服务。

清廷成立编订名词馆的另一层目的，是出于端正世风、维护统治的考量。清末西学涌入，各式各样的新名词为趋新的学人士子所熟习。一些守旧的士大夫担忧中国传统的失落，对这一"新名词运动"④大加挞伐。还在戊戌期间，叶德辉就斥责梁启超、徐勤、欧榘甲等人主持的《时务报》《知新报》导致"异学之诐词、西文之俚语，与夫支那、震旦、热力、压力、阻力、爱力、抵力、涨力等字，触目鳞比，而东南数省之文风，日趋于诡僻，不得谓之词章"，称其文"非文非质，不中不西，东施效颦"。⑤

到20世纪初年，中日之间的思想文化交流愈发频繁，大量来自日本的新名词、新思想充斥于中国社会。这也引发了许多思想守旧的清朝官员的警觉。翰林院编修邓起枢上奏，建议限制派往日本学习师范和法政的留学生数量，代之以陆军、工艺等实科。他给出的理由是"留学东洋学生，惑自由之邪说，张民约之谬论，聚党结会，妄议国事"。⑥同样在翰林院任职的恽毓鼎也观察到，"近来新学盛行，少年轻俊之士，皆掇拾日本新名词，以自表异文体，既戾士习，尤嚣其弊"。对于新政中效仿日本进行的教育改革，他也多有非议："近来中外学堂皆注重日本之学，弃四书五经若弁髦，即有编入课程者亦不过小作周旋，特不便昌言废之而已。"他担心新学制实施会导致"周孔道绝，犯

---

① 《学部奏编辑国民必读课本、简易识字课本情形折》，故宫博物院明清档案部编：《清末筹备立宪档案史料》（下册），中华书局1979年版，第1009页。
② 《奏分年筹备事宜折》，《学部官报》第八十五期，宣统元年三月十一日。
③ 《奏本部开办编订名词馆并遴派总纂折》，《学部官报》第一〇五期，宣统元年十月初一日。
④ 胡适：《提高与普及》，欧阳哲生编：《胡适文集》（12），北京大学出版社1998年版，第436页。
⑤ 苏舆编：《翼教丛编》，上海书店出版社2002年版，第103—104、175—176页。
⑥ 《翰林院代奏编修邓起枢条陈厘定学务折》，《学部官报》第一期，光绪三十二年七月初一日。

上作乱，必致无所不为"。①

恽毓鼎反对日本新名词的理由可概括为两点：从"文体"上破坏中国传统文学，从思想上导致"异端邪说"横行于世。②恽毓鼎在日记中批判张之洞为"吾道罪人"，但实际上张之洞对日本新名词同样抵触。对在辞章上自视甚高的张之洞而言，"论说文章，寻常简牍，类皆捐弃雅故，专用新词"③，令其极为反感。在民国时期的掌故笔记中，常记载张之洞对新名词的厌恶。如黄濬在笔记里记录了这样一则传闻："文襄奖新学而喜旧文，又一日见一某君拟件，顿足骂曰：'汝何用日本名词耶？'某曰：'名词亦日本名词也。'遂不欢而散。"④又据胡思敬称："自新名词盛行，公牍奏稿糅和通用，之洞尤恶之。一日，部员进稿中有'公民'二字，裂稿抵地，大骂。"⑤"奖新学而喜旧文"，这七字评语极贴切。在确立学制时，张之洞的思想同样是新旧杂糅的，这从癸卯学制的十字宗旨"忠君、尊孔、尚公、尚武、尚实"即能体现。在推广新式教育的同时，张之洞又于1907年奏立存古学堂，试图改变"各项学堂于经学一科，虽列其目，亦只视为具文，有名无实"的状况，提升四书五经在学制中的地位。⑥这一举措是对新学制的修正，既体现了张之洞本人的文化保守主义思想，又可视为对恽毓鼎等思想更加守旧、却占据"政治正确"的高地不断诋毁新学的官僚士人的回应。可见，无论是从思想角度，还是从文学角度，张之洞都对清末的新名词持排斥态度。⑦

---

① 恽毓鼎著，史晓风整理：《恽毓鼎澄斋日记》，浙江古籍出版社2004年版，第223、250页。
② "文体""文风"的优劣，在信奉"文以载道"的传统士大夫看来，是关系到安身立命的至关重要的问题。梁启超在清末以传播新名词闻名海内外，其师康有为尽管在政治立场上与国内守旧大臣大相径庭，但对于新名词造成文风衰败的观点，则是一致的。他在信中告诫梁启超："撷拾东文人文，凡至恶俗之字，如手段、手腕（其他组织、目的、舞台、二十纪，为字满目）等亦日日入文，以至波荡成风。文笔则芜漫，文调则不成，千古文章之人于地狱恶道矣，莫今日若。中国已百无所有，一切须变，独此道德、文章、衣服、饮食四者可存耳。若文章亦皆芜秽之，古复何为？此诚汝之罪也。"[《与梁启超书》，康有为撰，姜义华、张荣华编校：《康有为全集》（第九集），中国人民大学出版社2007年版，第151页] 可见，在文化立场上持保守主义的士大夫，对于新名词均极为忌惮。
③ 《协办大学士湖广总督张奏立存古学堂折》，《学部官报》第二十二期，光绪三十三年四月二十一日。
④ 黄濬著，李吉奎整理：《花随人圣庵摭忆》，中华书局2008年版，第523页。
⑤ 胡思敬：《国闻备乘》，中华书局2007年版，第133页。
⑥ 《协办大学士湖广总督张奏立存古学堂折》，《学部官报》第二十二期，光绪三十三年四月二十一日。
⑦ 关于张之洞与"东学"的关系，更详细的研究可参考陆胤《政教存续与文教转型：近代学术史上的张之洞学人圈》，北京大学出版社2015年版，第197—232页。

"为国家计,则必有乱臣贼子之祸,为世道计,则不啻有洪水猛兽之忧。"① 张之洞等人的立场推动清廷决意从政策上尽力消解日本新名词对中国社会的冲击。在1904年出台的癸卯学制中,就专门有"戒袭用外国无谓名词,以存国文,端士风"一条:

> 外国论治论学,率以言语文字所行之远近,验权力教化所及之广狭,除化学家制造家及一切专门之学,考有新物新法,因创为新字,自应各从其本字外,凡通用名词,自不宜剿袭搀杂。日本各种名词,其古雅确当者固多,然其与中国文辞不相宜者,亦复不少。近日少年习气,每喜于文字间袭用外国名词谚语,如团体、国魂、膨胀、舞台、代表等字,固欠雅驯;即牺牲、社会、影响、机关、组织、冲突、运动等字,虽皆中国所习见,而取义与中国旧解迥然不同,迂曲难晓;又如报告、困难、配当、观念等字,意虽可解,然并非必需此字。而舍熟求生,徒令阅者解说参差,于办事亦多窒碍。此等字样,不胜枚举,可以类推。其实此类名词,在外国不过习俗沿用,并未尝自以为精理要言。今日日本通人,所有著述文辞,凡用汉文者,皆极雅驯,仍系取材于中国经史子集之内,从未阑入此等字样。可见外国文体界限,本自分明,何得昧昧剿袭。大凡文字务求怪异之人,必系邪僻之士。文体既坏,士风因之。夫叙事述理,中国自有通用名词,何必拾人牙慧?又若外国文法,或虚实字义倒装,或叙说繁复曲折,令人费解,亦所当戒。倘中外文法参用杂糅,久之必渐将中国文法字义,尽行改变,恐中国之学术风教,亦将随之俱亡矣。此后官私文牍,一切著述,均宜留心检点,切勿任意效颦,有乖文体,且徒贻外人姗笑。如课本、日记、考试文卷内,有此等字样,定从摈斥。②

由"文体"而到"士风",担忧这些不"雅驯"的日本新名词对中国"学

---

① 《协办大学士湖广总督张奏立存古学堂折》,《学部官报》第二十二期,光绪三十三年四月二十一日。
② 《奏定学务纲要》,陈学恂主编:《中国近代教育史教学参考资料》(上册),人民教育出版社1986年版,第537—538页。

术风教"造成负面影响，进而动摇其统治，是清廷对新名词加以限制的根本原因。①

就学部本身的工作而言，其审查各种教科书的重要目的之一，就是为了"谨邪说暴行之大防"②。宣统二年，直隶总督陈夔龙上奏，称鉴于"东西游学生译刊之书籍报纸，往往肆意讥评，淆乱黑白，虽经严饬查禁，而辗转传播，仍未能禁绝根株"的情况，朝廷应"请饬下学部将一切教科书籍精心审订，务期范围不过，伦纪修明，驯致夫君子爱人、小人易使之成效。凡有宗尚稍偏，易滋流弊者，一律摈而弗取，俾免习焉不察，误入奇衺"。对此，学部奏称在审定教科书时，对于书中"蔑礼斁教，稍涉奇衺，如平权之瞽说，种族之謷言，自由结婚之歌辞，惑世诬民之报纸"，均"通饬严禁发行"，"断不任其淆乱人心，贻误来学"。③

具体查看学部审定教科书的评语，也可以大致分成思想和文体两类。对文科教科书中，重点审查书中违背官方意识形态的内容，严令删改，甚至直接将全书查禁。学部曾发咨文致浙江巡抚，要求查禁一本国人写作的女子小学国文教科书，因其"宗旨纰缪，颇染平权自由邪说"，并举书中"谓家规家礼皆压制之法""谓古时之家，名为和睦者，不过压制于威权之下"等内容为证据。④对于译著中出现的"异端邪说"，审查时也着重加以封堵。例如对一本译自日本的《中等伦理学》教科书，审查员认为本书"调和中西学说，牵合杂糅，于我国教育宗旨不合"，并指出"书中载有蔡序一篇，尤多谬妄"，要求查禁。⑤又如清末流行一部译自日本、由上海作新社出版的《万国历史》，审查员评点"第三卷叙法国之乱，词语太繁；叙东西洋之关系，中间有过当语，必须删改"。具体要求将书中"法兰西革命"改为"法兰西变乱"或"法

---

① 清末大臣一边为新名词流行出台禁令，一边又因实施新政而不得不在奏章中大量使用新名词，这样的"无奈"，亦折射出近代中西交通之下汉语革命的不可逆转。无论态度如何，生活在20世纪的中国人都不得不使用"新名词"来表达自己的观点。关于清末民初官员及舆论界对"新名词"的或正面或负面的意见，可参看张仲民《"文以载政"：清末民初的"新名词"论述》，《学术月刊》2018年第2期。
② 《谢管理学部事务折》，赵德馨主编：《张之洞全集》（第四册），武汉出版社2008年版，第335页。
③ 《复奏直督陈夔龙奏时局阽危敬陈管见折》，《学部官报》第一百二十九期，宣统二年七月十一日。
④ 《咨浙抚查禁何编女子小学国文教科书文》，《学部官报》第六十六期，光绪三十四年八月二十一日。
⑤ 《劄饬各省提学使禁用麦译中等伦理学文》，《学部官报》第六十六期，光绪三十四年八月二十一日。按：本书为日本学者元良勇次郎著，麦鼎华译，由蔡元培作序。

兰西政体之改革","大革命"改为"大乱","革命党"改"新党"——总之，不得出现"革命"一词；涉及晚清史的部分，将鸦片战争"乃割香港之地以求和"改为"割香港"，甲午战争"请和"改为"说和"，"大败"改为"败"。原书中有"殆将为欧人所灭亡"等语，需改为"日本发奋自强，已著明效。中国近年兴学练军，重工商，励实业，考察东西政治、预备立宪，将来继起于东亚大陆，固可拭目俟也"。①

为通过学部审查，清末的教科书，除保证思想"正确"之外，还需在文体上规避风险。清末十年，"保存国粹"的呼声极为高涨，并与近代民族主义思想结合，形成一种以"抵制东瀛文体"为主旨的语言民族主义风潮。②清末政府一度鼓励学生赴日留学，这一方面导致国内学堂开设日语课程成为潮流③，另一方面留日学生也把大量译自日语的知识传播到国内。由于留日运动刚刚起步，留学生的日语程度往往较浅，其翻译作品的遣词造句受日语影响甚深，因此引起一些士大夫的反感。在审核教科书时，学部经常挑剔日译教科书"夹杂东文语气"④，以致难以卒读；书中采用的学科名词"俱沿东文之旧，与吾国所通行者颇多歧异"⑤，也需要加以改正。鉴于当时译自日语的教科书质量多有缺陷，审查员在一则审查意见中对这些译者的日文水平严加批评，称"近世粗涉东籍之士，仅知ノガニナト之用，便自以为深通东文，侈然言

---

① 《万国历史》，《学部官报》第五十七期，光绪三十四年五月二十一日。《〈万国历史〉校勘表》，《学部官报》第六十一期，光绪三十四年七月初一日。
② 清末时论中，多可见士大夫担忧"场合""场所""心配""见舞"等日本传来的新名词进入日常领域，导致"中国数千年以来所恃以睥睨四夷之最优尚最完美之文字，将扫地无余矣"。（汪翔：《名词引用之失当》，《新译界》1907 年第 6 期）对此问题的详细研究，参见罗志田《抵制东瀛文体：清季围绕语言文字的思想论争》，《历史研究》2001 年第 6 期。
③ 学部在派遣学生留学前，要求学生的外语能力通过学部审核。因此许多学堂开设日语课程，以便利学生将来赴日留学。另外，聘请日本学者和留日学生担任学校教师在当时也极为普遍，尤其在法政学堂、师范学堂中，日语的重要性普遍超过英语，成为学生学习的第一外语。直到宣统元年，学部统一规定了高等学堂各门学科应习的外语种类：经学、法政科、文科、商科，以英语为主科，德语或法语为兼习科；格致、工科、农科，以英语为主科，德语为兼习科；医科，以德语为主科，英语为兼习科。日语、拉丁语、俄语等其他语言可作为选修。（《咨大学堂通咨各省划一高等学堂外国文课程文》，《学部官报》第九十期，宣统元年五月初一日）学部规定的外语学习方案，大幅降低了学校里日语的重要性。
④ 《北洋警察毕业生丁永铸呈书三种请审定禀批》，《学部官报》第十三期，光绪三十三年正月二十一日。
⑤ 《留日理化专科毕业生王其慎呈所译普通化学新书请审定禀批》，《学部官报》第三十一期，光绪三十三年七月二十一日。

译述，剌取东文中之假名加以涂抹，而颠倒其汉字，所以佶屈聱牙，读之生厌，而意义之纰缪，亦遂无从是，正所谓望文生义者是也"。①

综上所言，清廷设立编订名词馆的初衷，绝不仅仅是为了统一学科名词、推动教育进步；结合清末的社会思潮可见，在清理"异端"思想、抵制东瀛文体等问题上，编订名词馆也担负着一定的使命。在这种背景下，学部于宣统元年奏设编订名词馆，计划对"文实两科"的全部学科名词加以审定，既注重算学、博物、理化等科学名词，又特别强调舆史、教育、法政等科名词亦在编订之列②，在"灌输科学"和"保存国粹"的双重使命下③，开展其日常工作。

第三节 严复就职与编订名词馆的成立

宣统元年九月十六日（1909年10月29日），经学部上奏，编订名词馆正式成立。④在本年五月，学部就已经根据预备立宪分年筹备事宜清单，奏请将严复调入学部担任丞参上行走，负责编定各学科中外名词对照表、编辑各种辞典。奏折中称赞严复"学问渊深，文辞宏赡，著述甚富，霑丐士林，于中外名理实能发挥通贯，令其编定学科名词、各种辞典洵堪胜任"。⑤编订名词馆成立后，严复顺理成章地就任该馆总纂一职。

据严复在家书中称，本年年初学部命他进行审定各科名词的工作，"因来意勤恳，不可推辞，刻已许之"⑥。但这一解释过于简单，还需从其个人经历与

---

① 《应用东文法教科书一册》，《学部官报》第五十七期，光绪三十四年五月二十一日。
② 《奏本部开办编订名词馆并遴派总纂折》，《学部官报》第一零五期，宣统元年十月初一日。
③ 宣统元年，学部在奏九年立宪未尽事宜中，表示应"于灌输科学之中，仍寓保存国粹之意"。见《宪政编查馆会奏复核各衙门九年筹备未尽事宜折附清单》，故宫博物院明清档案部编：《清末筹备立宪档案史料》（上册），中华书局1979年版，第75页。
④ 《奏本部开办编订名词馆并遴派总纂折》，《学部官报》第一零五期，宣统元年十月初一日。
⑤ 《又奏请将编修缪荃孙候选道严复调在本部丞参上行走片》，《学部官报》第九十一期，宣统元年五月十一日。
⑥ 《与夫人朱明丽书》（二十一），王栻主编：《严复集》（第三册），中华书局1986年版，第747页。

思想动机两方面详加考订。

戊戌政变之后，清廷对主持《国闻报》、支持新政的严复颇为忌惮，甚至曾计划将其捉拿。严复内心对清廷也极为失望，常常在私人书信中表达对时局的失望。① 然而为养活家庭，也为在仕途上更进一步，严复在译书（包括"严译八大名著"中的《原富》《群学肄言》等）、参加社会活动（如 1900 年在上海与唐才常等共同组织"中国国会"）之外，仍积极谋求官职。实行新政之后，严复多次应邀在教育部门任职，这为他在后来接受学部聘任做好了铺垫。以下罗列严复在清末新政时期所担任的教育部门职位：

1902 年，被管学大臣张百熙聘请担任京师大学堂译书局总办；

1905 年，被安徽巡抚诚勋聘为安徽高等学堂监督；

1906 年，担任学部一等咨议官，应学部聘请担任游学毕业生考试襄校官；

1907 年，担任本年度游学毕业生考试襄校官，被两江总督端方聘为复旦公学监督，应端方聘请主持江苏、安徽、江西三省官费留美考试；

1908 年，担任本年度游学毕业生考试襄校官；

1909 年，被学部聘为丞参上行走，担任编订名词馆总纂。

1909 年以前，严复数次接受学部聘请，与学部建立起密切的联系。学部规定咨议官为"无定员，不作为实缺，不限定常川在部"，"分为四等，一等视丞，二等视参议"，其职能主要是为教育事业提供建议。② 1906 年是学部第一次奏派咨议官，其中一等咨议官共八人，二等咨议官二十五人。③ 在一等咨议官中，除严复之外，其余七人是太常寺卿刘若曾、前内阁学士兼礼部侍郎衔陈宝琛、三品卿衔翰林院修撰张謇、候补四品京堂郑孝胥、四品卿衔汤寿潜、新疆布政使王树枏、湖北按察使梁鼎芬，均为当时知名的饱学之士。在这八人中，严复作为"直隶候补道"，位列最末一位，也是唯一没有科举功名

---

① 如在 1899 年致张元济的书信中，说到政变之后，"士之有心救时者，大都蔽以'党'字，束置高阁"，抨击朝廷迫害人才；对于当时列强侵华，也悲观地认为"瓜分之局已成，鱼烂之灾终至，我等俯首听天而已"。《与张元济书》（一）（三），王栻主编：《严复集》（第三册），中华书局 1986 年版，第 524、531 页。

② 《附奏请派本部一二等咨议官片》，《学部官报》第四期，光绪三十二年九月十一日。

③ 1908、1910 年学部又两次奏请续派咨议官，总计增派一等咨议官十二人，二等咨议官二十人。《续派一二等咨议官折》，《学部官报》第五十一期，光绪三十四年三月二十一日；《奏续行遴员派充本部一二等咨议官折》，《学部官报》第一百三十七期，宣统二年十月初一日。

的人。①即使在二十五名二等咨议官中，也有丁仁长、赵启霖、缪荃孙、谭延闿等获进士功名的人才。尽管咨议官并无实权，可视为一荣誉性职务，但严复能入选一等咨议官名单，也能反映出其"西学巨子"的社会声誉②，以及当时的学部堂官荣庆、严修对其重视的态度。也是出于对严复的信任，在本年的游学毕业生考试中，严复与詹天佑、魏瀚等八人共同被学部任命为襄校官③，并在命题、评定等环节扮演着至关重要的角色。在此后两年的考试中，严复同样担任考官，"是科举制度正式废止后、留学生归国考试正式开办以来唯一一个参加了全部头三届考试的襄校官"。④

可见，由于严复巨大的社会声望和深厚的西学知识，学部对其颇为看重。但严复承担的这些工作均为荣誉性、临时性工作，他本人也没有成为学部在编官员。其原因是多方面的，既与严复没有科举功名、年龄偏大、为养活家人而需四处兼职等自身因素相关，又因为严复在官场中没有真正赏识并愿意提拔他的"后台"。直到1908年，此时的严复已失掉了安徽高等学堂和复旦公学的监督职务，经济上损失极大。⑤因此他接受直隶总督杨士骧之聘，北上天津担任"新政顾问官"。⑥回到京津地区的严复频繁拜访高官权贵，意图在"预备立宪"的官制改革中谋得理想的职位。宣统改元后，清廷为展现新政气象，亦刻意延揽社会知名人士。于是，在宣统年间，严复的"官运"似乎亨通起来：不仅担任学部编订名词馆总纂，还先后被任命为宪政编查馆二等咨议官、度支部清理财务处咨议官、资政院硕学通儒议员、海军部一等参谋官、

---

① 严复在1885年捐得监生身份，随后四次参加乡试，均未中举。见黄克武《走向翻译之路：北洋水师学堂时期的严复》，《"中央研究院"近代史研究所集刊》2005年总第49期，第13页。严复之外的七人中，郑孝胥曾考中乡试解元，其余六人均中过进士。
② 清末谈论立宪成为一大社会风潮，而立宪思想来自国外，因此需要将其翻译并引入中国。作为当时中国最知名的翻译家，严复的社会声望也因此而水涨船高。当时甚至有传言称"政治馆（笔者注：即后来的宪政编查馆，是清廷预备立宪的核心机构）有延聘严几道先生主持一切之说"，舆论界评价认为"以情理度之，微斯人其孰与归"。《考政大臣归国后之问题》，《大公报》1906年7月24日。
③ 《会同考验游学毕业生情形折》，《学部官报》第七期，光绪三十二年十月十一日。
④ 详见刘晓琴《严复与晚清留学生归国考试研究》，《南开学报》（哲学社会科学版）2014年第1期。
⑤ 严复仅在安徽高等学堂监督一职，便可月入五百两。（《奏派调查安徽学务员报告》，《学部官报》第三十八期，光绪三十三年十月初一日）严复的薪水在当时的安徽教育界，甚至在全国学堂中恐怕也是中国籍教职员中最高的。
⑥ 《与夫人朱明丽书》（十二），王栻主编：《严复集》（第三册），中华书局1986年版，第741页。

海军部协都统。

与此同时，阻碍严复官运的科举出身问题亦得到解决。1910年初，外务部、学部会同上奏，请赐詹天佑、严复等十二人为进士。此事肇端于1907年。前一年清廷确立了游学毕业生考试制度，对通过考试的留学生奖以进士、举人出身。但对那些早已留学归国、在朝廷任职多年的早期留学生并没有制定相应的奖励出身制度，以至于参加游学毕业生考试的学生获得了进士头衔，而主持考试的严复、詹天佑等考官却没有。为弥补这一疏漏，时任北洋大臣袁世凯奏请授予詹天佑、吴仰曾等四名早期留美学生进士出身。而学部进一步请求降旨各省督抚"广加延访，悬格以求，凡专门学成回国在十年以外，学力素优，复有经验者，以及耆儒硕彦、博通中外古今之故经师人师众望允洽者"，限于当年十月前提交资料，经核定合格者"再请旨锡予出身，以光大典"。① 但直到1908年才定下了包括严复在内的二十人奖励名单②，又拖到1910年初才下旨封赏。此次赐进士出身的十二人中，詹天佑排名第一，严复排名第二，与辜鸿铭、伍光建、王劭廉三人一同获文科进士头衔。奏折中对于严复的评价也是极高的："候选道严复，福建人，船政学堂出身。官派往英国国家海军学校，学海军专门。又兼习文家，博综经史，译著政学书最多，风行海内。"③

以上可见，在清王朝的最后几年，严复与清廷的关系从若即若离走向密切，与学部的合作尤为顺利。这是他在1909年接受学部委派，担任编订名词馆总纂的重要背景。另外，从严复这一时期的日记、家书中常常可见其遭遇的经济压力。为养活家人，选择接受清廷提供的官职，获得一份相对稳定的收入，这也是他决定在学部任职的原因之一。

从思想动机来看，作为一名翻译家，严复在译介西学著作时，经常遇到如何将西方的术语名词转译为汉语的问题。他在翻译《天演论》时，就遇到了"新理踵出，名目纷繁，索之中文，渺不可得，即有牵合，终嫌参差"的

---

① 《议复北洋大臣奏请予詹天佑等四员出身折》，《学部官报》第二十四期，宣统三十三年五月十一日。
② 《奏请钦派大臣会同核定游学专门各员折》，《学部官报》第七十期，光绪三十四年十月初一日。
③ 《尚书梁敦彦等会学部奏同核定游学专门人才折并单》，《学部官报》第一百十三期，宣统二年二月初一日。

问题。由于没有现成的汉语字词可用,他只好拿出"一名之立,旬月踟蹰"的谨慎态度,"自具衡量,即义定名"。① 严复所用的译词,有的流行于世,为社会和学界所通用;但还有很多译词,因过于古雅深奥,而在流传中与更加简洁明快的日译新名词构成竞争关系。因此,严复对于译名不统一带来的问题,早已有亲身体会。他在1902年任京师大学堂译书局总办时,即拟定章程准备解决这一问题。就任名词馆总纂后,他在与友人的书信中称:"方今欧说东渐,上自政法,下逮虫鱼,言教育者皆以必用国文为不刊之宗旨。而用国文矣,则统一名词最亟,此必然之数也。"② 同时他还热心为《商务印书馆华英音韵字典集成》《袖珍英华字典》《英华大辞典》等辞书作序,强调辞典为"治语言文字者之权舆",褒扬编者规范译名之功,并勉励来者。③ 由熟悉翻译界情况的严复充任编订名词馆总纂,可谓恰得其人。

另一方面,严复对当时日译新名词风靡社会的现象颇有指摘,认为应重新厘清这些新名词的本义。他曾批评当时流行于上海的许多从日本翻译来的书籍"但立新名于报端,作数行告白,在可解不可解间,便得利市三倍"④,对译者不负责任的态度和社会上不求甚解的学风非常不满。他在1906年年底在安徽高等学堂演说"宪法大义"时,抨击由日本传入国内的"宪法""立宪"等词译法不妥,使人误解了立宪的本义:

> 按宪法二字连用,古所无有。以吾国训诂言仲尼宪章文武,注家云宪章者近守具法。可知宪即是法,二字连用,于辞为赘。今日新名词,由日本稗贩而来者,每多此病。如立宪,其立名较为无疵,质而解之,即同立法。吾国近年以来,朝野之间,知与不知,皆谈立宪。立宪既同立法。则自五帝三王至于今日,骤听其说,一若从无有法,必待往欧美

---

① 《天演论·译例言》,王栻主编:《严复集》(第五册),中华书局1986年版,第1322页。
② 《与伍光建书》(四),王栻主编:《严复集》(第三册),中华书局1986年版,第585—586页。
③ 沈国威编:《近代英華華英辭典解題》,日本关西大学出版部2011年版,第13页;《〈袖珍英华字典〉序》,王栻主编:《严复集》(第一册),中华书局1986年版,第143—144页;《〈英华大辞典〉序》,王栻主编:《严复集》(第二册),中华书局1986年版,第253—254页;又见颜惠庆著,姚崧龄译《颜惠庆自传》,台湾传记文学出版社1973年版,第39—40页。
④ 《与熊季廉书》(八),孙应祥、皮后锋编:《〈严复集〉补编》,福建人民出版社2004年版,第237页。

考察而归，然后为有法度也者，此虽五尺之童，皆知其言之谬妄矣。是知立宪、宪法诸名词，其所谓法者，别有所指。①

对于由日本传来的"权利"等一组名词，严复也认为这些译名翻译曲解了它们在西学中的本义："今新学中所最足令人芒背者，莫若利权、人权、女权等名词。以所译与西文本义，全行乖张，而起诸不靖思想故也。"②更何况，从翻译学的角度来看，"大抵翻译之事，从其原文本书下手者，已隔一尘，若数转为译，则源远益分，未必不害"。③学习西学"术之最简而径者，固莫若先通其语言文字，而为之始基"，而不应借助于与西学已"隔尘弥多"的日本。④

以当今的眼光观之，严复"从发源地考察外来学术真义"的学术态度无疑是正确的。从这一观点出发，他批评日本传来的新名词，认为它们与西方的词义有别，因而要求厘定，也自有其道理和意义所在。⑤对于清廷来说，严复的这种态度与主张，恰恰与其亟图改变社会上新名词混乱这一现象，在推动新式教育的同时约束"不靖"思想传播这一双重目的相契合。因此，严复就任名词馆总纂，既满足了严复本人希图统一名词的抱负，又符合清廷在教育和意识形态控制两方面的需要，是双向选择的结果。

小　结

梁启超在其晚年论及 20 世纪初的新文化输入时，曾有如下回顾与反省：

> 戊戌政变，继以庚子拳祸，清室衰微益暴露。青年学子，相率求学

---

① 《宪法大义》，王栻主编：《严复集》（第二册），中华书局 1986 年版，第 238—239 页。
② 《〈名词浅说〉按语》（二），王栻主编：《严复集》（第四册），中华书局 1986 年版，第 1055 页。
③ 《与曹典球书》（三），王栻主编：《严复集》（第三册），中华书局 1986 年版，第 567 页。
④ 《〈英文汉诂〉卮言》，王栻主编：《严复集》（第一册），中华书局 1986 年版，第 156 页。
⑤ 严复对于日译新名词的态度，详见笔者所著《严复的东学观与清末统一译名活动》（《北京社会科学》2015 年第 8 期）一文。

海外，而日本以接境故，赴者尤众。壬寅、癸卯间，译述之业特盛，定期出版之杂志不下数十种。日本每一新书出，译者动数家。新思想之输入，如火如荼矣。然皆所谓"梁启超式"的输入，无组织，无选择，本末不具，派别不明，惟以多为贵，而社会亦欢迎之。……运动之原动力及其中坚，乃在不通西洋语言文字之人。坐此为能力所限，而稗贩、破碎、笼统、肤浅、错误诸弊，皆不能免。故运动垂二十年，卒不能得一健实之基础，旋起旋落，为社会所轻。①

实际上，在这一"梁启超式"的文化传播兴盛之时，就有时人出于不同的立场，对这一运动中所表现出的"无组织，无选择"、"稗贩、破碎、笼统、肤浅、错误"等诸多缺点进行批判，并进行一定程度的补救。当时清廷创建的一批译书机构，如京师大学堂译书局、译学馆等，便试图通过编纂译名表、中外对照辞典等活动，规范官方和私人的译书活动，避免译名不统一所带来的各种混乱。然而考察其成效，这些活动大多有头无尾，有规章而无实绩，除在制度建设上对后世有一定借鉴意义外，并无直观成果，更不用说影响于世了。

随着"新政"的不断推进，普及新式教育作为清廷当时的一项"国策"，对社会的影响越来越大。新式教育的推广加大了社会对新式学堂教科书的需求，各地书商蜂拥而上，在短时间内编译出版了大量各学科教科书。但由于编译者水平良莠不齐，加之没有一个统一的学科名词翻译标准，使得原先译名混乱的弊端被放大。另外，出于意识形态方面的考虑，清廷越发担忧各学科的新名词伴随着新式教育的普及而扩大影响，进而助益与传统相乖离的"不靖"思想的传播，从而危及自身统治。因此，在传播新知和端正世风的双重考量下，清廷决意于1909年开办编订名词馆，聘请在翻译界享有盛名、并对日本传来的新名词多有啧言的严复为总纂，开始集中官方力量，进行学科名词的翻译、审定与统一工作。

---

① 《清代学术概论》，梁启超著，朱维铮校注：《梁启超论清学史二种》，复旦大学出版社1985年版，第79—80页。

第二章　承旧与开新：编订名词馆的制度考察

自1909年10月设立，至1912年年初因清廷的崩溃而终止，作为一项政府机构，编订名词馆在历史上存在的时间只有两年多一点而已，而它真正运行的时间更短。对编订名词馆的制度性考察，不仅可以厘清该馆具体的运作情况，还能在一定程度上反映清末新政，尤其是"仿行宪政"以来，清廷内部错综复杂的政治生态。

第一节　机构与职能

学部在成立之初，确立了以"五司十二科一厅三局二所"为骨架的机构设置，即总务司，下设机要科、案牍科、审定科；专门司，下设专门教务科、专门庶务科；普通司，下设师范教育科、中等教育科、小学教育科；实业司，下设实业教务科、实业庶务科；会计司，下设度支科、建筑科；司务厅；京师督学局、编译图书局、学制调查局；教育研究所、高等教育会议所。① 然而随着新式教育在全国范围的推广，需要解决的问题不断出现，所需人手也随之增加，因此学部不得不对以上组织框架进行局部的调整变动，如宣统元年设京师图书馆与编订名词馆，缪荃孙、严复分别担任总监督、总纂。② 在《宣统三年

---

① 《奏拟本部官职暨归并国子监改定额缺折》，《学部官报》第一期，光绪三十二年七月初一日；关晓红：《晚清学部研究》，广东教育出版社2000年版，第94—98页。
② 《又奏请将编修缪荃孙候选道严复调在本部丞参上行走片》，《学部官报》第九十一期，宣统元年五月十一日。据关晓红总结，学部成立后内部机构的变动有以下两类："在原定编制基础上增减机构"；"组建临时事务性机构"。详见关晓红《晚清学部研究》，广东教育出版社2000年版，第121—128页。

冬季职官录》中，学部基本架构未变，其下的附属机构增加了编订名词馆、京师图书馆、八旗学务处、管理留学生监督；另外，京师大学堂、京师法政学堂、译学馆、京师高等学堂、京师优级师范学堂、京师女子师范学堂、八旗高等学堂、满蒙文高等学堂、山东青岛学堂等新式学校也归学部直接管理。①

编订名词馆就是学部在成立四年后设立的新的事务性机构，其目的是为解决推广新式教育过程中译名不统一，以及新名词泛滥导致世风日下等问题。宣统元年春，学部依照朝廷颁布的九年预备立宪事宜清单，呈奏本部各年应办事宜，将"编定各种学科中外名词对照表"和"编辑各种辞典"作为今后工作的重点。②两个月后，学部聘请严复任学部丞参上行走，专职"编订学科名词、各种辞典"。③这都为名词馆的顺利开办做了铺垫。严复接受任命之后，也立刻开始寻找合适的帮手。在宣统元年四月十五日致夫人的信中，严复已向其告知学部聘请审定名词，并让他"自寻帮手"。④在收到学部聘请后的数日内，严复便邀常福元（字伯琦）、曾宗巩（字幼固）两人到家中商讨合作事宜。⑤这两人都是毕业于严复曾执教的北洋水师学堂，英语水平优异，过去就与严复有过多次合作。他又寄信给周良熙（字庶咸），请他来办理日常庶务。⑥以上三人在编订名词馆成立后，均在馆内任职。⑦同时，严复又就名词馆事宜与学部左侍郎严修书信相商⑧，并于八月三十日将编订名词馆计划书交付学部⑨。学部在半月后（九月十六日）奏请设立编订名词馆一折中规定了名词馆的具体职能，并规定了应予编定的名词对照表的科目种类（见表1-1）。奏折中的意见应当出自严复之手：

---

① 内阁印铸局编：《宣统三年冬季职官录》，沈云龙主编：《近代中国史料丛刊第二十九辑》，文海出版社1968年版，第343—346页。
② 《奏分年筹备事宜折》，《学部官报》第八十五期，宣统元年三月十一日。
③ 《又奏请将编修缪荃孙候选道严复调在本部丞参上行走片》，《学部官报》第九十一期，宣统元年五月十一日。
④ 《与夫人朱明丽书》（二十一），王栻主编：《严复集》（第三册），中华书局1986年版，第747页。
⑤ 宣统元年四月十八日日记，王栻主编：《严复集》（第五册），中华书局1986年版，第1493页。
⑥ 宣统元年六月十一日日记，王栻主编：《严复集》（第五册），中华书局1986年版，第1494页。
⑦ 见《与侄严伯鋆书》（二）："编订名词，业已开馆；分篡有八九人，伯琦、幼固皆在内，周庶咸仍充庶务。"王栻主编：《严复集》（第三册），中华书局1986年版，第827页。
⑧ 宣统元年四月廿三日日记，王栻主编：《严复集》（第五册），中华书局1986年版，第1493页。
⑨ 宣统元年八月三十日日记，王栻主编：《严复集》（第五册），中华书局1986年版，第1494页。

惟各种名词烦赜，或辨义而识其指归，或因音而通其假借，将欲统一文典，昭示来兹，自应设立专局，遴选通才，以期集事。拟暂借臣部东偏考院作为办公之地，名曰编订名词馆。即派严复为该馆总纂，并添派分纂各员分任其事。由该总纂督率，分门编辑，按日程功，其一切名词，将来奏定颁行之后，所有教科及参考各书，无论官编民辑，其中所有名词，有与所颁对照表歧异者，均应一律遵改，以昭划一。①

表1-1　编订名词馆应编名词对照表科目

实科	算学	笔算、几何、代数、三角、割锥、微积、簿记
	博物	草木、鸟兽、虫鱼、生理、卫生
	理化	物理、化学、地文、地质、气候
文科	舆史	历史、舆地、转音、译义
	教育	论辨、伦理、心灵、教育
	法政	宪法、法律、理财

1909年初，学部迁入新署，即原镇国公全荣府②，辛亥革命后为北洋政府教育部所在地，今位于北京市西城区教育街。修葺衙署共花费白银七万两。③编订名词馆办公地点即在此处，条件应当不差。

编订名词馆的成立，从制度上确保以上工作得以有计划地进行，反映了学部乃至清廷的重视态度，并为吸引人才提供了便利条件。然而，编订名词馆只是为解决特殊问题而临时设立的机构，并非常设机构。其一，从工作内容上看，学部规定编订名词馆所应编纂的各科名词对照表共分六门二十八小类，只需"分门编辑，按日程功"即可一劳永逸地完成，因此并不需要将其作为常设机构。其二，名词馆成立时并没有专属的办公地点，只能"暂借"学部"东偏考院作为办公之地"。其三，查宣统年间的职官录，除《宣统三年冬季职官录》中录有严复任编订名词馆总纂一条之外（但没有分纂人员名

---

① 《奏本部开办编订名词馆并遴派总纂折》，《学部官报》第一零五期，宣统元年十月初一日。
② 《奏新署落成诹吉迁入折》，《学部官报》第七十九期，宣统元年二月十一日。
③ 《奏修衙署恩恩赏给经费折》，《学部官报》第五十八期，光绪三十四年六月初一日。

单），别无任何关于编订名词馆人员的记载。① 其四，充任名词馆总纂的严复，为学部丞参上行走。当时学部官职包括尚书、左右侍郎、左右丞、左右参议、郎中、员外郎等职，丞参为清末新政时期在各部普遍设立的职位，体现了用人专门化的改革倾向。② 由于部务繁忙、人才匮乏，在丞和参议配额已满、无缺可补时，各部又普遍设丞参上行走，或任命别部官员兼差，或提拔无职人才就任。严复就职，即属于后者，属于编外官职，并非实缺。③ 最后，馆内人员多在部内部外有其他职务。严复作为总纂，还在宪政编查馆、海军部等处兼差；分纂中，王国维还担任编译图书局职员，常福元任编译图书局职员、学部一等书记官，曾宗巩除了在学部任职外，还在海军部军学司任科员。编订名词馆的工作，只是他们的一项兼职而已。④

编订名词馆的临时性，从功能上说，简化了行政程序，降低了行政成本，体现了清廷在新政困境⑤下对施政方法的局部修正。学部赋予严复聘任分纂的决定权⑥，使他能从自己熟悉的翻译界自由聘请合适的人选，有利于馆内工作成果、人际关系向好的方面发展。然而这种松散的组织结构，却因缺乏足够的监督，使得馆员不安于位、工作效率低下的现象时有发生。作为总纂的严复，在经过了最初半年"常日到馆督率编辑，每日须有六点钟左右"⑦的勤于

---

① 这些职官录收录于清华大学图书馆科技史暨古文献研究所编《清代缙绅录集成》，大象出版社2008年版。
② 林浩彬：《丞参选任与清末部院用人专门化问题》，《清史研究》2021年第4期。
③ 在《严修年谱》中，严仁曾称"实行所谓新政以来，各衙门多增'行走'，实则冗官也"。（严修自订，高凌雯补，严仁曾增编：《严修年谱》，齐鲁书社1990年版，第213页）实际上，许多担任"行走"一职的人员是该部所欠缺的专门人才，对处理部内公务有积极作用。如周自齐、柯劭忞、缪荃孙、蒯光典、严复等人都是学部丞参上行走，王国维、常福元等人也在学部行走。当遇有缺额时，担任行走的人员也有改充实缺的机会。
④ 在宣统二年的资政院第一次常年会上，有议员便向学部特派员范源濂询问编订名词馆是否为常设机关。范源濂的回答是："照从前筹备清单，本是常设的，然则现在清单还有变动的。"见《资政院第一次常年会第三十五号议场速记录》，李启成点校：《资政院议场会议速记录——晚清预备国会论辩实录》，上海三联书店2011年版，第555页。而在宣统三年的一件文牍中，学部又将编订名词馆的支出称为"临时岁出"。见《片行度支部将资政院核减本部宣统三年岁出预算清表过部文》，《学部官报》第一百五十七期，宣统三年六月初一日。以上均可从侧面佐证编订名词馆的临时性。
⑤ 参考罗志田《革命的形成：清季十年的转折》（上），《近代史研究》2012年第3期。
⑥ 严复在家信中称"学部叫我自寻帮手"。《与夫人朱明丽书》（二十一），王栻主编：《严复集》（第三册），中华书局1986年版，第747页。
⑦ 《与夫人朱明丽书》（二十五），王栻主编：《严复集》（第三册），中华书局1986年版，第750页。

馆事后，也开始懈怠下来，到宣统三年，每隔一两个月才到馆一次。① 至于其他分纂，如上段所述，也在别处有兼职，其工作精力必然因此分散。民国时章士钊批评严复在名词馆的工作"草率敷衍""未抛心力"，如果特指宣统三年，则大概不错。② 也正因其临时性，导致学部在因经费不足而裁撤机构人员时，名词馆总处于将遭裁撤的危险境地。1910年4月唐景崇接任学部尚书后，精简机构，裁撤冗员，社会上经常传出编订名词馆遭裁撤或合并的消息。③ 这种传言自然会使馆内人心惶惶，对他们的工作情绪产生了不良干扰，继而影响到其实绩。但名词馆真正消失，要等到中华民国成立以后。④

清廷并未将编订名词馆设为常设机构，也从一个侧面反映出学部官员以及严复对于西学认知的片面性。严复自英国回国后，受限于国内闭塞的信息环境，接触西方新知时会遭遇留学时期所未有的窒碍。作为处于中西新旧之间的读书人，严复在接受西学时也有主观选择性。从其译著来看，严复更加青睐于18至19世纪古典自由主义学说。对于其他领域的学术发展，严复相对隔膜，因此在给学部制定的应编名词对照表科目中，所列举的门类大有欠缺，体现出其对现代西方学术分科的陌生。自然科学领域尤非严复所熟稔，

---

① 参见宣统元年九月二十日至十二月廿九日日记、宣统三年日记，王栻主编：《严复集》（第五册），中华书局1986年版，第1495—1505、1506—1513页。宣统二年日记已佚失。

② 王栻：《严复传》，上海人民出版社1957年版，第65页。然而，亦不能简单认为宣统三年编订名词馆已经名存实亡了。在当年元月，学部还请将时在北洋德州制造局任职、北洋医学堂毕业、"医学精深，于中西名词极为熟悉"的许世芳调入名词馆担任分纂，负责"编订西药名词事宜"。可见学部堂官和严复仍在持续推进编订名词馆的工作。（《督宪陈准学部咨调医官许世芳充名词馆分纂札饬制造局遵照文》，《北洋官报》1911年总第2711期）

③ 见《学部归并局所之近闻》《学部裁并局所》，分别载于《大公报》1910年4月21日、1911年11月22日；《时事新报》在1911年7月5日亦报道"学部因部款支绌，拟裁撤名词馆、图书局"。

④ 关晓红在《晚清学部研究》（广东教育出版社2000年版）一书中称编订名词馆在1910年4月归并学部审定司内（第199页）、名词馆在1911年11月遭裁撤（第283页）、编译图书局下设编订名词馆（第379页），三说互相矛盾且皆误。据宣统二年十月学部《奏核明宣统元年分本部收支各款开报折并单》（载《学部官报》第一百四十一期，宣统二年十一月十一日）、宣统三年三月学部《奏宣统二年分收支各款数目折并单》（载《学部官报》第一百五十三期，宣统三年四月二十一日）及《宣统三年冬季职官录》（沈云龙主编：《近代中国史料丛刊第二十九辑》，文海出版社1968年版），编订名词馆与审定司、编译图书局的开销和职官均分别逐条列出，可见三者并无隶属关系；又据《宣统三年冬季职官录》中列出严复任编订名词馆总纂一职，以及严复寄给夫人朱明丽的书信（1912年4月2日）中称"他日若留得名词馆不拆""开正以来，除名词馆十二日薪水已支外"［见《与夫人朱明丽书》（五十四），王栻主编：《严复集》（第三册），中华书局1986年版，第773页］，可知名词馆于辛亥年遭裁撤之说亦误。

致其认为只要编订名词馆"按日程功",就能一劳永逸地完成学科名词的统一,而未认识到当时科学发展的日新月异。① 相较之下,民国时期的国立编译馆以及 1984 年成立的全国自然科学名词审定委员会(后改名为全国科学技术名词审定委员会),将学科名词统一视为一项长期的事业,由专门的科研人员担任编订者,随时关注各领域的新成就新名词,不断扩充各学科名词表。在这样的态度下,这两所机构的成就比编订名词馆要高得多。

关于经费情况,根据学部宣统二年十月初九日和宣统三年三月二十五日的奏折,编订名词馆在宣统元年(九月至十二月)和宣统二年的开销分别为京平足银四千三百九十两和一万三千三百九十七两。② 从这两个数字可见,编订名词馆从成立至宣统二年的开销是基本稳定的。然而到了宣统二年年底学部制订宣统三年预算时,将编订名词馆的预算支出大幅增加到三万八千两,近乎宣统二年支出的三倍。后虽经过资政院讨论表决,这一数值有所减少,但仍维持在三万五千两上下。③ 编订名词馆的预算支出在宣统三年大幅增加的原因目前尚不得而知,但这一事件所反映的清廷对该馆的重视,却没有化为当时馆内人员的工作动力。

第二节 人事与决策

上下级、同事之间的关系,往往会对一个组织能否有效率地运转产生影响。在清末,关于政府部门的组织、绩效、监督等方面的制度尚不完善,部

---

① 由于清末科学教育尚处于起步期,当时社会对于西方科学发展状况普遍不甚了解。在宣统二年的资政院会议上,就有议员认为"外国名词有限,不能年年有新名词出来","若专为编译名词计,大约半年就可以告竣",因而反对将编订名词馆设为常设机构。《资政院第一次常年会第三十五号议场速记录》,李启成点校:《资政院议场会议速记录——晚清预备国会论辩实录》,上海三联书店 2011 年版,第 555 页。
② 《奏核明宣统元年分本部收支各款开放折并单》,《学部官报》第一百四十一期,宣统二年十一月十一日;《奏宣统二年分收支各款数目折并单》,《学部官报》第一百五十三期,宣统三年四月二十一日。
③ 《资政院第一次常年会第三十五号议场速记录》,李启成点校:《资政院议场会议速记录——晚清预备国会论辩实录》,上海三联书店 2011 年版,第 555—556 页。

门的管理绝大多数靠人治。这导致"一言兴邦""人亡政息"或"人去政息"的现象在清末政坛屡屡发生。因此，考察一个部门内部的人际关系，对于了解其内部决策很有帮助。以下分别考察作为编订名词馆总纂的严复与其直属上级（学部尚书荣庆、左侍郎严修）和下级（馆内分纂等）的关系，借以了解名词馆内部的政治生态与人际脉络。

一、严复与荣庆

荣庆虽为蒙古正黄旗人，但其出身并不属于贵族。因此，荣庆的仕途并不能依赖特权和祖荫，而是走与一般汉人相同的读书应举之路。他在1886年考中进士，1889年授翰林院编修，年方三十岁即以诗文之才享誉士林，并被世人誉为"旗下三才子"之一。[①] 荣庆在其日记中记录了大量诗作，部分为平日偶吟，部分为友人应和之作。从这些诗作的内容可见他受古典文化濡染之深。[②]

在这方面，严复与他有共同的爱好与趣味。严复虽在青少年时期即入福州船政学堂，后又赴英国学习海军技术，但他幼时入私塾学习经籍和学成归国后数次应科举的经历，在他身上打下了传统学术的烙印。回国后他又与吴汝纶、陈宝琛、陈三立、郑孝胥等知名文人极为相得，在文风上、思想上多有相合之处。

严复晚年曾评价这些友人"虽皆各具新识，然皆游于旧法之中，行检一无可议"。[③] 从严复生平来看，身处"过渡时代"，其思想、言行亦新亦旧，既受到传统伦理、知识的制约，同时也主动吸收西学，因此颇能与以上几位同样"不古不今"的士大夫相得。荣庆也属于思想介于新旧之间的人。他曾掌管过镶蓝旗官学，之后又简放山东学政，对当时地方教育情形比较了解，对如何办理新式教育也多有建言。庚子事变之后，荣庆应诏上奏，提出重教兴

[①] 另外两人为端方和那桐。
[②] 见谢兴尧整理、点校、注释《荣庆日记》，西北大学出版社1986年版。
[③] 《与熊纯如书》（六十八），王栻主编：《严复集》（第三册），中华书局1986年版，第684页。

学的六点建议：明正学、崇实学、复古学、重仕学、兴武学、广游学。① 在任职管学大臣和学部尚书时，荣庆先后与张百熙、张之洞、严修等人和衷共济，致力于在全国范围内推广新式教育。荣庆又颇能礼贤下士，用人不拘一格。他曾请慈禧降旨"凡戊戌获咎之革员，均复原衔，拘禁及通缉者，一律释放"，后又奏请开复严复的朋友张元济，将他调入学部任职。② 虽然荣庆倡导新式教育的立足点仍在于捍卫纲常伦理和王朝统治，但他不拘于古制、力图创新的心态显而易见。尤其值得注意的是，在"中体西用"一说甚嚣尘上的清末，荣庆能观察到此说有使朝野学界分裂，而陷于门户之见的危险，因此提出将"病在因循"的中学倡导者和"偏于功利"的西学倡导者汇聚于"实学"名下。③ 这与严复在《与〈外交报〉主人书》中痛批中体西用，建议融汇中西学之优长以疗中国之痼疾的建言相类。④

正因有着部分类同的思想基础，荣庆与严复在公务和交际往来中颇能共事。据荣庆日记中记载，二人早在光绪二十九年即有来往。时在京师大学堂任职的严复，给刚刚奉旨与张百熙共管大学堂的荣庆送来新译《原富》一书。荣庆认为此书"语多可采"。⑤ 光绪三十二年，清廷组织第一届留学毕业生考试，作为学部尚书的荣庆任主考官，严复担任襄校。考试结束后，荣庆与左侍郎严修共同设宴，宴请考官和襄校诸人。⑥ 通过公私两方面的交往，荣庆对严复的才能有了具体的认识，并刻意对他进行延揽。在学部制订了编纂各科名词对照表的计划后，荣庆随即邀严复到学部行走，主管此事，并在编订名词馆成立后任命他为总纂。在学部右参议一职出现临时缺额时，荣庆推荐从严复等五人中选一人署理，但清廷最后属意于中学功底更为深厚、在宦海沉

---

① 王季烈：《蒙古鄂卓尔文恪公家传》，卞孝萱、唐文权编：《辛亥人物碑传集》，凤凰出版社2011年版，第596页。
② 王季烈：《蒙古鄂卓尔文恪公家传》，卞孝萱、唐文权编：《辛亥人物碑传集》，凤凰出版社2011年版，第597页。
③ 王季烈：《蒙古鄂卓尔文恪公家传》，卞孝萱、唐文权编：《辛亥人物碑传集》，凤凰出版社2011年版，第596页。
④ 参见《与〈外交报〉主人书》，王栻主编：《严复集》（第三册），中华书局1986年版，第557—565页。
⑤ 谢兴尧整理、点校、注释：《荣庆日记》，西北大学出版社1986年版，第60页。
⑥ 谢兴尧整理、点校、注释：《荣庆日记》，西北大学出版社1986年版，第106—107页。又参见颜惠庆著、姚崧龄译《颜惠庆自传》，台湾传记文学出版社1973年版，第38—39页。

浮多年的柯劭忞。① 宣统元年年底，荣庆代学部奏请赏给留学人员科举功名，严复在受赏之列，赐文科进士出身。② 在编订各科名词对照表的同时，严复又受荣庆之托，承担起修改国民必读课本的工作。编定国民必读课本，与各科中外名词对照表一样，都是学部立宪筹备清单中在宣统元年需要完成的一项重任。③ 当时已值年关，严复本拟于十二月二十二日南下上海与家人团聚，但十五日为荣庆强留，令他在年底完成国民必读课本的审核工作，并上缴学部。④ 严复及时完成了这项任务，二十八日学部上奏在全国试行这一课本。⑤ 由上可见，编订名词馆成立之初，荣庆与严复之间良好的个人关系，促使馆内事务得以顺利筹划与进行。

二、严复与严修

与荣庆相比，严复与严修在思想上更为契合，二人的交谊也更加亲密。严修青年时即拜清末理学家徐桐为师，二十四岁便已中进士。他"为学博洽"，不仅工于古体诗、书画音韵等传统学问，对西学知识也多有涉猎，曾自修英文及数学、物理、化学等自然科学。严修同时还极力提倡新式教育，在贵州学政任上，兴办经世学堂，融汇中西学问；甲午战后，深感科举制度的落后，奏请设立经济特科，以选拔经世人才。为学习先进国家教育制度，严修于1902、1904年两度自费赴日本考察，归国后在直隶兴办了多所新式学堂。1906年任学部左侍郎，严修与时任学部尚书的荣庆通力合作，完善教育制度、

---

① 荣庆推荐的五人为：丞参上行走、前署吉林提学使吴鲁，丞参上行走、经科大学监督、前署贵州提学使柯劭忞，候补参议李熙，奏派丞参上行走、编订名词馆总纂候选道严复，奏派丞参上行走、京师督学局局长、候补四品京堂蒯光典。《奏请旨简员署理右参议缺折》，《学部官报》第一零七期，宣统元年十月二十一日。
② 谢兴尧整理、点校、注释：《荣庆日记》，西北大学出版社1986年版，第159页；宣统元年十二月初七日日记，王栻主编：《严复集》（第五册），中华书局1986年版，第1503页。
③ 《奏分年筹备事宜折》，《学部官报》第八十五期，宣统元年三月十一日。
④ 谢兴尧整理、点校、注释：《荣庆日记》，西北大学出版社1986年版，第159—160页；宣统元年十二月十五日日记，王栻主编：《严复集》（第五册），中华书局1986年版，第1504页；《与夫人朱明丽书》（三十七），王栻主编：《严复集》（第三册），中华书局1986年版，第758页。
⑤ 《奏编辑国民必读课本分别试行折》，《学部官报》第一百十四期，宣统二年二月十一日。

推广新式学堂。① 严复在编订名词馆任职时，称严修与他"甚要好"②，其原因体现在二人共同的思想基础上。

早在二人相见之前，严修便已闻严复大名，并且阅读过《天演论》《穆勒名学》及《原富》等书。他在后来给严复的信中称赞其著作"理赜而文奥"，多有"微言妙理"，对严复的中、西学功底极为佩服。据其日记记载，光绪三十年三月初七，严修与张伯苓同去拜访严复，二人初次见面便相谈甚欢，严复还将新作《社会通诠》和《英文汉诂》二书示与严修。③ 此后二人交往逐渐增多。出于对严复才能的赏识，严修曾屡次向袁世凯推荐严复。④ 光绪三十三年，严复应学部之邀，离沪赴京担任第二届留学毕业生考试襄校。考试结束后，严修极力劝严复留在学部做事到年后。⑤ 虽然严复最终以种种理由推掉了严修的邀请，但二人亲密的关系可见一斑。⑥ 也是在这一年，严修还向朝廷推荐严复为资政院硕学通儒议员。⑦ 1910 年资政院开院，严复果然有此任命。

清廷宣布九年立宪期限后，令各部拟定九年计划书。宣统元年年初，学部上《奏分年筹备事宜折》，将编辑各科名词对照表和辞典列入计划。同时，严修接见了一批熟悉教育的专家，向他们征集意见。闰二月二十三日，传教士明恩溥（Arthur H. Smith）经李提摩太（Timothy Richard）介绍前来拜访严

---

① 《弁言》，严修自订，高凌雯补，严仁曾增编：《严修年谱》，齐鲁书社 1990 年版，第 7—14 页。
② 《与甥女何纫兰书》（二十一），王栻主编：《严复集》（第三册），中华书局 1986 年版，第 841 页。
③ 严修自订，高凌雯补，严仁曾增编：《严修年谱》，齐鲁书社 1990 年版，第 150—151 页。《年谱》中录为《英文汉译》，应为《英文汉诂》。
④ "再天津信来，言陈玉苍、严范孙皆在项城处极力荐我。"见《与长子严璩书》（二），王栻主编：《严复集》（第三册），中华书局 1986 年版，第 781 页。
⑤ "严范孙之意，乃要我在此过年，明春乃许告假。"见《与夫人朱明丽书》（十），王栻主编：《严复集》（第三册），中华书局 1986 年版，第 739 页。
⑥ 严修日记中又有一条，可以旁证二人的亲密关系。宣统元年十月初八日："江阴王培元来访，见则知其本系访几道而误诣余也。自几道来学部，又适寓石驸马大街，投信者往往误送。余尝既拆阅而悟其非，复遣人送几道。几道亦尝误拆与余同。今日王君又误访，此一趣事也。王君深致不安，余则以为可喜。"严修自订，高凌雯补，严仁曾增编：《严修年谱》，齐鲁书社 1990 年版，第 235—236 页。
⑦ 《呈保硕学通儒备选资政院议员员名并原保官衔名清单》，胡绳武主编，牛贯杰编：《清末立宪运动史料丛刊·资政院》（上卷），山西人民出版社 2020 年版，第 40—43 页。严修一共保举了两人，劳乃宣和严复，可见严修严复二人的关系。保举严复者共七人：海军大臣郡王衔贝勒载洵、礼部右侍郎曾炘、学部左侍郎严修、礼部左参议曹广权、外务部右参议陈懋鼎、大理院民科推丞王式通、出使俄国大臣萨荫图。

修，二人讨论了统一各科译名一事。① 大约在此时，严修决定提议由严复担任这一工作。为此，严修特意找来严复新译的《名学浅说》阅读，并对此书评价甚高。他在日记中记道，此书"说理明快，措词安雅，断非近译日人《论理学纲要》等书所能比拟，欣赏无已"。② 笔者在第一章已论及，清末官方的教育政策有一个从向日本学习到降低日本影响的转变过程。学部此前审核教科书时已经确立了清除课本中的日译名词和日语文法的"潜规则"。③ 经过严复译本和日译版本的对照阅读，严修确信严复译笔的高明。再加上严复本人就极为反感日译书籍和名词对原著意思的扭曲，因此，严修放心将统一名词的任务交由严复负责，促成其担任编订名词馆总纂一职。

名词馆开馆之初，因受荣庆、严修等友人所托，严复在聘任助手、督率馆员编纂名词对照表等工作上尽职尽责。这一情形在严复的家书中屡次提及。如宣统元年十月十七日："名词馆开办后，尚为得手，分纂调聘亦无滥竽；惟部中诸老颇欲早观成效，不得不日夜催趱耳。"④ 十月二十七日："馆事极繁重，刻须日日到部到馆，既受责任，不能不认真去做耳。"⑤ 十一月初三日："名词编订，堂官甚盼早日成功也。"⑥ 然而由于严修与袁世凯交好，得罪了摄政王载沣，不得不于年底请假回乡修墓，并于宣统二年三月借病呈请开缺，加之荣庆亦在二年初调离学部，突如其来的人事变动，导致编订名词馆在学部的地

---

① 严修自订，高凌雯补，严仁曾增编：《严修年谱》，齐鲁书社1990年版，第228页。
② 严修自订，高凌雯补，严仁曾增编：《严修年谱》，齐鲁书社1990年版，第228页。
③ 笔者并未发现与此相关的明文规定，但根据1906—1911年《学部官报》中登载的审定书目意见，可以很明显看出学部官员对教科书中出现过多日语元素的排斥。另外，学部官员在审查时还认识到，国人翻译的日本教科书原书，多是从欧美翻译而来；经过两次翻译，文字固然会出现准确性问题，而教科书的时效性也会受到严重影响。因此学部鼓励将欧美教科书直接翻译并引入国内，而不再经日本过手一次。审查员曾表扬清末知名教科书编译者谢洪赉译自英文的数学教科书，称过去审核的日译教科书"钩棘支离"，"算式太旧，不甚合教科之用"，不能反映国外教科书的最新成果，因此鼓励译者"直译西书"，"固胜于旧籍多矣"。（《学部官报》第五十七期，光绪三十四年五月二十一日）甚至有译者为提高过审概率，将其译自日文的教科书谎称译自西文，但被审查员所拆穿。（"玩其文理，确是从日人上野清译本转译，乃称译自西文，殊属失实。其中舛谬处有沿上野清之误者，有译者自误者。"《学部官报》第一百三十六期，宣统二年九月二十一日。）以上均可作为正文中笔者所指的"潜规则"存在的证据。
④ 《与甥女何纫兰书》（十九），王栻主编：《严复集》（第三册），中华书局1986年版，第841页。
⑤ 《与夫人朱明丽书》（三十一），王栻主编：《严复集》（第三册），中华书局1986年版，第755页。
⑥ 《与夫人朱明丽书》（三十二），王栻主编：《严复集》（第三册），中华书局1986年版，第755页。

位边缘化，并有遭裁撤之虞。严复对馆内工作的态度也为之大变，由之前的勤勤恳恳一变而成尸位素餐。他在家信中为严修被迫离职鸣不平，称："严范孙侍郎……近请修墓假，恐未必再来。京中事阴阳怪气，中国人办事，随汝如何，不过如是，似是而非，外方人那里知道。"① 对名词馆工作的态度也渐趋消极："吾此时正忙名词馆事，因开馆半年，须行缴活，经此小结束之后，再做与否，尚未可知。外间朋友皆力劝住京可图进取，但吾意殊淡然。且吾与北京精神总不相合，此来不过为些钱文"②，"学部事亦想不干也"③。严复工作态度的转变，与荣庆、严修两位上级兼好友的离职发生在同一时期，即1910年上半年。可以合理推断，高层人事的变动是严复在编订名词馆工作越来越"草率敷衍"的原因之一。④

三、严复与馆内人员

编订名词馆正式成立之前，严复便已开始着手聘请馆员。但直至开馆前一个月，他仍苦于助手不足，在家信中大发"局事帮手无人，甚为焦灼"⑤ 的牢骚。为尽早完成编定各科名词表的任务，严复不停向其心目中的合适人选发出邀请，终于在开馆后短时间内聘请了足够的分纂。据清宫档案及严复日记、书信记载，严复聘请的馆员有十数名。从表1-2可见，编订名词馆的分

---

① 《与甥女何纫兰书》（二十一），王栻主编：《严复集》（第三册），中华书局1986年版，第841页。又，《严复集》（第三册）第591页《与严修书》考证日期（宣统元年四月二十三日）有误。信中提及改订国民必读课本一事，据严复宣统元年日记，此事发生于本年十月至十二月；又提及物理学名词对照表已完成五篇，查严复宣统元年日记，此事记于十二月二十四日；又提及严修的"复坟之请"，据《严修年谱》，此事发生于宣统元年十二月十九日；又提及"十九日始病胠风"，据严复宣统元年十二月十九日日记中，记有"颈大痛"一事。综上，根据此信末尾署日期"廿三早"，严复作《与严修书》的日期应为宣统元年十二月二十三日。
② 《与夫人朱明丽书》（三十九），王栻主编：《严复集》（第三册），中华书局1986年版，第760页。
③ 《与夫人朱明丽书》（四十），王栻主编：《严复集》（第三册），中华书局1986年版，第761页。
④ 行政效率低下的现象，在清末政府部门中非常普遍，反映出当时人浮于事的不良政治风气。同为学部下属部门的编译图书局，在宣统二年就被御史批评，称局里"挂名不作功课者颇不乏人，是以徒耗薪俸。课本未多编出，其编定者又多词句不顺、文理不通，凌乱复杂，徒扰人意"。（《会议政务处奏议复御史赵炳麟奏财政学务亟须整顿折》，《学部官报》第一百二十二期，宣统二年五月初一日）
⑤ 《与夫人朱明丽书》（二十三），王栻主编：《严复集》（第三册），中华书局1986年版，第748页。

纂均为当时研究西学的佼佼者。他们或从欧美、日本等国高校学成归来，或在国内洋务运动时期兴办的新式学堂以及教会学校有着长期的学习经历，在知识结构上深深地打上了西学的烙印。此外，这些人均能通晓一门或数门外国语言，如与林纾合作的魏易、曾宗巩擅长英文，王国维更是精通英、德、日等数国语言。有些人之前还曾与严复有过共事的经历，如常福元、曾宗巩和魏易都曾在严复主持京师大学堂译书局时在局内工作，常福元还是严复担任安徽高等学堂监督时聘请的庶务长兼英文教员。这种人员构成，不仅保证了所编名词表的质量，还使馆内工作氛围和人际关系更加融洽，对提升工作效率有积极的影响。

表1-2 编订名词馆主要分纂表[①]

姓名	与严复的关系	教育经历	擅长领域	清末代表著译	其他任职
常福元	北洋水师学堂学生，曾在京师大学堂译书局、安徽高等学堂任职	北洋水师学堂毕业	数学、天文、历法	《高等小学算术教科书》《高等小学算术教授书》《简易识字课本》	学部编译图书局职员、学部一等书记官
曾宗巩	福建人，北洋水师学堂学生，曾在京师大学堂译书局任职	北洋水师学堂驾驶班毕业	文学、化学、海军	《质学课本》《鲁宾孙漂流记》（与林纾合译）	京师大学堂教员、海军部军学司科员

---

① 本表主要依据以下材料：《学部官报》（1906—1911）；内阁印铸局编：《宣统三年冬季职官录》；王栻主编：《严复集》（第五册），中华书局1986年版；朱羲胄撰：《林琴南先生学行谱记四种》，世界书局1965年版；皮后锋：《严复大传》，福建人民出版社2003年版；刘国铭主编：《中国国民党百年人物全书》，团结出版社2005年版；张天禄主编：《福州人名志》，海潮摄影艺术出版社2007年版；谢维扬、房鑫亮主编：《王国维全集》（第一卷），浙江教育出版社、广东教育出版社2009年版；北京图书馆、人民教育出版社图书馆编：《民国时期总书目：1911—1949》（中小学教材），书目文献出版社1995年版；周振鹤编：《晚清营业书目》，上海书店出版社2005年版；中国国家图书馆联机公共目录查询系统等。据皮后锋《严复大传》、张运君《严复与近代教科书的发展》中引用的一份编订名词馆报销清册档案，可知当时在名词馆任职的分纂有常福元、刘大猷、王国维、王用舟、曾宗巩、高近宸、王世澂、林志琇、魏易、叶可樑、董鸿祎、项骧、许世芳、瞿宣治、周良熙、林瑞田、徐建章、刘景标、颜惠庆、宋发祥、孙筜等人。（皮后锋：《严复大传》，福建人民出版社2003年版，第365—366页；张运君：《严复与近代教科书的发展》，《历史教学问题》2009年第6期）

续表

姓名	与严复的关系	教育经历	擅长领域	清末代表著译	其他任职
宋发祥	福建人，1907年参加游学毕业生考试获格致科举人，严复为考试襄校官	美国卫斯理大学、哥伦比亚大学毕业，获经济学硕士学位	经济学、化学、地质学、矿物学		京师大学堂教员、学部一等书记官
魏易	1902年在京师大学堂译书局任职	上海圣约翰书院毕业	文学	《文明史》《美德两国商人高等教育》《黑奴吁天录》（与林纾合译）	京师大学堂教员、大清银行秘书官
王世澂	福建人	英国伦敦林肯大学毕业	法学		学部二等咨议官、海军部军法司司法官、邮传部候补员外郎
王国维	曾著文评价严复译著，又因新政期间罗振玉与严复同在北京任职而与严复相识	甲午战后开始自学西学，曾在上海东文学社、日本东京物理学校短期学习	哲学、文学、美学、心理学、伦理学、教育学	《辨学》《欧洲大学小史》《世界图书馆小史》《教育学》	学部编译图书局职员
刘大猷	因罗振玉与严复相识		植物学	《初等小学算学教授书》《卫生学》《植物学教科书》	学部编译图书局职员、学部七品小京官
王用舟		京师大学堂毕业		《初等小学体操教授书》《小学各科教授法》《明治教育史》	学部编译图书局职员、学部七品小京官
高近宸	福建人	日本高等工业学校毕业			农工商部小京官
林志琇	福建人	国外大学毕业			翰林院检讨

续表

姓名	与严复的关系	教育经历	擅长领域	清末代表著译	其他任职
孙筠	福建人	福州船政学堂毕业			
颜惠庆	1906年参加游学毕业生考试获译科进士，严复为考试襄校官	美国弗吉尼亚大学毕业	文学	《英华大辞典》	翰林院检讨、外务部参议
叶可樑	福建人，严复甥女何纫兰夫婿	美国密歇根大学毕业	农学		外交部参事
项骧	参与筹办复旦公学（早于严复任监督）	美国哥伦比亚大学毕业	经济学		翰林院编修
周良熙	随同严复在安徽高等学堂、复旦公学任职		天文学		
林瑞田	福建人	江南水师学堂毕业			海军部军学司科员
许世芳		北洋医学堂毕业	医学		北洋德州制造局医官

　　严复在聘用下属时，喜好优先选择同乡。在他1906年担任安徽高等学堂监督时，就曾有所显现。严复到任以后，一共聘任了十一名新教职员，其中福建同乡七人，均为英文教员，所给月薪极优厚。① 这些人又多为北洋水师学堂毕业，很难说是当时最优之选。第二年学堂学生不满于严复，发起学潮，指责严复的理由之一就是"信用私人"，"严公所用之人，非亲戚子侄，即门生故旧"。② 在他1912年掌管京师大学堂时，也聘任了王世澂、叶可樑、周良熙等一批旧识。③ 此次为编订名词馆聘任分纂，严复同样更加偏好其福建同乡与

---

① 《奏派调查安徽学务员报告》，《学部官报》第三十八期，光绪三十三年十月初一日。
② 安徽高等学堂全体学生：《对于严监督之公愤书》，《南方报》1907年6月2日。
③ 皮后锋：《严复大传》，福建人民出版社2013年版，第300—301页。

旧识。这些人中或有才学略逊者，但编订名词一项工作本身的吸引力就相对较小，学部又是一个经费经常短缺的部门，真正合适的人才，正如严复抱怨的："欲调之人，又恐调不动也。"[①] 这样看来，尽管名词馆内的同事关系较佳，能互相配合工作，但由于缺乏译才，再加上包括严复在内的馆员四处兼差，不能专注于译名编定工作，致使编订名词馆的成效没有达到预期。"由于没有专门的科学家群体的工作，这项工作仍然具有深刻的官僚和文人性质"[②]，后人的这一观察是准确的。清末的中国，并没有产生真正适合科学发展的学术机构与社会氛围。包括严复在内的名词馆人员，多数虽在英美大学学习多年[③]，具有一定的学术水平，但他们回国后的出路却还是仅限于传统中国的入仕为官一途。将编订名词的工作仅视为一项谋生职业，或是积累政治资本的一项业绩，这样的心态是不利于工作效率和质量的。[④] 从这些留学生民国后的履历来看，多数人依旧在官场打拼，而未对学术发展做出应有的贡献，这无论对个人还是对国家而言都是很可惜的。

但是，出于对名词馆工作负责的态度，对于他认为适合充任分纂的人才，严复还是不殚劳烦，多次去信力邀其到馆任职。通过这些书信可以看出严复求才若渴的心态。宣统元年十二月十四日，严复再次给伍光建寄去书信，邀他参加名词表编纂工作。[⑤] 他在信中详细说明了此项工作的意义和自己接受这一工作的动机，希望能以此打动伍光建入职。他在信中说：

---

① 《与夫人朱明丽书》（二十一），王栻主编：《严复集》（第三册），中华书局1986年版，第747页。
② 汪晖：《现代中国思想的兴起》（下卷第二部：科学话语共同体），生活·读书·新知三联书店2008年版，第1135页。
③ 从教育背景来看，严复所聘任的名词馆分纂，以留学英美者最多，其次为国内大学毕业者，留日归国人才最少。这反映出严复本人对留日学生以及日本传来的"东学"的负面态度。
④ 相对而言，编订名词馆还算是较为适合这些留洋归国的科学人才工作的机构。许多留学生进入官场后，都不能发挥其专业特长，造成了人才和知识的极大浪费。科举制度虽已废除，但对留学生及在新式学校毕业的国内学生，都有奖励科举出身、授以相应官职的章程。这变相地延续了科举制度及其背后的"官本位"心态。正如时人所批评的："以专门实业之士，充文学侍从之臣，责以撰文之任，所习非所用，彰彰明矣。"（《清实录·宣统政纪》，中华书局1987年版，第394页）
⑤ 伍光建是严复办理北洋水师学堂时的学生，后留学英国。归国后致力于物理、英文教科书的编纂和欧美小说的翻译工作，与商务印书馆的张元济等人交往密切。严复此时邀他入馆工作，应是请他编纂物理学、英语文法等科目的名词对照表。

> 前者议以名词馆一席相辱，台端谦抑，未即惠然。弟愚见以谓，名词一宗虽费心力，然究与译著差殊；况阁下所认诸科，大抵皆所前译，及今编订，事与综录相同，何至惮烦若此？方今欧说东渐，上自政法，下逮虫鱼，言教育者皆以必用国文为不刊之宗旨。而用国文矣，则统一名词最亟，此必然之数也。向者学部以此事相諈诿，使复计难易而较丰啬，则辇毂之下何事不可问津？而必以此席自累，质以云乎？夫亦有所牺牲而已。获通门下日久，余人即不我知，岂执事而不信此说耶？至于贤者受事必计始终，此说固也；然而量而后入者，亦云力所能为已耳。若夫事变，本所不图。常云执事入世，正如孟郊之诗，其精卓入理处固当使韩豪却步，要其在在如鼠入牛角，愈走愈狭，天高而不敢不跼，地厚而不敢不蹐；如今人所谓消极主义者，未始非其人之病也。为此，敬再劝驾。若夫茂宏以元规之尘为污人，右军为怀祖而誓墓，则指趣不同，虽云师生，所不敢强，惟深察。①

另外，严复还经常请外国学者到学部名词馆，听取他们对统一译名的建议。这些学者包括禧在明（Walter Caine Hillier）、明恩溥、英毂兰（James Henry Ingram）、赫美玲（Karl Hemeling）等。② 他们都多年关注中外文化交流，有的还编纂过中外词典。③ 中外专家的互动对编订名词工作的开展也多有助益。

---

① 《与伍光建书》（四），王栻主编：《严复集》（第三册），中华书局1986年版，第585—586页。
② 见严复宣统元年十月初七日、十二月十七日，宣统三年闰六月十八日日记。王栻主编：《严复集》（第五册），中华书局1986年版，第1497—1498、1504、1510页。
③ 如禧在明编辑《北京口语英汉词典》（An English-Chinese Dictionary of Peking Colloquial）一书；赫美玲曾编纂过《英汉口语词典》（A Dictionary from English to Colloquial Mandarin Chinese），并在民国初年出版 English-Chinese Dictionary of the Standard Chinese Spoken Language，收录了许多编订名词馆审定的名词。

小 结

本章主要从机构与职能、人事与决策两个大的角度,考证编订名词馆运作期间的内部状况。名词馆正式成立之前半年,学部便已委任严复进行计划安排、人员聘任等相关的前期准备工作。也正由于准备充分,再加上身为总纂的严复与其上级荣庆、严修等人关系融洽,选择的分纂又堪称得人,因此,名词馆开办之初在行政和具体工作两方面的效率都很高,一批各学科的名词对照表得以顺利编纂。然而随着宣统二年荣庆、严修二人的离任,以及制度的临时性导致名词馆时常处于动荡之中,严复及其副手的工作热情逐渐消退,名词馆竟成为馆员"借馆觅食"之所在。在宣统二年年底的资政院会议上,就有议员责问名词馆成立"一年有余,何以未看见所编定名词一个出来"。[1] 这一指责虽然与事实不符,但仍能折射出名词馆近期在工作业绩与社会影响上的问题。

编订名词馆的兴衰实际上也是整个清末新政的一个缩影。在经过前期的擘画创制后,新政的许多措施并没有作为制度固定下来。其施行仍具有很大的任意性和临时性。这些政策难以渗入政府行政的内层,形成一种稳定的政治文化,而只是作为一种摆脱危机的"工具",附着于行政部门的表层而已。也正因如此,新政在失去其默许者(慈禧太后)及主要倡导者(张之洞、袁世凯)等人后,走向了原先政策的反面,加之立宪派、革命派的不断推动,使得全国的局势迅速失控,导致清王朝在短短三年后即告倾亡。

---

[1]《资政院第一次常年会第三十五号议场速记录》,李启成点校:《资政院议场会议速记录——晚清预备国会论辩实录》,上海三联书店 2011 年版,第 555 页。

第三章　规范学科名词：编订名词馆的成果与影响

在清末运作的两年多时间里，编订名词馆遵照学部规划的学科，编纂出版了数本学科名词中英对照表。这些名词对照表是近代中国第一次以国家的力量集中建立并规范学科名词体系的成果，既体现了当时学者对这些学科的认识水平，又反映出一定的文化心态。

第一节　名词对照表的编纂流程与体例

据学部在宣统二年三月奏陈上年度筹办预备立宪的成果时称："编订名词馆自上年奏设以来，于算学一门已编笔算及几何、代数三项，博物一门已编生理及草木等项，理化、史学、地学、教育、法政各门已编物理、化学、历史、舆地及心理、宪法等项。凡已编者，预计本年四月可成；未编者，仍当挨次续办。"[①] 又据《北京大学日刊》记载，1917 年，民国教育部"曾经检具前清编订名词馆所编各科名词表草稿五十六册"，交付北京大学各学科教师"详加讨论，冀收整齐划一之效"。[②] 然而一个多世纪之后，目前笔者所见编订

---

① 《奏陈第二年下届筹办预备立宪成绩折》，《学部官报》第一百二十一期，宣统二年四月二十一日。严复日记中亦有编成物理学名词对照表的记载，见其宣统元年十二月廿四日日记。王栻主编：《严复集》（第五册），中华书局 1986 年版，第 1505 页。
② 《本校致各研究所主任函》，《北京大学日刊》1918 年 3 月 25 日。转引自黄兴涛《新发现严复手批"编订名词馆"一部原稿本》，《光明日报》2013 年 2 月 7 日，第 11 版。

名词馆所编名词对照表只有五册，涉及学部规划的六大学科中的算学、博物、舆史、教育四科，具体分别为《辨学名词对照表》、《心理学名词对照表》（同册还附有《伦理学名词对照表》）、《数学名词对照表》（下分算学、代数、形学、平三角、弧三角和解析形学六个部分）、《外国地名中英对照表》和《植物名词中英对照表》，均藏于北京国家图书馆。其中，前四册经过编纂、审定，已经定稿，并印出若干，但并未在社会上公布；只有《植物名词中英对照表》一册，由于着手时间较晚或者其他原因，并未编订完成，还只是手稿本。通过这一"半成品"，我们可以一窥编订名词馆编纂名词对照表的一般流程。

《植物名词中英对照表》的封面，除书名外，还有责任人签字的栏目，包括编纂、分校、复校、总校。因此，学科名词对照表的编订，也应按照编纂、分校、复校、总校的分工顺序，由四人共同完成。但由于人手短缺，参与编订《植物名词中英对照表》的人员只有编纂者魏易和总校者严复二人。编纂者应按照严复主持的名词馆内部会议的决定，对应收入本表的植物学名词进行甄选，并按照中文译名、西文原名和简明注释三项内容制表。完成后魏易将此表交予严复，由严复用朱笔进行校订。校订的内容包括对译名用字、译名所出典籍、前后译名是否一致、中西书籍所载是否为同一植物等问题的斟酌与讨论等。有些批注，如对橡树、蒲桃等词条的讨论，长达百余字，严复将其意见写于纸条，分别贴在相应的词条之上。在本表中，类似的贴条修改共有四十二条。另外，严复还对表中重复赘余的词条进行删减，删减的词条数目达百余条。① 严复校订完毕后将此表发还魏易，魏易按其意见进行修改，并对个别批注提出商榷，在修改处标明"已照改""易谨注"等字样。经过几番交流讨论、修改后，再将稿本依次交付学部上级部门审阅，审阅无误后交付印刷。②

从体例上看，各表之前均有"例言"，对该学科的研究对象、表中收录术语的范围、译词的来源及其定名准则等进行说明。另外，在《心理学名词对照表》的例言之前，还有一篇"引"，以心理学名词的翻译为例，阐发制表者

---

① 严复为此特意贴条批评魏易在编纂过程中"每以中国一名当西国之数名，致满纸重复，殊非洁净体裁"。
② 《植物名词中英对照表》影印本，已收入汪征鲁、方宝川、马勇主编《严复全集》（第10卷），福建教育出版社2014年版。

的翻译思想。① 各表的正文均划分为三部分，其中辨学、心理学、伦理学、数学（包括下分六表）名词对照表依次划分为定名、西文原名和定名理由三栏。并不是每个词条后面的"定名理由"一栏里都有内容，只有在编者试图向读者解释选择或创制某一译语的思考时，才会注明理由。这些文字体现出编者对不同译词的取舍态度，也反映了他们对该学科、该名词的理解程度。在有的表中，注明定名理由的词条占总词条数的比例相当高（见表1-3）。注明"定名理由"的词条数所占比例越高，编者对于该科目旧有或通行译词的意见也就越多，也能从一个侧面反映编者在编纂过程中认真负责的态度。从表1-3可见，形学和解析形学（即几何与解析几何）两科名词对照表中注明"定名理由"的词条数和所占比例都远高于其他各表，体现了这两表编者对这两个学科和译词的理解和意见（详后）。另外，外国地名和植物名词中英对照表的前两栏同前，最后一栏为简明注释。"简明注释"的内容，在前者为对表中地名的地理位置、历史文化的简单介绍，在后者为中文译名在中国典籍中的出处以及该植物在植物学中所属何科。

表1-3 各科名词对照表中注明"定名理由"的词条数占总词条数的比例②

表名	总词条数	注明"定名理由"的词条数	注明"定名理由"的词条数所占比例（%）
辨学	210	16	7.62
心理学	251	5	1.99
伦理学	70	0	0
算学	153	3	1.96
代数学	125	0	0
形学	439	74	16.9
平三角	76	4	5.26
弧三角	23	0	0
解析形学	214	61	28.5

---

① 据笔者初步考察，此篇引文中所蕴含的思想与王国维的思想相契合；又因王氏是将心理学引入中国的重要发轫者，且当时正在名词馆内任职，故基本可断定此文应为王氏所作。由于新编《王国维全集》（浙江教育出版社、广东教育出版社2009年版）中并未收录此文，故附全文于附录一以备考。

② 外国地名和植物名词两表由于没有"定名理由"一栏，故不列入统计范围之内。

第二节　名词对照表内容特点探析

考察各表内容，可以得出以下三个特点：

一、名词对照表的主要受众为中小学堂的教员与学生

学部在预备立宪分年筹备事宜清单中，将编纂各科名词对照表和辞典分别列为宣统元年和二年的重要工作。而据此后学部的工作汇报，这一时间表被推迟。直至宣统二年，名词馆的主要工作任务仍为编订名词对照表；至于编纂各科辞典的工作，在清末并未全面展开，其成果也未见诸今日。[①] 之所以有这样的侧重，除遵循基本的由简到繁的工作顺序外，更重要的原因在于学部需要名词馆迅速编订各科名词对照表，以便于审定和颁布中小学堂教科书以及国民必读课本、简易识字课本。[②] 在编订名词馆成立后，学部在审查教科书时，也常在审查意见中提醒教科书编著者时时留意名词馆的成果，并按照统一标准更正书中译名。[③]

---

① 宣统二年九月二十九日学部上奏称："至各种学科中外名词对照表，由臣部名词馆专司编订，亦于年底可以告竣。各种辞典类别尤繁，仍须赓续编译，用期早观厥成。"《奏预备立宪第三年上届筹办事宜折》，《学部官报》第一百四十期，宣统二年十一月初一日。

② 在清末新政和预备立宪时期，教育的更新与普及是改革的关键之一。中国传统思想一向对"学"极为重视，张之洞在其《劝学篇》中认定："世运之明晦，人才之盛衰，其表在政，其里在学。"再加上近代以来国人对教育促进富强的国外经验的汲取，使得当时的朝野人士极为重视教育问题，大量的议论见诸奏章和报刊之上。相比高等教育，初、中等教育显然更受时人重视，中小学堂的普及、中小学教科书的颁布以及百姓识字率的提升都成为九年预备立宪的重要事项。

③ "书中名词现时尚暂可通行，俟本部编订名词馆编有定名之后再随时更正。""其余名词应俟本部名词馆编订颁发后再行修改，以归划一。"（《张相文呈新撰地文学改正再呈审定批》《留日学生杨国璋禀呈理科教本请审定批》，分别载《学部官报》第一百三十六、一百三十七期，宣统二年九月二十一日、十月初一日）

为配合学部的这一要求，名词馆在选择编入名词对照表的词条时，更加强调名词表在中小学堂的适用性。算学和代数名词对照表的编者便声明："本编所列名词，系照原议，备中学堂以下之用。"① 而在《解析形学名词对照表例言》中，更清晰地说明了编者选择词条的考虑：

> 解析形学向分平面、立体两部，但其深造非借微积分不能明。故编辑家多分二等，曰初等解析形学，以备高中学堂之用；曰高等解析形学（或称超越解析形学 Transcendental Analytic Geometry），以备大学之用。本表所定名词以初等解析形学应有者为断。②

在《植物名词中英对照表》的凡例中，编者也做出类似的说明："本编名词虽不甚多，然中小学各教科书应有名词，必能函盖而有余"，而那些未被收入名词表的词汇，则"将来编纂词典，再行广为搜集"。③

二、对词条进行中文定名时，多从旧不从新

自明末清初西方传教士来华开始，西方学科术语便开始经由翻译传入中国。鸦片战争后，西学东渐的速度不断加快，并在清末十年期间达到一个高峰。这一时期，大量反映西方学术分科的教科书经过日本的中介传入中国，对构建中国学科术语体系、促进中国现代学术分科形成巨大影响。④ 然而，由于这一译介活动的无组织、不系统，传入中国的诸多学科术语存在着译名冗繁不一的问题。因此，编订名词馆的学者在编纂各科名词对照表时，对每个词条的中文译名均进行了一番选择取舍。选择的标准一般为"从旧不从新"，即多不优先采用最新的日本译名，而是择用古代典籍中的旧名或国人自明末

---

① 《算学、代数名词对照表例言》，学部编订名词馆编：《数学名词对照表》，宣统年间刻本。
② 《解析形学名词对照表例言》，学部编订名词馆编：《数学名词对照表》，宣统年间刻本。
③ 《凡例》，学部编订名词馆编：《植物名词中英对照表》，宣统年间稿本。
④ 参见左玉河《从四部之学到七科之学：学术分科与近代中国知识系统之创建》，上海书店出版社2004年版。

至戊戌时期所翻译西书中的译名。

以《数学名词对照表》为例。数学是我国西学东渐史上传入最早的学科之一，在明末便有徐光启和利玛窦合译的《几何原本》行世，有清一代更是涌现出梅文鼎、戴煦、李善兰等一批优秀的数学家，因此编者在编纂《数学名词对照表》时，得以参考前辈学人的著译，借用了大量旧有的术语名词。这一编纂原则，在各表前的例言中均有明确的阐明（见表1-4）。

表1-4 《数学名词对照表》中各表例言节录

《算学、代数名词对照表例言》	本编名词多从旧有算书，如《数理精蕴》《算经十书》及徐、李、梅、戴诸家著作采辑，遇有后出名词，乃行译补。
《形学名词对照表例言》	吾国形学之译，以徐文定《几何原本》为最早，美人狄考文之《形学备旨》次之。本表定名多选自以上两种。遇有原定之名义欠切合或后出之名为原书所未载者，则搜索古义，依据新说而酌订之。
《平、弧三角名词对照表例言》	本编名词多从旧有算书，如《三角数理》《八线备旨》及诸名家著作中采辑，遇后出者则为补译，尚恐遗漏，容再续订。
《解析形学名词对照表例言》	吾国初等解析形学之译，以海宁李氏及英国伟烈氏合译之《代微积拾级》为最早，山阴谢君及美国潘君合译之《代形合参》次之。两书同出于美国罗密士之手，而后者较详。本表所选名词，即依据后者。

同样的原则，在其他名词表中亦有体现，有的更直接表现为以严复所译名词为准。对于严复之前曾做过译介的逻辑学（当时或称名学、辨学），在编辑《辨学名词对照表》时"中文译语主用严译《穆勒名学》"[①]一书。还有一些严译名词，也被编者所采用，分散在各个表中。如以"么匿""么匿几何"翻译"Unit""Unit Quantity"，用"内籀""外籀"翻译"Induction""Deduction"，分别见诸《形学名词对照表》和《辨学名词对照表》《心理学名词对照表》之中。编者还对为何采纳严译做了一番说明：

> 几何之为大为小、为多为寡未定者也，必择一定几何立为标准而比较之。其大小多寡乃见此所择之定几何，英文谓之 Unit Quantity，或简

---

① 《辨学名词对照表例言》，学部编订名词馆编：《辨学名词对照表》，宣统年间刻本。

称 Unit。亦译作单位，此正如几何之译作数量者，皆掣取其一义而言之，非统括之名也。惟形学不言数名，义宜统括。今从转音，订作么匿几何，简言么匿。么本含单义也。①

内籀法，日译归纳法，然 Induct 一语出于拉丁语之 Inducire，in 训内，而 ducire 则训导，故从上译。下外籀法仿此。②

名词馆所编订的各科名词表之所以有这种"厚古薄今"的倾向，自与身为编订名词馆总纂的严复推重中国传统语言文化、反感当时流行于中国社会的日本新名词的思想倾向不无关系③，但同时更与当时中国社会渐渐兴起的以"国粹"抵制"东学"在中国过度传播的思想动态有密切关系。1905年后，政、学两界对"东学"在中国教育、学术界权倾一时的现象均有所不满和反省。黄节等国粹派学者惊呼："亡吾国学者，不在泰西而在日本乎！"④孙宝瑄批评留日学生人数虽多，但"其于本国文有不能缀句者，本国经传历史及现今情势有茫乎不知者，如是虽获有他国高等文凭，几于无所用之"，并且认为"地瘠民贫，所谓富强，徒有其名，其性质之窳败有悖文化者良多"的日本"奚足以方我中国"。⑤陈天华蹈海一事引发留日学生愤而归国，以示对日本政府的抗议。恽毓鼎称许此事道："近来我国少年醉心东学，皈依甚至，日本几握我全国教育之权，后患殊大。今得此一激，群幡然来归，回心向内，思有以振士气而抵东潮，未始非中国前途之福也。"⑥再加上张之洞等朝中大臣"对日本人的幻想已经破灭"，担心中国的"造反作乱是从日本传到中国的，而且是由从日本回来的中国学生指导的"，⑦鼓励向日本学习的风气在清代最后几年

---

① 学部编订名词馆编：《数学名词对照表》，宣统年间刻本。
② 学部编订名词馆编：《心理学名词对照表》，宣统年间刻本。
③ 参见拙文《严复的东学观与清末统一译名活动》(《北京社会科学》2015年第8期)，以及黄克武《新名词之战：清末严复译语与和制汉语的竞赛》(《"中央研究院"近代史研究所集刊》2008年总第62期)一文。
④ 黄节：《"国粹学报"叙》，张枬、王忍之编：《辛亥革命前十年间时论选集》(第二卷)，生活·读书·新知三联书店1977年版，第42页。
⑤ 孙宝瑄：《忘山庐日记》，上海古籍出版社1984年版，第939、1142、968页。
⑥ 恽毓鼎著，史晓风整理：《恽毓鼎澄斋日记》，浙江古籍出版社2004年版，第286页。
⑦ [澳]骆惠敏编：《清末民初政情内幕——〈泰晤士报〉驻北京记者、袁世凯政治顾问乔·厄·莫理循书信集》(上卷：1895—1912)，知识出版社1986年版，第488页。

得以改变。学部在1907年规定留学宗旨称:"东洋学术,虽属日新,而风气浮嚣,故学生一经到东,即多为邪说所惑,此辈留之不可,诛之又不忍,势属两难。与其严惩于日后,不如防变于事前。嗣后各学生宜多派赴西洋。"① 从学部每年支付的公派留学学费金额上,也可看出光绪三十三年后,赴日留学不再一枝独秀(见表1-5)。在这种大环境下,编订名词馆的同仁倾向于选择古雅的旧译名代替由日本传来的新译名,也属时势使然。

表1-5 学部支付公派留学各国学费金额表 ②

	光绪三十三年	光绪三十四年	宣统元年	宣统二年
日本	53547 两③	21527 两	23781 两	15190 两④
英国	24208 两	27437 两	23820 两	16915 两
法国	15865 两	18417 两	15737 两	14472 两
德国	6062 两	2368 两	4657 两	4512 两
俄国	2514 两	2821 两	2866 两	2076 两
美国	4314 两	8148 两	8946 两	8704 两
比利时	1863 两	3944 两	4721 两	3823 两

三、编者根据对该学科名词的理解,选择或创制译名,并说明定名理由

对每一个被编入名词对照表中的术语,编者都会从该词的学科背景出发,

---

① 《学部之宗旨》,载《岭东日报》1907年3月26日,转引自关晓红《晚清学部研究》,广东教育出版社2000年版,第392页。
② 资料来源:《核明光绪三十三年分本部收支各款折》,《学部官报》第七十六期,光绪三十四年十二月初一日;《奉本部光绪三十四年分收支各款照章开报折并单》,《学部官报》第一百一十二期,宣统二年正月二十一日;《奏核明宣统元年分本部收支各款开报折并单》,《学部官报》第一百四十一期,宣统二年十一月十一日;《奏宣统二年分收支各款数目折并单》,《学部官报》第一百五十三期,宣统三年四月二十一日。
③ 此外,学部还支付进士馆毕业学员及其他翰林、进士赴日游历游学费用总计35000两。(《核明光绪三十三年分本部收支各款折》,《学部官报》第七十六期,光绪三十四年十二月初一日)
④ 此外,学部垫借地方各省留学日本学费18620两。(《奏宣统二年分收支各款数目折并单》,《学部官报》第一百五十三期,宣统三年四月二十一日)

从以下几个方面对现有译名进行考察：一、是否能无歧义地反映该术语的真实意义（往往需要考察该术语的希腊文或拉丁文语源）；二、是否能准确表达该术语的学科内涵，做到既不妄加扩大，又不至于因为学科的发展而变得偏狭；三、在字词的选用上是否简明、古雅而不流俗。这三点要求实际上是严复"信达雅"翻译思想的具体应用。

编者对照以上三点标准，对现有译名进行衡量考察，确定其中最优者编入名词表。而如果现有译名均无法达到要求，编者则会根据自己对该术语的理解创制新译名。对于一些在该学科中关系重大或所用译词容易产生争论的词条，编者一般会将选择或创制译名的思考记在表中"定名理由"一栏中，借此加深使用者对该词的理解，或与学界进行商议、互动。通过考察名词对照表中的"定名理由"一栏，我们可以直观地了解当时的学者对这些学科的认识程度以及定名过程中所反映的翻译思想。

对某学科的认识程度首先体现在对该学科名的理解上。这也是名词表的编者在确定其他名词的译名前所做的第一项工作。以下主要考察辨学、心理学和形学的定名，顺便论及该学科其他重要概念的定名。

（一）辨学

Logic，现代汉语译名为"逻辑学"，《辨学名词对照表》的编者将它定名为"辨学"。据表中的定名理由称，该词"旧译辨学，新译名学，考此字语源与此学实际，似译名学为尤合。但《奏定学堂章程》沿用旧译，相仍已久，今从之"。①

按，当时流行于社会、学界的"Logic"的译词有三种："辨学""论理学"和"名学"。"辨学"因来华传教士艾约瑟在 19 世纪末所译《辨学启蒙》一书而流行，并在"壬寅学制"和"癸卯学制"设定的学堂章程中得到清廷的认可。"论理学"的翻译来自日本学者，并得到了梁启超等旅东中国学者的推介。严复在其译著《穆勒名学》和《名学浅说》中则将"Logic"音译为"逻

---

① 学部编订名词馆编：《辨学名词对照表》，宣统年间刻本。

辑",意译为"名学",但在使用时后者更受严复推崇。①之所以青睐"名学"这一译名,严复自道是因为"名"字的内涵"其奥衍精博与逻各斯字差相若,而学问思辨皆所以求诚、正名之事,不得舍其全而用其偏也",并指斥"辨学""论理学"之译浅陋,不足以反映逻辑学博大的内涵。②然而当时便有梁启超、朱执信等人指出,严复用"名学"这一先秦诸子流派名作为"Logic"的译名,除了因为在学术上两者有相通之处外,尚有试图证明西方之学中国古已有之,以便使西方逻辑学得以迅速"中国化"的心态之故。③考察严复译介其他西方人文社会科学著作的过程,可知这一评论所言不虚。④

因此,在编纂《辨学名词对照表》时,编者也自觉地延续了这种心态,在选择译词时,除一些沿用已久的词,如上文所举的"辨学"之外,仍主要使用带有严复翻译特色的、更加"中国化"的古雅译词。将本表中的译词与深受日本学术影响的王国维所引入的逻辑学译词相比较,更能印证以上说法(见表1-6)。

表1-6 严译、王译与《辨学名词对照表》中逻辑学关键概念译词对比表⑤

英文名	严复译词	王国维译词	《辨学名词对照表》中译词	今译词
Proposition	词	命题	辞	命题
Term	端	名辞	端	项
Syllogism	联珠	推理式	连珠	三段论

---

① 参见黄河清《"逻辑"译名源流考》,《词库建设通讯》1994年第5期;[德]顾有信:《逻辑学:一个西方概念在中国的本土化》,[德]朗宓榭、[德]阿梅龙、[德]顾有信编著,赵兴胜等译:《新词语新概念:西学译介与晚清汉语词汇之变迁》,山东画报出版社2012年版,第153—183页。
② 《〈穆勒名学〉按语》(一),王栻主编:《严复集》(第四册),中华书局1986年版,第1028页。
③ 梁启超:《墨子之论理学》,梁启超著,林志钧编:《饮冰室合集(8)·专集之三十七》,中华书局1989年版,第55—72页;朱执信:《就论理学驳〈新民丛报〉论革命之谬》,广东省哲学社会科学研究所历史研究室:《朱执信集》(上集),中华书局1979年版,第70—79页。
④ 相关研究成果可参见黄克武《自由的所以然:严复对约翰弥尔自由思想的认识与批判》,上海书店出版社2000年版。
⑤ 表中所列严复译词依据严复所译《穆勒名学》和《名学浅说》两书(均收入《严译名著丛刊》,商务印书馆1981年版);王国维译词依据王国维所译《辨学》[谢维扬、房鑫亮主编:《王国维全集》(第十九卷),浙江教育出版社、广东教育出版社2009年版];今译词依据今人所编《逻辑学大辞典》(彭漪涟、马钦荣主编,上海辞书出版社2010年版)。

续表

英文名	严复译词	王国维译词	《辨学名词对照表》中译词	今译词
Induction	内籀	归纳	内籀	归纳
Deduction	外籀	演绎	外籀	演绎
Fallacy	瞽词	虚妄	瞽辞	谬误
Premise	原	前提	前提	前提
Major premise	例	大前提	例	大前提
Minor premise	案	小前提	案	小前提
Accident	寓	偶性	寓（偶性）	偶有属性
Concrete term	察名	具体名辞	察名	具体词项
Abstract term	玄名	抽象名辞	玄名	抽象词项
Quality	品	性质	德	质
Quantity	量	分量	量	量

（二）心理学

Psychology，《心理学名词对照表》的编者将之翻译为"心理学"，与现代汉语中的译名相同。该词的定名理由为："希腊语 Psyche 本训灵魂，即训心；而 Logos 训学，故直译之当云心学。然易与中国旧理学中之心学混，故从日本译名作心理学。旧译心灵学，若作人心之灵解，则灵字为赘旒；若作灵魂解，则近世心理学已废灵魂之说，故从今名。理字虽赘，然得对物理学言之。"①"心灵学"用来翻译心理学这一学科名，应是在1889年上海圣约翰书院颜永京牧师在翻译美国学者约瑟·海文的 Mental Philosophy 一书时首用。② 后来在谭嗣同的《仁学》③和康有为的《日本书目志》④中均使用"心灵学"一词

---

① 学部编订名词馆编：《心理学名词对照表》，宣统年间刻本。
② 海文此书出版时，西方学界尚未普遍将"Psychology"一词作为心理学的学科名。当时的许多心理学著作均以"Mental philosophy"作为心理学的名称。因此，颜永京的"心灵学"一词是心理学这一学科的定名。参见杨鑫辉主编《心理学通史》，"第二卷：中国近现代心理学史"，山东教育出版社2000年版，第108页。
③ "格致即不精，而不可不知天文、地舆、全体、心灵四学，盖群学群教之门径在是矣。"载谭嗣同《仁学·仁学界说》，何执编：《谭嗣同集》，岳麓书社2012年版，第315页。
④ 生理学为"物理学之源，心灵学之本"，载康有为《日本书目志》，康有为撰，姜义华、张荣华编校：《康有为全集》（第三集），中国人民大学出版社2007年版，第267页。

作为心理学学科的代称。

心理学在西方也是一门年轻的学科,直到 1879 年,以德国学者威廉·冯特建立了世界上第一个心理学实验室为标志,心理学才正式脱离哲学,成为一门独立的学科。在此之前,心理学研究是属于哲学的范畴,带有浓厚的宗教和形而上色彩。[1] 作为西方知识接受者的中国,在最初吸纳西方心理学知识时,也将其非科学性的一面吸收进来,与当时中国社会中有关"灵魂"的知识相结合来加以认识、解读。使用"灵"这一具有宗教性和神秘主义色彩的字眼翻译心理学学科名,正是这种认识反映到翻译过程中的一种体现。但是随着科学心理学知识通过王国维、服部宇之吉等人的译介不断从西方和日本传入中国,中国学界对于心理学的不正确认识也迅速消却。反映到译词上,就是"心理学"取代了"心灵学",成为学科名"Psychology"的标准译名。这种对心理学认识的加深,在《心理学名词对照表》中有多处体现。编者在表前的《引》中,将早期心理学中的非科学一面加以介绍:

> 心理学之成一科学,在欧洲近数十年间。顾其为学问也虽新,而其为事实也甚古。人类肇生,虚灵毕具,有生不能无欲,有欲不能无求,官物相接而有知觉,利害相感而生忧娱。近取诸身皆可观察,百代文学多载其事实,三古哲人或阐其理论,周秦经典、印度律论具穷心性之微,不乏参稽之料。然古人之言大抵有为而发,或傅哲学之色彩,或带宗教之臭味,或因一人而施教,或为一时而立言,与近世科学区以别矣。[2]

在《例言》中,编者称"心理学名词半出入于哲学、知识论、名学、伦理学、美学,半出入于生理学、社会学"[3],体现了明确的分科意识。而在选择编入的词条时将属于哲学范畴的"关于心之现象"的名词排除在"科学之心理学"之外[4],并在上引"心理学"的定名理由中将心理学与物理学并称,更反映了编者对于心理学科学性的认识。

---

[1] 参见[美]E.G.波林著,高觉敷译《实验心理学史》(上卷),商务印书馆 1981 年版,第 311—391 页。
[2] 《心理学名词表引》,学部编订名词馆编:《心理学名词对照表》,宣统年间刻本。
[3] 《心理学名词表例言》,学部编订名词馆编:《心理学名词对照表》,宣统年间刻本。
[4] 《心理学名词表例言》,学部编订名词馆编:《心理学名词对照表》,宣统年间刻本。

（三）形学

Geometry，现译"几何学"，《数学名词对照表》的编者将它译为"形学"。以"形学"译"Geometry"，可见于严复所译《穆勒名学》一书中的按语："盖呼威理所主，谓理如形学公论之所标者，根于人心所同然，而无待于官骸之阅历察验者，此无异中土良知之义也。"① 在此，严复用现代几何学（即"形学"）中"不证自明"的公理（即"公论"）的概念，类比呼威理的先验论。然而，查阅清末编著的中小学堂数学教科书，鲜有用"形学"一词的，绝大多数使用"几何学"来翻译"Geometry"。学部内部的意见也不统一，在编译图书局售书处的广告里，用的书名为《形学课本》《立体形学》②；而在审定教科书时，又认为"惟平面几何命名曰高等形学，殊属不合"③。在学部奏设编订名词馆的奏章中，所使用的学科名词也是"几何"（见表1-1）。名词表的编者之所以使用"形学"而不用"几何学"，是出于以下考虑：

> 近日通称几何学，不知所本。按吾国斯学之译，以《几何原本》为最早，而徐、利两序中皆无几何学一名。咸丰中叶，海宁李氏与英国伟烈氏续译其后九卷，伟烈氏序中有"几何之学不知托始何国"一语。近日之所谓几何学者，其或滥觞于此乎？顾考其实，则伟烈氏几何之学云云，亦殊欠协。盖几何一字，在英文为Quantity，而几何学一字在英文为Geometry。几何者，物之大小多寡之谓也。论之者不专属Geometry，下而算学，上而微积，皆为论几何之书。而Geometry之所论者，不过几何之一种耳，乌得以全体之名名其一部分之学？考Geometry一字，乃由Geo、metre相合而成。Geo者，地也；metre者，测量也。是其初义，乃专指测地。顾测地则不能无形，而测山陵丘壑又不能无体，故其界说曰Geometry者，论点线面体之本德、状态及其度量也。而点线面体之总称，在英谓之Figure，在我则为形，故定名形学。④

---

① 《〈穆勒名学〉按语》（三二），王栻主编：《严复集》（第四册），中华书局1986年版，第1049页。
② 《学部官报》第四十九期，光绪三十四年三月初一日。
③ 《南洋官书局职董陈作霖呈书三十五种请审定禀批》，《学部官报》第三十一期，光绪三十三年七月二十一日。
④ 《形学名词对照表》，学部编订名词馆编：《数学名词对照表》，宣统年间刻本。

古代汉语中本有"几何"一词,其含义为表示数量的多少。由于明末利玛窦、徐光启合译的《几何原本》以及晚清伟烈亚力和李善兰续译的《几何原本》后九卷通行于社会,"几何"一词逐渐成为数学科学中的一学科名,即与现代汉语中的"几何学"意义相同。但是考虑到"几何"一词的两种含义有可能在使用时导致混淆,名词表的编者转而使用"形学"一词来表示"Geometry"这一西方数学学科;而"几何"一词,则沿用古义,并加以延伸,用来翻译"Quantity"和"Magnitude"二词:

> Magnitude 者,大小长短之谓也,近或译作度字。Quantity 者,多寡轻重之谓也,近或译作数字、量字。但二者亦有可通用之处,而寻常言 Quantity,则 Magnitude 之义已在其中。考英字 Quantity 有普通、专门两义,以普通之义言,其最初者只谓物之大小、长短、多寡、轻重也,嗣推广其义,凡物之可增减、可度量者,如点线面体以及时间、角度之类,亦谓之几何。算学、形学所论之几何,皆此类之几何也。以专门之义言,数目之数谓之几何,代数之号谓之几何,代号所成之项、代项合成之式,及凡数学研究之所能及,与夫方法之所能到者,亦莫不谓之几何。故其为几何也,有已知者 Known Quantity,有未知者 Unknown Quantity,有真实者 Real Quantity,有虚幻者 Imaginary quantity,有不变者 Constant Quantity,有可变者 Variable Quantity,有有理者 Rational Quantity,有无理者 Irrational Quantity。近以数量等字译之,只可得其一义,可作为专译,而笼统包括之名,仍应从古,订作几何。①

为追求译名的"雅",名词表的编者在创制译名时,经常刻意发掘古字古义,用以解释现代学科术语。这一特点,在《形学名词对照表》和《解析形学名词对照表》中体现得尤为明显。在这两个表中,编者否定了许多流行于当世的译词,转而到中国古代典籍中寻找灵感,用小学家的方法为新词语定名。以下几个例子即该方法的具体应用:

> 浑员面形学,Spherical Geometry,通作球面形学。按"球"字本

---

① 《形学名词对照表》,学部编订名词馆编:《数学名词对照表》,宣统年间刻本。

义为美玉。《书》："球琳琅玕。"或借作"捄"。《广雅》："捄，法也。"《诗·商颂》："受小球大球。"今之以员物为捄，的系俗解，断不可用。①

亘，Dimension，旧译作度，或作量。按英文原名，谓一方向之长短也。故线之Dimension有一，曰自左至右，即长也；面之Dimension有二，曰自上至下、自左至右，即长、宽也；体之Dimension有三，曰自上至下、自左至右、自前至后，即长、宽、厚也。其义实与度量无涉。今择取自某至某之义，极意搜索，得一舟字，即隶变亘字。《说文·木部》："桓，竟也。"桓，古文亘。段若膺注云："今字用亘不用桓，从舟在二之间，绝流而竟，会意也。"又《吴都赋》注："亘，引也。"《西都赋》注："亘，径度也。"皆与原文意合。②

本德，Property，东译作性质。按英文性作Nature，质作Substance，皆就物之本体而言。Property者，物之所具而可见者，非物之本体也，不得以性质论。今从英文Special Attribute之义，译作本德。德者，得也，如直线之直，平面之平，皆线面之所得也。古称玉德、水德，是物未尝不可言德之明证。加一本字者，犹言直线之直、平面之平，皆直线与平面所有之德，他线与他面则不能有此德也。③

毕弗，Parabola，新旧译都作抛物线。按此线虽为抛物所必循之路，若即以抛物名之，则窒碍甚多。例如Parabolic Mirror一名，若译作抛物镜或抛物线镜，则不可通矣。按《诗·小雅》："觱沸槛泉。"觱沸，泉涌出貌。凡泉水涌出，布濩四垂，未有不成Parabola者。又《玉篇》："觱作滭。"今用滭沸以传其义，而简作毕弗以便书写。故改今名。④

拨㧾，Hyperbola，旧译作双曲线。按凡名词上加单双字样，总以原名所固有者为妥。若为原名所无，而以己意加之，则将来遇原名上加单双字时必生窒碍。例如此名之译双曲线，则Hyperboloid当译双曲线体，而Double hyperboloid一名若译双双曲线体，则费解矣。又曲线为Curve

---

① 《形学名词对照表》，学部编订名词馆编：《数学名词对照表》，宣统年间刻本。
② 《形学名词对照表》，学部编订名词馆编：《数学名词对照表》，宣统年间刻本。
③ 《形学名词对照表》，学部编订名词馆编：《数学名词对照表》，宣统年间刻本。
④ 《解析形学名词对照表》，学部编订名词馆编：《数学名词对照表》，宣统年间刻本。

之通译，双曲线一名若转为英文，则有 Double curve 之讹。故鄙意终以此译为不可用。按此线如两弓反背，《说文》："屰，足剌屰也，读若拨。"今即以拨字代之。弨，反弓也。以拨字存两支相背之意，以弨字象其形，故改今名。①

第三节　名词馆的社会影响

编订名词馆成立后，舆论界对其抱有一定的期待。在西方人眼中，这一机构也是清末值得注意的变化。在明恩溥眼中，汉语已经受到"日本造"名词和其他外来词汇的巨大影响，学部征召"可能中国最称职的学者严复博士"主持名词馆，这一事件值得注意。②而当时中国民间的第一大报——《申报》对它也非常关注，不仅将其设立与已过世的张之洞联系起来③，还在随后的文章中详细报道了严复就职的幕后传闻。文中称荣庆为聘请严复担任总纂，"再四嘱托，以为吾国审定名词一事，洵为信今传后之举，若非严君总其大成，势难尽美尽善。严君得此赞美勉励之词，无可再辞，已当面认可矣"。至于名词馆内部缮写人员，需"先由同乡京官加结保送，注明认考何科，以便择期当堂考试"，工作三年期满后"酌以本部书记官分别补用"。④

在此姑且不论《申报》所报道的内容是否属实，但可见名词馆开办初期的确引起了国内舆论和在华外国人一定程度的关注。那么，经过编订名词馆的努力，当时名词混乱不一的问题得到了何种程度的解决，对当时的社会产生了多大影响呢？不妨以1911年出版的《普通百科新大辞典》为考察对象，一窥名词馆所编定的名词对照表的社会影响。

---

① 《解析形学名词对照表》，学部编订名词馆编：《数学名词对照表》，宣统年间刻本。
② 明恩溥：《1907—1910年概览》，胡绳武主编，王宪明编译：《清末立宪运动史料丛刊·外文资料》，山西人民出版社2020年版，第406页。
③ 《学部开办审定名词馆》，《申报》1909年11月11日。
④ 《严几道已允充名词馆总纂》，《申报》1910年3月21日。

《普通百科新大辞典》(以下简称《辞典》),黄摩西主编①,上海国学扶轮社出版,是当时流行于社会的一部体例完备、学科齐全的百科辞书。据 1911 年冬的一则广告称,该书"参考专门学书千余种,提要钩玄,会通中外新旧各种学术名词,成一精粹完备之辞典。分门别类,详加考核,而科学新名词则多附以西国原文……叠印三版,早已售罄,兹屈四版,特备预约三千张,早购为幸"。②可见此书当时的受欢迎程度。从其学科门类来看,本书所收录的词条分为政治、教育、格致、实业四大总类,下分包括文、理、法、商、医、农、工七大现代学术分科体系的六十余个子类,词条数有万余条之多。而各词条的内容也避免了清末其他一些综合类辞书的低水平互相抄撮的弊端,而是能够参考众家之说后融会贯通,达到条理清晰、界定严明的水准。③

严复亲自为这本书作序,文中强调了统一外来名词译名的重要性,自己"适领名词馆于学部,乐其有以丰佐吾事也"。④从序言的语境,可以猜测本书编者应当与严复关系密切,并参考了编订名词馆的相关成果。从编者所撰写的《凡例》亦可知,本书所收录的学科名词"以学部鉴定者为主,余则取通行最广者";与此同时又对日本传入的新名词保持审慎的态度:"吾国新名词大半由日本过渡输入,然所用汉字有与吾国习用者相同而义实悬殊者,又有吾浑而彼画易涉疑似者,皆随条分析。"⑤可见在选择新名词译名的标准和态度上,本书的编者与学部及下属的编订名词馆基本保持一致。

具体分析逻辑学、心理学、数学等学科的名词,《辞典》中收录了逻辑学(书中称为名学)词汇 16 条,心理学词汇 41 条,伦理学词汇 4 条,算学词汇 105 条,几何学词汇 159 条,代数学词汇 75 条,三角学词汇 24 条以及微积分词汇 6 条。⑥本书所收录的这些名词均为所在学科的最基本和入门级概念,也是核心概念。从教育程度上看,它们基本与中小学教材的难度相当,这与编

---

① 有关黄摩西的研究,可参考王永健《"苏州奇人"黄摩西评传》,苏州大学出版社 2000 年版。
② 转引自陈平原《晚清辞书视野中的"文学"——以黄人的编纂活动为中心》,《北京大学学报》(哲学社会科学版) 2007 年第 2 期。
③ 关于清末百科辞书以及黄摩西主编《普通百科新大辞典》的更进一步研究,可参考《近代中国的百科辞书》(陈平原、米列娜主编,北京大学出版社 2007 年版)一书中收录的相关文章。
④ 严复:《普通百科新大辞典序》,黄摩西主编:《普通百科新大辞典》,上海国学扶轮社 1911 年版。
⑤ 《凡例》,黄摩西主编:《普通百科新大辞典》,上海国学扶轮社 1911 年版。
⑥ 具体条目可参见本文文后所附"附录二:黄摩西主编《普通百科新大辞典》相关学科词条"。

订名词馆所编名词对照表收录词汇的范围大体相同。

如此看来,似乎名词馆所编定的各学科名词对照表真的在当时社会上产生了很大的影响。然而如果将《辞典》中相关学科的词条与名词馆的成果细细对照,则以上结论似又未必成立。

以逻辑学名词为例。《辞典》收录的16条逻辑学名词,其中14条都能在编订名词馆所编的《辨学名词对照表》中找到对应词。《辞典》的编者在撰写逻辑学词条时,注意到其中一些名词在社会上有不同的译法,并将这些不同的译词列于同一词条下。呈现在《辞典》中的逻辑学名词,既采用了名词馆所编定的译词,同时又保留着其他译者所译的词汇。可见,名词馆所编定的名词对照表,并没有实现"统一文典,昭示来兹"[①]、促使学科学语译法统一的目的,对当时的一些社会出版物影响有限。从实际情况来看,《辞典》中收录的逻辑学名词译名,并没有因为《辨学名词对照表》的颁行而得以规范,反而受严复所译逻辑学名词的影响更大。[②] 尽管《辨学名词对照表》中的译词深受严复《穆勒名学》《名学浅说》二书影响[③],但在编订此表的过程中,编者对某些严复译词也做了重大修订,如将"十伦"改译"十畴"[④],将"名学"改译"辨学"[⑤]。而在《辞典》中,保留的仍旧是严译著作中的译语(详见表1-7)。

表1-7 《普通百科新大辞典》《辨学名词对照表》与严译《穆勒名学》《名学浅说》中部分逻辑学名词对比表

《普通百科新大辞典》	《辨学名词对照表》	严译著作
十伦	十畴	十伦
三段论法(连珠)	连珠	联珠

---

① 《奏本部开办编订名词馆并遴派总纂折》,《学部官报》第一零五期,宣统元年十月初一日。
② 个中原因,不仅在于严复在翻译界的赫赫名声,也在于严复在清末十年教育转型中获得的"新的权势"。详见欧阳哲生《辛亥革命时期严复的思想演变及其抉择》,《北京大学学报》(哲学社会科学版)2011年第5期。
③ "中文译语主用严译《穆勒名学》",见《辨学名词对照表例言》,学部编订名词馆编:《辨学名词对照表》,宣统年间刻本。
④ "十畴,Categories or predicament,严译十伦,然十伦中之子目Relatio亦译作伦,殊嫌纲目相混,故改译畴。畴有区分之意。"学部编订名词馆编:《辨学名词对照表》,宣统年间刻本。
⑤ "辨学,Logic,旧译辨学,新译名学,考此字语源与此学实际,似译名学为尤合。但《奏定学堂章程》沿用旧译,相仍已久,今从之。"学部编订名词馆编:《辨学名词对照表》,宣统年间刻本。

续表

《普通百科新大辞典》	《辨学名词对照表》	严译著作
内籀（归纳）	内籀	内籀
内函、外举（内包、外延）	内函、外举	内涵、外举
公名、专名（普通名、特殊名）	公名、专名	公名、专名
玄名、察名	玄名、察名	玄名、察名
五旌	五旌	五旌
正名、负名	正名、负名	正名、负名
外籀（演绎）	外籀	外籀
合名（统合名、总名）	总名	总名
命题	辞	词
演绎法	外籀法	外籀法
论理学（名学）	辨学	名学

更加值得注意的是，对于名词馆职员在名词对照表中煞费苦心创制的新译词和厘定的翻译规则，《辞典》的编者并没有将它们应用于编纂辞典的过程中。上文所举的"十伦"与"十畴"、"名学"与"辨学"即是两例。在数学词条中，这种忽视更随处可见。名词馆馆员将 Denominator（分母）和 Numerator（分子）分别改译为"命分"和"举分"，并解释其定名理由：

> 命分，Denominator，通曰分母，按西文原名 Denominator、拉丁 Denominare（denoting a number），即于一整数之中命之为几分之数，故定命分。
> 举分，Numerator，通曰分子，按西文原名 Numerator、拉丁 Numerare，即举所命之分多寡而言，故定举分。①

而在《普通百科新大辞典》中，则依旧沿用"分母""分子"的译词。又如《形学名词对照表》将"圜"与"圆"二字区分，"以圜作名物字，以圆作

---

① 《算学名词对照表》，学部编订名词馆编：《数学名词对照表》，宣统年间刻本。

区别字"①，这一原则在《辞典》中丝毫未得到体现。至于《数学名词对照表》中的其他一些创造，如以"展线"译 Generating line，以及本章第二节中所举的以"么匿"译 Unit，以"形学"译 Geometry 等，在《辞典》中也都没有保留（见表1-8）。②

表1-8 《数学名词对照表》与《普通百科新大辞典》部分译词对照

英文名	《数学名词对照表》译词	《普通百科新大辞典》译词
Denominator	命分	分母
Numerator	举分	分子
Geometry	形学	几何学
Analytical Geometry	解析形学	解析几何学
Sphere, Spherical	浑圆（员），浑圆面	球，球面
Unit	么匿	单位
Vertical line	天垂线	垂线
Generating line	展线	母线
Circle	圜	圆
Co-ordinates	经纬	坐标
Axis of Co-ordinates	经纬轴	坐标轴
Ordinate	经距	纵坐标
Parabola	毕弗	抛物线
Hyperbola	拨弨	双曲线

据后人统计，在严复八大译著后所附的《中西译名表》中，总计482个译词中，只有56个译词目前仍被学术界沿用，仅占11.6%。③ 其实，不用统计严复译词在当下学术界的使用情况，仅看同时代辞书中收录的严复所译或审定的名词，就可知编订名词馆的这些成果传之未远。

① 《形学名词对照表》，学部编订名词馆编：《数学名词对照表》，宣统年间刻本。
② 当然，这不能说明这些严复译词在清末就已经完全消失了。例如郭沫若在辛亥后的天津参加学校入学考试时，遇到了"拓都与么匿"这一道国文题，可见民初的一些知识分子仍很青睐严复译词。[郭沫若：《少年时代》，《郭沫若全集》（文学编，第十一卷），人民文学出版社1992年版，第333页]
③ 熊月之：《西学东渐与晚清社会》，上海人民出版社1994年版，第701页。

宣统二年十二月初四日，范源濂作为学部特派员参加资政院会议。资政院议员邵羲向范源濂质询，编订名词馆成立至今"一年有余，何以未看见所编定名词一个出来"，范源濂的回答是："名词已编订许多，本部都已看过，但现在尚未印出。"当汪荣宝询问何时能印出时，范源濂回应称："何时印出来，现在不能邃定。"① 可见，在距清帝逊位仅有一年之际，编订名词馆所编名词对照表仍未确定对外公布的时间。它的影响力，可能仅限于学部内部以及与严复等人关系密切者之间。

小 结

由于现存关于编订名词馆的史料欠缺，对于馆内工作流程的研究，只有通过名词馆所编《植物名词中英对照表》稿本略知一二。制表的过程应为编纂、分校、复校、总校四步，但由于人手短缺而难以实现。在此例中，便只有编纂和总校两步。而作为编者的严复、魏易，其工作态度可称认真，但由于他们掌握的植物学的知识有限，所编表格的质量难以保证。② 因此，对于名词馆所编名词对照表的水平，研究者应审慎对待。

然而更值得注意的，是各表例言和定名理由等所蕴含的编者的用心和观念。在严复等名词对照表的编纂者看来，翻译西方学科名词的基本依据，仍是中国旧有的古典典籍，他们对于当时流行的日译名词，则多不屑一顾。对于译词的这种取舍态度，体现了严复等人思想中所带有的民族主义和文化保守主义心态，也从一个侧面反映了清末社会上所弥漫的一种反对日本"东学"的潜流。

---

① 《资政院第一次常年会第三十五号议场速记录》，李启成点校：《资政院议场会议速记录——晚清预备国会论辩实录》，上海三联书店 2011 年版，第 555—556 页。
② 黄兴涛便认为严复在此表中的若干批注都有偏颇、讹误之处，见黄兴涛《新发现严复手批"编订名词馆"一部原稿本》，《光明日报》2013 年 2 月 7 日，第 11 版。

若结合严复本人经历,之所以刻意以古雅甚至生僻的汉字作为译词,亦有翻译思想之外的心理因素作祟。严复年少得意,其才气深受沈葆桢、郭嵩焘等人赏识。然而由于长期留学海外,其旧学功底也遭受士人质疑,如曾纪泽就直截了当地批评严复"于中华文字,未甚通顺,而自负颇甚","据其疵弊而戒励之"。① 严复回国后,为仕途考虑,也是为了向士林证明自己的才学,重拾帖括之学,多次参加科举考试,却连举人都没中得。这一缺失使严复在走上翻译之路后,内心存在以翻译文字显露中学功底的动机。再加上桐城古文家吴汝纶的"推波助澜"②,于是"雅"成为严复翻译的招牌,为同时代"夐陋不文,不足传载其义"③的译者所不及,因而迅速在清末趋新士大夫中获得了极高的口碑。因此,在确定译名时,严复也坚持从中国典籍中寻找字词,越是古奥、越是与流俗之日本译词相异,越能证明其才学。

从这种理念出发,名词馆所编的各科名词对照表中,虽有许多创见性的发明,对今人了解某些学科的学术史有所裨益,但也包含了许多生僻、拗口的译名。这些译词,不仅那些派赴日本学习的官员和公费、自费的学生基于先入为主之见而不愿接受,留欧留美的学生也嫌其古奥难以理解。名词馆的馆员过于执着于翻译过程中"雅"的追求,对传统典籍有着过分的迷恋,导致由这种心态产生的许多译词难以在学界、社会广泛传播,也自然达不到统一译词、传播新知识的初衷。考察流行于清末的一部百科辞书——《普通百科新大辞典》对名词馆所编定的各科名词的抛弃,可知严复等人煞费苦心厘定的译词在当时受冷落的情况。

---

① 曾纪泽:《曾纪泽日记》(中册),岳麓书社 1998 年版,第 858 页。
② 萨镇冰是严复的同学,回国后也同严复一样在北洋水师学堂任职。他晚年评价严复的翻译,称"吴汝纶对严先生拟古的癖好起有推波助澜的作用。吴在保定时,常到天津和严先生会晤,除议论时事及李鸿章外,便是樽酒论文了。……他们二人都反对时下译书的文风,以为旨陋格卑,远未能免俗"。又称吴汝纶为严复译《天演论》作序,大大提升了严复的文章在士林的影响。(戴镏龄:《记萨镇冰谈严复的翻译》,《中国翻译》1985 年第 8 期。)
③ 《天演论·吴汝纶序》,王栻主编:《严复集》(第五册),中华书局 1986 年版,第 1318 页。由于吴汝纶与严复之间私交甚密,这一评断难免有所夸张。

结　语

现有的史料证明，严复、王国维、魏易、常福元等编订名词馆的同仁，在馆内工作期间为审定译名、传播西学做出了相当大的努力。最新的研究成果显示，编订名词馆在清末三年间的成果，远非只是上文所述的五册名词对照表、约四千条中英对照的词条而已。1916年，在华工作的德国人赫美玲（K. Hemeling）出版了一部中英辞典（*English-Chinese Dictionary of the Standard Chinese Spoken Language*）。在该辞典中，编者称从严复主持的编订名词馆中得到约三万条标准科学术语，涉及算术、代数、几何、三角法、逻辑、心理学、伦理学、经济学、国内法、国际法、宪法、历史、动物学、植物学、有机化学、无机化学、生理学、动植物生理学、地质、物理学（力学、光学、声学、电学、磁力学、热学）、卫生学、医学等学科。[1] 由此可见，编订名词馆所审定的名词，其涵盖学科范围之广、数量之多都令人惊叹。然而由于时局动荡导致史料散佚，我们目前所能看到的编订名词馆的成果，只占到全部成果的一小部分。即便如此，我们仍能通过编订名词馆所编逻辑学、心理学、数学等学科名词对照表，一窥清末的精英人士对这些西方学科的基本认识和对中学、西学之间关系的观念，以及在中国现代学科制度建立的过程中，学科名词的翻译与规范如何影响着学科知识的传播与接受。

编订名词馆统一新名词译名的工作，对清末百科辞书、教科书的出版都起着一定的辅助、矫正作用。在1911年黄摩西主编、上海国学扶轮社出版的《普通百科新大辞典》中，便声称"一切学语以学部鉴定者为主，余则取通行

---

[1] 参见沈国威《近代中日词汇交流研究：汉字新词的创制、容受与共享》，中华书局2010年版，第431—453页。

最广者"①，并请时任编订名词馆总纂的严复为此书作序。严复在序中激烈地针砭新名词界限不明导致的混乱："其尤害者，意自为说，矜为既知，稗贩传讹，遂成故实，生心害政，诐遁邪淫。然则名词之弗甄，其中于人事者，非细故也。"② 而本书编者黄摩西也在序中称："彼欧美诸国则皆有所谓词典者，名物象数，或立界说，齐一遵用，严以律令，非如字书之简单而游移，类书之淆杂而灭裂。故名实不舛，异同互资。其国势之强盛，人才之发达，此一大原动力焉。"③ 这两篇序均表达了两位作者希望通过严格厘定名词的译名，达到促进中国学术进步的目的。学部在审定民间出版机构、学者呈送的各学科教科书时，对书中因翻译日本教科书而导致的"语句沓冗，名词不经，骤读多不易解"④ 问题，要求编者进行润色，并对书中名词"俟本部编订名词馆编有定名之后再随时更正"⑤，以便划一。⑥ 可见无论是学部内部，还是严复本人，都对编订名词馆统一学科译名抱有期待。

编订名词馆是清廷设立的、继京师大学堂译学馆文典处后的又一个官方审定学科名词的机构。然而比较其宗旨与成果，文典处则完全无法与名词馆相提并论。西方传教士所设的各种学会一向为晚清译名统一工作的主体。⑦ 编订名词馆的设立，实际上是国人第一次大规模参与审定各科名词，体现了现代学科知识在中国传播的过程中，国人对各学科的认识不断加深和统一学科术语的迫切要求。在后人看来，编订名词馆的许多观念和做法仍具有借鉴意义。1915年中国留学生在美国创设中国科学社，以"提倡科学，鼓吹实业，审定名词，传播知识"为宗旨。⑧ 第二年科学社设立名词讨论会。科学社同仁

---

① 《凡例》，黄摩西主编：《普通百科新大辞典》，上海国学扶轮社1911年版。
② 严复：《普通百科新大辞典序》，黄摩西主编：《普通百科新大辞典》，上海国学扶轮社1911年版。
③ 黄摩西：《普通百科新大辞典序》，黄摩西主编：《普通百科新大辞典》，上海国学扶轮社1911年版。
④ 《商务印书馆经理候选道夏瑞芳呈伊索寓言、女子新唱歌并国文读本二书毋庸审定，速成师范讲义丛录须加润色再行呈部批》，《学部官报》第一百三十四期，宣统二年九月初一日。
⑤ 《张相文呈新撰地文学改正再呈审定批》，《学部官报》第一百三十六期，宣统二年九月二十一日。
⑥ 如若评判教科书质量，由日本译来的教科书的确存在其先天的不足，即因二手转译所导致的时效性与准确性缺陷。然而并不能因此否定日本教科书在清末民初中国现代教育初创时期，甚至在中国近代史上启蒙精英与大众、传播民主与科学的关键性作用。参见毕苑《汉译日本教科书与中国近代新教育的建立（1890—1915）》，《南京大学学报》（哲学·人文科学·社会科学）2008年第3期。
⑦ 参见王树槐《清末翻译名词的统一问题》，《"中央研究院"近代史研究所集刊》1969年总第1期；张龙平：《益智书会与晚清时期的译名统一工作》，《历史教学》2011年第10期。
⑧ 参见冒荣《科学的播火者：中国科学社述评》，南京大学出版社2002年版。

明确将名词译述视为"正名之业":"译述之事,定名为难。而在科学,新名尤多。名词不定,则科学无所依倚而立。本杂志所用各名词,其已有旧译者,则由同人审择其至当,其未经翻译者,则由同人详译而新造。将竭鄙陋之思,藉基正名之业。当世君子,倘不吝而教正之,尤为厚幸。"① 比之本文所讨论的编订名词馆审定学科名词的态度与方法,两者并无二致。再考察南京国民政府时期官方设立的审查名词机构,如大学院译名统一委员会和国立编译馆等的组织职能与工作成绩,亦能通过比较,观察到清末编订名词馆机构本身所带有的现代性色彩。② 可见在民国时期,不管民间还是官方的名词审查机构,在制度和成果上均延续了编订名词馆的某些特性。

编订名词馆在存在期间所做的工作虽然具有一定的先驱性,然而不可否认的是,它的成果在当时社会所起到的作用并不十分明显。民国时期,舆论界在回顾清末译名统一工作时称:"曩者前清学部设立编订名词馆,侯官严复主其事,开馆数年,绝少成绩,后起之士对于严氏颇多非议。夫严氏在西洋留学生之中,英声夙擅,茂实克胜,所译各种名著,久已彪炳艺林,较之稗贩之徒,不可同日而语。然以同类不臧,未能彰美于前,或盛传于后。"③ 这一方面与清末行政效率低下有关。新政时期的改革举措,多针对当时社会上出现的一些问题。然而在真正执行这些政策时,往往因客观条件如财政、社会环境的限制,以及下级官吏的肆意妄为或不作为等各种各样的原因,导致改革举步维艰,难以实现其初始目的,甚至会遭到下层的强烈反弹。民初名士杜亚泉就看得很清楚,他认为,清末新政时期大设各种机构,以显示改革诚意,然而当时办理新政的人才匮乏,行政成本也因此剧增。名曰百废俱举,实则百举俱废。④ 编订名词馆亦有此弊。荣庆、严修离任后,审定学科名词这一工作的受重视程度明显下降,加之财政困境使得裁撤名词馆的流言四起,这都导致了馆内人员的工作效率较其初创时明显下降,编成的各科名词对照

---

① 载《科学》创刊号例言,转引自汪晖《现代中国思想的兴起》(下卷第二部:科学话语共同体),生活·读书·新知三联书店 2008 年版,第 1135—1136 页。
② 参见温昌斌《民国科技译名统一工作实践与理论》,商务印书馆 2011 年版。
③ 《十八年之回顾与十九年之前瞻》,《时事新报》1930 年 1 月 1 日。
④ 见罗志田《五千年的大变:杜亚泉看辛亥革命》,周言、方曌编:《未完成的革命——辛亥革命论坛演讲录》,台北新锐文创 2012 年版,第 72 页。

表也因得不到上级的重视和下级的配合而无法在社会上推广、施行。再加上清廷灭亡，名词馆的成果也随着旧王朝的倒塌而被湮没和遗忘。

另一方面，在严复的主持下，编订名词馆审定名词的基调也存在与时代脱节的问题，他们所确定的新名词译法在与日本译名竞争的过程中，往往轻易地败下阵来。比较中日译者的翻译理念，通过"立名"确定概念界限的目标是相同的，但日本译者能够更灵活地使用古代汉语词汇，将古语赋予新义；而严复等中国译者则因承受历史遗产过重，也因面对西方、日本文化冲击而产生文化自我保护心态，往往以文字的"卫道者"自居，坚持古语本义，不能用更开放、灵活的心态将汉语语义向前推进，反而深陷于音韵、训诂之中。在这种定名方法下，编订名词馆所审定的名词，其精确度也许不逊于日本名词，但它却过分地追求"雅"而忽略了普通人的接受水平，因而最终无法在中国社会扎根。① 在"新汉语"已呼之欲出的时代，严复等人的译词愈加沉溺于古典，这样的译词反而在一定程度上阻碍了西方新知的传播。正如梁启超早年对严复翻译的批评所指出的："文笔太务渊雅，刻意摹仿先秦文体，非多读古书之人，一翻殆难索解……此等学理邃赜之书，非以流畅锐达之笔行之，安能使学童受其益乎？著译之业，将以播文明思想于国民也，非为藏山不朽之名誉也。"② 严复译词在甲午之后流行于中国知识界的原因在于此，在辛亥前后逐渐被日本传来的译词取代的原因也在于此。

然而以今人的后见之明观之，严译名词是否就一无可取，日译名词就应全盘接受呢？严复等人在名词翻译中苦心孤诣，力图使中华传统语言文化与西方现代学术名词相接榫。如果能在准确掌握学术概念内涵的前提下，细细体悟这些译词及其定名标准，或可帮助今人重新发现古汉语之美，对以中国为主体的学术话语体系的建立也不无启发。日译名词在其最初传入时，便引起了中国知识界的思想"地震"，无数中国人借助这些新名词，开始接触

---

① 当然，考察编订名词馆所编名词对照表未被社会所接受的原因，还应从词语使用的惯性、翻译学上的规律以及官方、知识界的态度等方面进行解释。本处提到的过于追求"雅"一条，只是各科名词表条目中所表现得较为突出的一个特点。对严译名词遭到淘汰原因的探讨，可参阅黄克武《新名词之战：清末严复译语与和制汉语的竞赛》(《"中央研究院"近代史研究所集刊》2008年总第62期) 以及蒋骁华《大声不入里耳——严译新词未流行原因研究》(《外国语文研究》2015年第3期) 等论文。

② 《绍介新著》，《新民丛报》第一号，光绪二十八年元月一日。

西学，走上了一条新的思想与人生道路。然而日译名词虽意思直观，但也容易使人不求甚解，甚至曲解其意以为私利。清末舆论对这一现象即有辛辣讽刺："学者不明其界说，仅据其名词之外延，不复察其名词之内容，由是为恶为非者均恃新名词为护身之具，用以护过饰非，而民德之坏，遂有不可胜穷者矣！"① 本文作者的政治立场姑且不论，但日译名词所带来的负面效果近年来已逐渐被学术界所发现。有学者评论清末中学、西学与日本传来的"东学"之间的关系，称："因缘西学而来的东学，比中学更早更好地承接了西学，又借由西学创造出一整套适合东亚需求的话语体系，而且看似有所谓同文之便，让本来就好望文生义的国人觉得便于掌握。其实东学是凭借中学承接西学，两面均若即若离，形成看似左右逢源、实则非此非彼的变异系统，经由东学输入和理解西学，容易造成双重误读，如严复所痛斥的非驴非马。结果国人对于西学更加隔膜，对于东学同样似是而非。"② 这一总体评价不无道理。因此，尽管日译名词早已与现代汉语融为一体，成为国人日常使用不可或缺的语文要素，但学术界对其研究与反思仍极具历史与现实价值。

启功先生在谈新旧语言问题时说："回忆起来，这五十年工作的绝大部分，都是把文言变成白话。当直接变不完全或不能恰当透彻时，从旁加上说明，不外乎口头的讲解、翻译和笔下的注释。这类工作中屡次遇到的困难，不外乎二项：一是名物和特殊的词汇，这比较好办，可以查书或向别人请教。二是语言的转译和解释，这不难在它们的用法，也不难在说明它们的性质，而难在使听者直觉地懂得。"③ 这一难题不仅存在于文言、白话的转换中，更大量出现在汉语和其他语言的互译之间。在保证译文"信、达、雅"的高标准的同时，如何能使译文译语更容易在社会上传播和普及、更方便地被普通人记忆和认知，这也是编订名词馆带给后世翻译者的思考。

---

① 《论新名词输入与民德堕落之关系》，《东方杂志》第三年第十二期，光绪三十二年十一月二十五日。
② 桑兵：《晚清民国知识人的知识》，《学术研究》2020 年第 1 期。
③ 启功：《汉语现象论丛》，香港商务印书馆 1991 年版，第 36 页。转引自钟少华《中国近代新词语谈薮》，外语教学与研究出版社 2006 年版，第 3 页。

下编
贵胄学堂

第一章　贵胄学堂产生的历史背景

20世纪初的十年是一个动乱和希望并存的年代。1900年，八国联军进犯北京，对北京城进行分区占领，进驻紫禁城，同时宣布军队公开抢劫三天，其后更有私人抢劫，造成的损失不可估量。1901年，清政府与十一国签订《辛丑条约》，中国进一步沉沦。

经过八国联军的沉重打击，清政府意识到改革的迫切性，"庚子国变，几构灭亡之祸，于是向之阻挠者，始知改革为不可缓"。[1]1901年1月，清廷发布变法上谕，拉开了清末新政的序幕。在随后的十年间，清政府在政治、经济、教育、军事等各方面进行改革，希望通过一系列的改革措施，挽救颓势，振兴国运。贵胄学堂是这场改革运动的必然产物。

第一节　改革的必然产物

一、教育改革的需要

1901年8月，清政府以"武科一途，本因前明旧制，相沿既久，流弊滋多，而所习硬弓刀石及马步射，皆与兵事无涉"为由，下诏停止武举。数日

---

[1]《十年来中国政治通览·教育篇》，《东方杂志》第九卷第七期，民国二年正月初一日。

后,又谕令"各直省省会建立武备学堂,以期培养将才,练成劲旅"。①清末的教育改革从筹办军事院校开始。1901年9月,清政府又颁布设立学堂诏书,将教育改革的范围扩展到各地书院,令"各省所有书院,于省城均改设大学堂,各府厅直隶州均改设中学堂,各州县均改设小学堂,并多设蒙养学堂。其教法当以四书五经纲常大义为主,以历代史鉴及中外政治、艺学为辅"。②这样,兴办学堂便成为清统治者的既定国策,在全国推行。

光绪二十八年七月(1902年8月)和光绪二十九年十一月(1904年1月),清廷先后颁布了《钦定学堂章程》("壬寅学制")和《奏定学堂章程》("癸卯学制")。统一的新学制开始在全国范围内建立起来。再加上1906年科举制度的正式消亡,新式学堂如雨后春笋般出现在中国各地。据清学部统计,1907年,全国学堂及教育处所有37672所,在校学生数1013571人;1908年,学堂数量增至47432所,学生数增至1284965人;到了1909年,两项数字继续增长到了58896所和1626720人。③新式学堂的教育内容不再是单一的儒家经典,而是引入了近代学科体系,增加了数学、物理、化学等近代自然科学和法政、实业等方面的内容,为新式人才的培养提供了土壤。科举制度废除后,传统的人才流动渠道关闭,士人阶层出现分化,从军、从商、从政、从教等成为他们不同的选择,重文轻武、重农轻商等观念和习俗也在逐渐发生改变。

在新式教育大发展的清末,八旗教育更显得积弊重重,急需进行改革。

清统治者入主中原后,发现大批八旗子弟无法胜任文官之职,导致地方中下级官员绝大多数为汉人,几乎没有满洲人任职。正如乾隆在位时所说:"从前满洲之未用府县者,人数不多,仅足敷京员之用。"④因此,尽快培养本族人才是清廷亟待解决的问题,更是满洲贵族的共识。顺治元年,清政府设立了八旗官学,隶属于国子监,每旗一所,各建学舍,每佐领下取官学生一名,以国子监教官分教之,春秋二季赴监会考。康熙二十四年,以内务府"无能书射之人",另设景山官学,选内务府八旗子弟入学,"视其所学,简选

---

① 上海商务印书馆编译所编著:《大清光绪新法令》(第一册),上海商务印书馆1910年版,第3页。
② 朱寿朋编:《光绪朝东华录》(第四册),中华书局1958年版,第4719页。
③ 光绪三十三年、光绪三十四年、宣统元年教育统计图表,朱有瓛主编:《中国近代学制史料》(第二辑下册),华东师范大学出版社1989年版,第838—840页。
④ 《清实录·高宗纯皇帝实录(三)》,中华书局1985年版,第279页。

好者录用",并要求,"凡内务府人有家贫不能读书者,听其入学肄业"。① 此后又陆续设立了咸安宫官学、圆明园学、世职官学、外火器营学等学校。对于皇族子弟,清廷专门设立宗学、觉罗学。顺治十年,令八旗各设宗学,令未封宗室子弟、年龄在十岁以上者皆入学,以满洲生员为师,是为清代宗学之始。雍正七年,因考虑"设立宗学,只令教习宗室,尚未及于觉罗"②,遂于宗学之外又设觉罗学,觉罗子弟八岁至十八岁入学读书习射,学生名额共计三百四十人,每年春秋考验,学成与旗人同应岁、科试及乡、会试。清统治者认为,"盛京系发祥重地,教育人材,宜于京师一体"③,于是在盛京左、右翼设宗学、觉罗学各二所,称盛京官学,待遇与京师宗学、觉罗学同。清廷希望通过对八旗子弟的教育,巩固满洲贵族的统治。

　　经过二百多年的发展,八旗教育到了晚清时期,已经积重难返。时人对此议论极多。1898年,一位刚刚通过考试、担任镶黄旗官学教习的人称:"到学时,阅其斋舍则已颓破不堪,问学生则无其人也,问功课则无其程也,住学者一二门斗,索规费若干而已。各旗皆然。……惟咸安宗室,其教习每月尚到学二三次,学生各十数人,略课文艺,教习月俸二两八钱、米一石。景山则月到学一次,与觉罗同,一事俱无,亦不发俸米。教习虚有其数,官学虚有其名,询之,已数十年所矣。"④ 翰林院侍读宝熙在奏折中也提道:"左右翼宗学及觉罗学共设十处,常年经费不为不丰,无如总副管等既罕通才,难期振作,虚縻侵蚀,流弊滋多。遂致教习向不到学,学生恒不至馆,每月数课,不过虚应故事,至期满时类皆捏报成就,学生几名而已。至八旗官学八处,每年经费由户部拨领三万余金,近年造就科举之才,亦颇称盛,然询以内政外交中西根底之学,则瞠乎若后。"⑤ "宗室、觉罗、八旗学校实国家命脉所关,为智愚强弱所系,则较各学堂为尤重。"⑥ 为了更好地维持统治,清政府必须对八旗教育进行改革。1902年上谕宣布:"宗室、觉罗、八旗等官学改设

---

① 昆冈等纂:《钦定大清会典事例》卷393,《礼部·学校·景山学》,光绪年间印本。
② 《清朝文献通考》(第一册),十通第九种,商务印书馆1936年版,第5437页。
③ 《清实录·圣祖仁皇帝实录(二)》,中华书局1985年版,第667页。
④ 《光绪二十四年七月二十四日教习知县举人李文诏呈》,朱有瓛主编:《中国近代学制史料》(第二辑下册),华东师范大学出版社1989年版,第777—778页。
⑤ 朱有瓛主编:《中国近代学制史料》(第二辑下册),华东师范大学出版社1989年版,第782页。
⑥ 朱有瓛主编:《中国近代学制史料》(第二辑下册),华东师范大学出版社1989年版,第785页。

小学堂、中学堂，均归大学堂办理。"① 自此开始了八旗教育的现代转型。清政府还制定了很多政策，鼓励旗人进入新式学堂读书。在学部的一份咨文中提道："凡八旗子弟由初等小学堂毕业得有文凭者，准其尽先挑马甲②以下钱粮。由高等小学堂毕业得有毕业文凭者，准其尽先挑马甲以上各钱粮。至五年以外，非由高等小学堂或初等小学毕业者，不准挑补钱粮。并由各旗衙门遍行晓谕，庶人知向学而教育可以渐期普及，相应咨商，请烦查照转行各旗都统衙门查照办理。"③ 1906年和1909年，陆军贵胄学堂和贵胄法政学堂先后成立，均为清末八旗教育改革的一部分。

二、政治改革的需要

20世纪初，日益高涨的革命浪潮和此起彼伏的反抗斗争，猛烈冲击着清王朝的统治。统治者对此深感不安，一些督抚大员认为只有实行立宪，才能应付危局。特别是1905年后，由于日俄战争中日本的胜利，让很多人认为君主立宪制度战胜了君主专制制度，立宪救国的社会热情更加高涨。"今日立宪之声，洋洋遍全国矣。上自勋戚大臣，下逮校舍学子，靡不曰立宪立宪，一唱百和，异口同声。"④ 清政府也做出了积极回应，先是派五大臣出洋考察宪政，接着于1906年发布上谕指出："时处今日，惟有及时详晰甄核，仿行宪政，大权统于朝廷，庶政公诸舆论，以立国家万年有道之基"，宣布"预备仿行宪政"。⑤ 一场涉及政治体制的改革开始了。

宪政需要大量专门的法政人才。早在1905年，外务部右侍郎伍廷芳在《奏请设立法律学堂折》中称："深虑新律既定，各省未储诸用律之才，则徒法

---

① 中国第一历史档案馆编：《光绪朝朱批奏折》（第一〇五辑），中华书局1996年版，第686页。
② 马甲：清代兵种名，即马兵、骑兵，又称骁骑。满洲等旗人成丁后，其出路主要是挑补马甲，由本佐领下步甲、养育兵、匠役和闲散余丁中挑补，由马甲再选为前锋、护军等。京旗马甲隶骁骑营，满洲每佐领下二十人，专辖于八旗都统。参见孙国良《满族大辞典》，辽宁大学出版社1990年版，第48页。
③ 上海商务印书馆编译所编：《大清教育新法令》（第三册），上海商务印书馆1910年版，第45页。
④ 《中国未立宪以前当以法律遍教国民论》，《东方杂志》第二年第十一期，光绪三十一年十一月二十五日。
⑤ 故宫博物院明清档案部编：《清末筹备立宪档案史料》（上册），中华书局1979年版，第44页。

不能自行，终属无补。"① 提出在京师设立法律学堂，"以造就已仕人员严精中外法律，各具政治知识，足资应用为宗旨"②，培养精通中外法律、具有政治知识的裁判人才。1906年7月，学部又发文："查现在各省举行新政，需材甚殷，裁判课税人员，尤非专门之学不能胜任。……凡未经设立此项（法政）学堂之省份，应即一体设立。其业经设立者，亦应酌量扩充。"③ 认为法政学堂"于造就已仕人才，佐理地方政治，深有裨益"。④ 在这种思想的指导下，法政学堂在全国范围内广泛建立起来。⑤ 清政府希望由此可以培养出专门的法政人才，以资宪政之用。据统计，宣统元年全国共有各类专门学堂111所，在校学生总数20672人。其中法政学堂占47所，在校学生达12282人，超过其他专门学堂的学生人数总和。⑥ 如何在亲贵中培养法政人才，成为摆在清朝统治者面前的一个课题。

在清末"预备立宪"过程中，资政院的设立是重要一环。"立宪政体取决公论，上下议院实为行政之本。中国上下议院一时未能成立，亟宜设资政院以立议院基础。"⑦ 1908年清政府颁布了《资政院院章》，对议员产生的办法做了规定：议员分为"钦选"和"互选"，由年满三十岁以上的人充任，各一百名。"钦选"，就是上议院的人选，主要由宗室王公世爵等充任。1909年又颁布了改定章程，对议员的人数明确规定："一、由宗室王公世爵⑧充者，以

---

① 军机处录副奏折，卷537号。
② 上海商务印书馆编译所编著：《大清光绪新法令》（第十三册），上海商务印书馆1910年版，第10页。
③ 学部总务司编：《学部奏咨辑要》，沈云龙主编：《近代中国史料丛刊三编》，文海出版社1986年版，第77页。
④ 朱寿朋编：《光绪朝东华录》（第五册），中华书局1958年版，第5384页。
⑤ 清末各省城设立法政学堂的情况：1905年，直隶、广东法政学堂设立；1906年，江西、山东、浙江、贵州、奉天、四川、江宁、安徽法政学堂设立；1907年，山西、陕西、新疆法政学堂设立；1908年，湖北、两江、吉林、热河速成、广西、河南法政学堂设立；1909年，甘肃法政学堂设立。
法政学堂发达的原因可能还有：预备立宪需法政人才，读书便可做官，正合中国的传统观念，所以读书人趋之若鹜；由于法政学堂有别科、讲习科，不必高等学堂毕业即可进入，于是一般科举出身的举贡生员，便以法政学堂为归宿，而别求一个新的出路。
⑥ 陈翊林：《最近三十年中国教育史》，上海太平洋书店1931年版，第124页。
⑦ 上海商务印书馆编译所编著：《大清光绪新法令》（第二册），上海商务印书馆1910年版，第1页。
⑧ 宗室王公世爵指和硕亲王、多罗郡王、多罗贝勒、固山贝子、奉恩镇国公、奉恩辅国公、不入八分镇国公、不入八分辅国公、镇国将军、辅国将军、奉国将军、奉恩将军，其中自和硕亲王至奉恩辅国公十人，自不入八分镇国公至奉恩将军六人。见上海商务印书馆编译所编著《大清宣统新法令》（第九册），上海商务印书馆1910—1911年版，第15页。

十六人为定额。一、由满汉世爵①充者,以十二人为定额。一、由外藩王公世爵②充者,以十四人为定额。一、由宗室、觉罗③充者,以六人为定额。一、由各部院衙门官充者,以三十二人为定额。一、由硕学通儒④充者,以十人为定额。一、由纳税多额充者,以十人为定额。⑤一、由各省咨议局议员充者,以一百人为定额。"⑥其中前七类人为钦选,最后一类为互选。

当时官员、学生出洋留学和游历的人很多,各地咨议局议员中就有很多人具有留学背景,在日本学习过法政,受过较为全面的议会民主知识的熏陶。⑦而真正具有宪政知识的贵族子弟并不多。在清朝统治者看来,如果"人才尽萃于下,而崇爵高位者,反觉相形见绌,亦非政体所宜"。⑧"若上议院议员懵于学识,与下议院人才相去过远,则非龃龉失当,必且附和取容。是虽酌采两院之制,而有偏重一院之弊,政本所关,殊非浅鲜。"⑨清朝统治者不希望因为政治体制改革而失去他们已有的地位和权力,因而设立专门学堂、培养宪政人才迫在眉睫。而且当时的满蒙权贵集团还认为:"盖以立国莫大乎通明政治,而通明政治之人尤莫要于居亲贵之地","顾以政要之地位非无阶级者所可骤跻,机密之大计非至亲贵者不足舆议",自视为政治上天然的特权阶级。⑩对可能失去地位的恐惧和希望尽揽权力的心理,促使贵胄法政学堂的设立顺理成章。

---

① 满汉世爵指满洲、蒙古、汉军旗员及汉员之有三等男以上之爵级者,其中三等侯以上八人、一等伯至三等男四人。
② 外藩王公世爵指蒙古、回部、西藏有以下爵位者:汗、亲王、郡王、贝勒、贝子、镇国公、辅国公。其中内蒙古六盟每盟一人,外蒙古四盟每盟一人,科布多及新疆所属蒙古各旗一人,青海所属蒙古各旗一人,回部一人,西藏一人。
③ 宗室四人,觉罗两人。
④ 硕学通儒指不由考试奉特旨赏授清秩者、著书有裨政治或学术者、有入通儒院之资格者、充高等及专门学堂以上主要科目教习接续至五年以上著有成绩者,由学部牵头御史、各省督抚提学司等保举三十人,再由资政院奏请按额钦选。上海商务印书馆编译所编著:《大清宣统新法令》(第九册),上海商务印书馆1910—1911年版,第22页。
⑤ 由于宗室、觉罗、各部院衙门官及纳税多额者符合被选举条件要求的人数比较多,因此决定参照外国上议院之例,在钦选之前,先进行互选,得出数倍于规定额数的人选,再由资政院奏请按额钦选。
⑥ 故宫博物院明清档案部编:《清末筹备立宪档案史料》(下册),中华书局1979年版,第631页。
⑦ 张朋园:《立宪派与辛亥革命》,"中央研究院"近代史研究所1983年版,第85页。
⑧ 军机处录副奏折,卷538号。
⑨ 上海商务印书馆编译所编著:《大清教育新法令》(第六册),上海商务印书馆1911年版,第98页。
⑩ 军机处录副奏折,卷538号。

三、军事改革的需要

同国内起义军和外国列强交锋的屡屡惨败，证明了清朝传统的八旗兵、绿营兵战斗力水平的低下。因此，对这些军队尤其是八旗兵的军事改革早在清末新政之前就已经开始了。

在同治初年，清政府就在京师"创设神机营，改弓箭为洋枪，春秋二季，出屯郊甸"。①后来，又派兵丁到江苏"专令学习外洋炸炮炸弹，及各种军火机器与制器之器"。②1895年以后，清政府为了提高满族亲贵的军事知识和八旗兵的战斗力，特令天津武备学堂增设满族子弟班，专收满族王公子弟入学肄业，由荫昌具体负责该班的招生和管理事宜。1900年3月，清政府还批准一项从神机营挑选人员接受西式操练的计划，试图把八旗兵训练成具有较强战斗力的劲旅。然而这些改革措施并未取得预想中的成效，八旗士兵早已颓废不堪。在与八国联军的交战过程中，受命御敌的八旗军队大多仍在使用老式枪炮，再加上精神上的怯战，导致北京迅速陷落。在都城沦陷后，八旗官兵"匪惟不战，亦且四出劫夺"③。可见，过往对八旗制度的改革并未收获成效。

如何使八旗兵去除积弊、提高战斗力，成为清末改革运动中一个迫切需要解决的问题。1902年10月上谕宣布："现在练兵紧要。酌挑选八旗壮丁，交北洋大臣训练。所有八旗满洲、蒙古、汉军前锋营、护军营、健锐营食饷兵丁，并闲散内挑十六岁以上、二十二岁以下，年轻力壮者，限二十日内咨送军机处，再行请旨钦派大臣拣选，奏明办理。"④1903年设立练兵处，并在次年颁布《陆军营制饷章》和《新定陆军学堂办法二十条》，旨在全国编练新军和建立军事学校系统。这是清末两份重要的军事文件。⑤

---

① 刘锦藻撰：《清朝续文献通考》（二），浙江古籍出版社1988年版，第9509页。
② 中国史学会主编：《中国近代史资料丛刊·洋务运动》（第三册），上海人民出版社1961年版，第468页。
③ 刘体仁：《异辞录》，卷四，上海书店影印1984年版，第52页。
④ 戴逸、李文海主编：《清通鉴》（第20册），卷259，山西人民出版社2000年版，第8706页。
⑤ 《陆军营制饷章》是一个庞大的练军计划，旨在全国建立三十六镇新军。《新定陆军学堂办法二十条》旨在全国建立军事学校系统。它规定了军事学堂的等级、课程次第、学生额数、学期年份、升学办法，把陆军教育分为陆军小学堂、陆军中学堂、陆军兵官学堂和陆军大学堂四级。小学堂以培养军事之基础为目的，主要教授普通课及军事初级学并养成忠爱武勇等性格；中学堂以继续扩展军人的（转下页）

作为统治核心的满洲贵族，希望在这场军事改革中做出表率，"现在更新军制讲求肄习，允宜始自贵近以为风气之先"。①他们认为让贵胄子弟进入军事学堂学习，一方面可以振兴武备，提高军队的战斗力；另一方面也可以在这场变革中争取领导地位，实现强国的目的。"自来习戎振武，实为强国之基，方今军制日新，尤应讲求兵学，兹据奏称建立贵胄学堂，令王公大臣各遣子弟入学，亲习士伍，洵属振兴武备之资等因，钦此，仰见朝廷振兴兵学，教育世臣之至意。"②而且，"不求教育之才而兴学，与不求统领之才而练兵，其事均归无济"。③培养忠于清政府的"统领之才"成为重中之重。

这一时期满汉矛盾也越来越尖锐。甲午战败，清政府决定按照西法训练一支新式军队保卫自己，但结果却难于控制。到1905年，北洋六镇新军全部练成时，除了第一镇由满洲贵族铁良任统制外，其余各镇均由袁世凯的亲信王英楷、曹锟、吴凤岭、吴长纯、段祺瑞等先后分任统制。清政府辛辛苦苦训练的新式陆军成了袁世凯的嫡系部队。新式陆军的领导权在握，袁世凯的影响力也日益加强。"朝有大政，每由军机处问诸北洋。"④除了袁世凯恃北洋新军权倾朝野外，张之洞也借由湖北新军掌控一方，这都引起了清朝皇族的不满和不安。他们一面催令各省练常备军，希望可以分散袁、张的势力；一面加紧培养心腹嫡系部队，而最忠于清朝政府的莫过于宗室贵族。于是，陆军贵胄学堂就在这样一种期许中诞生了。

此外，1906年在铁良的策划下，清政府把兵部和练兵处合并成为陆军部，试图将"所有各省军队，均归该部统辖"。⑤1909年，贝勒载涛、毓朗和尚书

（接上页）知识和能力为目标，主要教授高级普通课及紧要军事学并养成立志节、守纪律等品格；陆军兵官学堂以培养、造就初级武官为目标，主要在讲堂、校场、野外教授演习之法；陆军大学堂以培养、造就参谋及要职武官为目标，教授高等兵学，融会贯通各科，提高指挥调度能力。从小学到大学逐次升学，如果全部完成的话，需要七年四个月至十年时间。因为培养时间较长，还另设速成陆军学堂，待正课学堂办有成效后，即行停办。这个计划与当时的日本陆军训练军官的制度非常相似。其中京师小学堂专收考京旗顺天各高等小学堂毕业学生及满汉官员子弟有相当体格学力者。

① 总理练兵处档案，卷62号。
② 总理练兵处档案，卷59号。
③ 《翰林院侍读柯劭忞为陈整顿教育管见事奏折》（光绪三十二年十一月十七日），中国第一历史档案馆：《光绪末年学政史料选载》，《历史档案》1988年第2期。
④ 张一麐：《心太平室集》（卷八），沈云龙主编：《近代中国史料丛刊第一辑》，文海出版社1966年版，第468页。
⑤ 朱寿朋编：《光绪朝东华录》（第五册），中华书局1958年版，第5601页。

铁良被任命为专司训练禁卫军大臣，组建了主要由满族人组成的禁卫军。据史料记载，贵胄学堂第一期的毕业生有很多进了禁卫军，如成全、富克锦、祥楙、溥琳、毓逖等人，这也在一定程度上实现了清政府建贵胄学堂的初衷。

统治者也认识到不从总体上提高军人的地位，这场军事改革很难获得成功。1904年，刚设立一年的练兵处奏准另定新军官制时称："欲兴军政，须有以振起士心；欲振士心，莫先于注重武职。""方今东西洋各国风气右武人皆以从军为乐，以武职为荣，虽居下士视若清班，以故民气日强，国势称盛洪"。现在虽然朝廷屡下诏书，振兴武学，海内人士靡然从风，但是很多从将弁、武备学堂毕业之人"其进身之阶仍不外乎千把末秩，无足重轻之官，其谁不废然而自沮乎？"① 因此，1905年练兵处奏请将武职的品秩升格，参仿八旗官员的秩序，结合各国军营的规制，把新军职官区分为三等九级：

  上等军官有三，第一级曰正都统秩，视提督阶，从一品。第二级曰副都统秩，视总兵阶，正二品。第三级曰协都统秩，视副将阶，从二品。
  中等军官有三，第一级曰正参领秩，视参将阶，正三品。第二级曰副参领秩，视游击阶，从三品。第三级曰协参领秩，视督司阶，正四品。
  下等军官有三，第一级曰正军校秩，视守备阶，正五品。第二级曰副军校秩，视千总阶，正六品。第三级曰协军校秩，视把总阶，正七品。
  嗣后凡学堂出身或游学毕业以及谙习武备带领新军各员，均以此三等九级军官分别除授，各与对品文职体制相仿。②

不仅如此，1905年，练兵处颁布《陆军小学堂学生规则》，在"训言"第一条就提出："诸生应知今日世界竞存之世界也，强者存，弱者亡，其理至明，其势至亟。欲转弱而为强，惟有尚武一策。盖非武无以立国，非武无以立家，非武无以立身。但武而不学，无以增智识而变气质，诸生各宜潜心肄习，以为立国立家立身之基，扬光荣于世界。"③ 极力提倡尚武精神。1906年，

---

① 上海商务印书馆编译所编著：《大清光绪新法令》（第三册），上海商务印书馆1910年版，第49—50页。
② 上海商务印书馆编译所编著：《大清光绪新法令》（第三册），上海商务印书馆1910年版，第50页。
③ 上海商务印书馆编译所编著：《大清光绪新法令》（第十四册），上海商务印书馆1910年版，第23页。

学部奏定教育宗旨并颁行全国,"尚武"被列为五条宗旨①之一。

八旗满洲子弟曾经极具尚武精神。清朝入关之前,实行兵民合一制度的八旗壮丁,平时耕猎牧放,战时披甲从征,十分勇猛。在康熙、乾隆时期,以八旗军为主力的清朝军队,多次在国内战场获胜,并打赢了与沙俄的边境战争,奠定了中国的版图,可谓功勋卓著。进入近代以来,兵势颓废,屡被外敌侵犯,跟祖先流淌着同一血液的满洲贵族,自然会回忆起先祖的骁勇善战,"窃维尚武之风今世所重教胄之典故训,惟昭我朝定制,王公子弟冠顶之初,即习骑射,寓教思于蒙养,强根本于维城,懿铄宏规,卓越今古"。②恢复昔日的尚武传统,重振武功,成为他们的光荣和梦想,贵胄学堂也是在这种精神的鼓舞下建立的。"讲求兵学乃图强本务,四方观听视贵族之趋向为转移。溯维开国之初,底定寰宇,总征讨领禁卫者,皆诸王贝勒及勋戚大臣,伟烈丰功光昭史册。现在朝廷振兴武备,特设贵胄学堂,此次筹议举行,必须名实相符,方足以收明效。该王公大臣等近抚时艰,远怀先绩,亟应各遣子弟投考入学,勿怀观望,并宜父昭兄勉,使其刻厉奋发,以绍砺山带河之勋,而备折冲御侮之资,拟请特降明纶诫谕宣示,俾知劝励。且令天下咸知勋华贵胄尚皆身入学堂,亲习士伍,则风声所播,薄流景从,振尚武之精神,储干城之材俊,胥在是矣。"③清廷鼓励满洲贵族自己积极进入陆军贵胄学堂学习,希冀由此重振尚武之风,抵御外侮,重振国威。

第二节 拱卫边疆的需要

清政府在准备兴建贵胄学堂时,除计划招收满汉贵族外,还特许蒙古子弟入堂学习,这样做既有历史的渊源,也有现实的考虑。

---

① 五条宗旨为忠君、尊孔、尚公、尚武、尚实。
② 总理练兵处档案,卷62号。
③ 《奏定陆军贵胄学堂章程》,国家图书馆古籍馆藏。

蒙古在清初归附清朝，帮助其屡战强敌，为统一大业立下了汗马功劳，"溯内外蒙古自国家肇造之初，即在彭、濮、微、卢之列，其后准回两役，亦有同仇敌忾之劳"。① 清朝的历代统治者都非常重视和蒙古的关系，"木兰秋狝"就包括安抚蒙古贵族之意。政府兴建贵胄学堂，招蒙古贵族来堂学习，也是在新时期政治上继续联合的新举措。

蒙古一直镇守着中国的西北边疆。可是，进入近代以来，中国的边疆屡次受到外国列强的侵略，引发了多次边疆危机。蒙古却越发衰微，"推原其故，良由智识未裕，则生殖之计渐艰；迷信日深，则强武之风亦替。非国家代为经营，固难望其久作干城之寄也"。教育落后、实业不振，这些问题并非蒙古所独有，实是近代中国的通病。但相比内地，蒙古"僻处边陲，暌隔声教，耳目锢蔽，窳惰成风"，弊端尤为严重。危机之下，"非但御侮折冲一无可恃，即生聚教育亦不能自谋，甚非所以纾宵旰而固边圉也"。②

清朝是一个大一统的国家，如何拱卫边疆的安全，成为统治者必须考虑的一个问题。"当此事机日迫，国势将危，欲求治安非先巩固边防不可，欲固边防非造就蒙古勋贵不可，蒙古勋贵人人知学，则西北边防隐然有金汤之势，其影响于国家之治安者甚大。"但是"欲于瘠苦蒙旗创设学堂，陶成勋裔，不特经费难筹，抑且师资缺乏"。把蒙古贵族子弟送至"规模宏敞，教育完备"的陆军贵胄学堂学习就成为一个不错的选择。因此，当时署理归化城副都统的三多"请旨饬下陆军部、理藩部通咨西北各将军都统大臣，选择各部落、各旗王公以次勋旧子弟资质聪慧年力富强者，送入陆军部贵胄学堂附班肄业"，"俾与天潢贵族习处交融，濡染既深，感情益挚，教以汉话，课以汉文，则内向之心殷，加以军事教育，则勇锐之气奋，将来学成以归，提倡新政，智识大启，忠节弥敦，煽之不动，构之不能，则西北屏藩安于磐石矣"。③

在清政府的"预备立宪"方案中，计划钦选议员一百人。其中，"外藩王公世爵"定额为十四人，这十四人中又有十二人需从蒙古各盟旗选出。因此，招收蒙古贵胄进入贵胄法政学堂学习现代宪政知识也十分必要。

---

① 兵部—陆军部档案，卷275号。
② 兵部—陆军部档案，卷275号。
③ 兵部—陆军部档案，卷275号。

总之，清政府希望蒙古贵族在贵胄学堂学习期间，能够掌握汉文、军事、法政等方面的知识，借此提倡新政、建设蒙边，在培养中央政府需要的贵胄人才的同时，也能起到拱卫边疆的作用。

第三节　向国外学习的产物

1904年，出使美、秘、古、墨四国大臣梁诚在《奏为王公子弟设立陆军学堂折》中对中西军事教育情况进行了对比，称："中国积习，重文轻武，垂千百年。自我朝定鼎，王公、贝子骑射习劳，统兵临阵，尚武精神始为一振。承平日久，武事渐弛，隶兵籍者等于匪流，位专阃者役同厮养。"相比之下，"泰西诸国文武恒合一途"，"王子公孙无不考入水陆军学与诸生同班肄业，以末秩效力行间"，"故其军士武人皆以保国为民为义"。经过比较，梁诚总结称："盖视之也贱，则其自待益轻；遇之也优，则其图报弥切。"中国重文轻武的积习，是兵士战斗力低下的重要原因，因此应该"广设陆军学堂，优于出身"，"王公以下、满汉大员三品以上各举合格子弟，预备选入陆军学堂肄业，以作士气，而培国本"。①一年后，梁诚再次上折，提出应仿照日本，专门建立学堂供王公子弟学习："查日本学制，凡王公子弟入陆军学校肄业，另建室舍以居，用昭宠异，拟即参仿其意，略为更改，设立贵胄学堂一所，专为王公大臣子弟肄武之区，以示优隆。"②这个奏折的建议后来被清朝统治者采纳，于1905年批准设立陆军贵胄学堂。

不只军事学堂的建立借鉴了国外的经验，法政学堂也是如此。日俄战争中日本的胜利，让国人认为这是立宪制度的胜利。因此，日本的政治模式和学校制度成为国人考察和借鉴的重点。内阁学士宗室宝熙在《奏请设立贵胄法政学堂折》中称："查欧洲君主立宪国无不有贵族制度，日本规仿泰西亦

---

① 总理练兵处档案，卷62号。
② 总理练兵处档案，卷62号。

立此制,诚以贵族为国家与同休戚之臣,即对于国家有特别效忠义务,夷考其制,皇族至二十岁,公侯至二十五岁,例为贵族院议员,任期终身。""窃以王朝本周室亲亲之仁,列爵十四,锡封五等,屏藩带砺,历久常昭。宪政实行,此项亲贵皆须选入上议院议事,若复懵于学识,于外交内治一切未谙,将来非故与下议院反对,即不免与下议院附和雷同。驯至才望轩轾,政策失平,不独于宪政阻碍甚多,按以各国宪制亦有大相左者。查日本帝国大学之外,另设有学习院,由小学中学以至高等学专教贵族子弟,所以培植上议院人才意极深远。"[①] 可见,日本的经验对奏请设立贵胄法政学堂的作用是很大的。

在梁诚和宝熙的奏折中,他们都以欧美、日本等国为范例,说明设立贵胄学堂的必要性。进入 20 世纪后,中国受国外的影响越来越大,外国的经验成为清政府决策的范本,这有利于各方面改革的展开。

[①] 军机处录副奏折,卷 538 号。

第二章　陆军贵胄学堂

1906年6月，在北京东城煤渣胡同路北，有一组建筑竣工，它就是专门为王公大臣子弟修习武备所建的军事学堂——陆军贵胄学堂。

新建宫殿式四面带廊的平房4进，内有讲堂3大间，每堂容学员40人，人各1桌。有宿舍4斋（仁、义、礼、智），每斋住学员30人，人各一室，每斋设斋长1人；每室设备有暖气、床帐、桌、椅、书橱、枪架、文具、被毯、四季衣帽靴鞋等；另设盥洗室，每人面盆、皂盒、毛巾、牙刷、牙膏各一份，每4人共用一冷热水管；饭堂一座，学员120人（与教职员同餐，每名学员备餐盒1个，教职员同）；其他如理发室（那时尚有发辫）、浴室、医务室、仪器室、武器室、号令室及教职员室。学堂西隅，另辟一院，房10余间，为王公讲习所（街门另开），是为外班，外班不拘人数，不限钟点。①

学堂的建筑风格为传统的中式建筑，宿舍名称的设置体现了对传统儒家文化的重视，提醒学生时刻谨记儒家修身标准，严格自律，而内设的配备条件，又吸收了西方文明的便利，这种中西结合的学习条件在当时是非常好的。同时，为表皇帝恩宠和凸显陆军贵胄学堂的重要地位，庆亲王奕劻等人恳请"天恩赏给御书匾额"②。

1909年，随着第二期学员行将入学，办学规模扩大，清朝政府又在北京

---

① 胡宝华：《陆军贵胄学堂观操纪实》，《文史资料存稿选编》（军事机构下），中国文史出版社2002年版，第216页。
② 军机处录副奏折，卷538号。

铁狮子胡同（今张自忠路）修建了一栋西式楼房作为校址，"规模异常宏大，费约二十万"①。该建筑由建设委员沈琪设计，并由中国营造厂施工，反映了20世纪初中国建筑师的设计水平和营造厂的施工水平。从前堂址改作贵胄法政学堂。据陆军贵胄学堂第二期学生韩世儒回忆：

> 陆军贵胄学堂第二期设立在北京铁狮子胡同东头特建的楼房内，东临东四北大街，西与陆军部为邻，北至府学胡同，南到嘎嘎胡同。全部为新建的两层楼房，成日字形。前面是堂本部、会议室、会客厅、职教员办公室、图书模型室等。两边的楼房为学生宿舍，东面楼下是第一队，楼上是第二队；西面楼下是第三队，楼上是第四队。后面楼上是四个课堂，下面是四个饭厅。日字形中间楼上是一个大课堂为集合讲课或讲话之用，楼下是第一、二两队的自习室。在后面西头一段楼上是第四队自习室，楼下是第三队自习室；东头一段楼上是模型室，楼下是官长饭厅。在楼房的两边各有平房一列，是厨房、洗脸室、理发室、库房、厕所、勤杂人员宿舍和暖气锅炉房等，在西北角另设洗澡间。在全部楼房的前面是操场，最南一部是体操劈刺场。
>
> 全部楼房之内，都有暖气设备，这在当时是不多见的。照明全部是用电灯。
>
> 课堂是每队一个，另有合班听课用的大课堂一座。所有课堂均是用木板制成阶梯形状，为剧场的式样，不妨碍后面人员的视线。每队的课堂共有五排，每排坐十二人，每二人为一路，不妨碍各人的出入。每人桌子一张，椅子一把。
>
> 学生宿舍是对面式的，中间是甬道。最前面的一段是队办公室和官长住室，最后设有饮茶室和军械室，中间是学生宿舍，每间住三人，每人备有木床一架、立柜一个、单人枪架一个。床的上面设有三面围栏，下面有两个抽屉。立柜分为上下两部，上部又分为两层，上层放置服装，下层放置杂具，并装有玻璃拉门两扇；下部放置靴鞋等物。军帽和毛巾挂在挂衣板上，其余如擦枪用具等放在床下抽屉内。

---

① 《京师近事》，《申报》1909年2月27日。

自习室每队一个，每人设有掀盖木箱式课桌一个，所有书籍文具均按规定位置和次序摆置，每次上课只携带应用的书籍文具，下课后仍放置于自习室内。应用的图书文具都由公家供给。

饭厅是每队一个，设置两行长桌，对面座每四人为一组，另设小桌一张为值星官的座位。

体操场内设有天桥、木马、铁杠等全份用具。最南端有库房一列，存放劈刺和体操用具。

全堂集合时没有大礼堂的设备，遇有典礼等在院内或大课堂举行。

由于设备比较完备，勤杂人员又多，因之在内务上是较为清洁整齐的。[①]

根据《奏定陆军贵胄学堂章程》规定，该学堂学制为五年。由于时局动荡，政府希望这届学员可以提早毕业为国效力，学员也因肄业年限过长请求改为三年，每日授课时限酌量增加，以符合五年的学习程度。[②] 鉴于此，陆军部把陆军贵胄学堂的学制缩短为三年。陆军贵胄学堂一共只招收了两届学员，第一届学员1909年毕业，第二届学员1910年入学，学习不满两年，辛亥革命爆发，随后学堂停办。

第一节　招考情况

一、第一届招生、考录情况

陆军贵胄学堂是一所专门为贵胄子弟学习现代军事科学而开设的学校，在入学资格上有非常严格的限制。1905年10月，练兵处、兵部订立《陆军贵

[①] 韩世儒：《清末陆军贵胄学堂第二期的回忆》，《湖北文史资料》1990年第3辑（总第32辑），第43—44页。
[②] 《教育志·贵胄学堂请改年限》，《申报》1907年8月30日。

胄学堂章程》，明确规定只招收"王公世爵①暨四品以上宗室、现任二品以上京外满汉文武大员之聪颖子弟"②。内外蒙古贵族子弟③可以附班肄业。根据章程，遴选的学员要"体质强健，文理通顺，并无暗疾嗜好，年岁在十八岁以上、二十五岁以下者为合格"。并要求在谕旨下达三个月内，"王公世爵用汉文，现任满员用旗文，汉员用咨，并开具简明履历，送呈练兵处注册，听候定期遴选"。"其王公世爵子弟中间，有文理不能及格而体质尚与军人格式相符，可酌量从宽录取，令其补习汉文一年，然后随班肄业。如资质过钝与全无补习汉文之望者，临时剔退。"④

从这些规定可以看出，报考陆军贵胄学堂需要符合以下几个条件：第一，家庭出身必须是"贵族"。"贵族"的范围既涉及了王公宗室世爵、满汉大员，也涉及了内外蒙古贵族子弟。为了确保所取学员的"贵族"身份，报名的人，宗室必须持有族长的印件证明，汉族子弟须有在京同乡官的印结。第二，有基本的文化知识，至少能够"文理通顺"，以适应学堂课程的学习。但对王公世爵子弟有优待，可以放宽补习一年。第三，体质强健，以便能够应对未来军事作战的需要。第四，有年龄的限制，"十八岁以上，二十五岁以下"。对于年长不合规定和有差务的王公世爵大员，"虽碍难入堂受学，而情殷尚武，志切从戎者"⑤，特别设立听讲班，让其定期入堂听讲。

---

① 1636年定宗室封爵为和硕亲王、多罗郡王、多罗贝勒、固山贝子、奉恩镇国公、奉恩辅国公、镇国将军、辅国将军、奉国将军凡九等。入关后，于辅国公之后增入八分镇国公和不入八分辅国公，奉国将军后增奉恩将军，遂成十二等宗室封爵定制。亦有宗室封爵十四等之说，即和硕亲王之后增亲王世子、多罗郡王之后增郡王长子。宗室爵除世袭罔替者外，俱照例以次递降，至奉恩将军不替。
世爵指世代承袭的爵位，后金（1620）列总兵等五等以封赏满洲、蒙古、汉军等八旗勋戚和功臣，后经过发展，于乾隆十六年（1751）确定为九等，公、侯、伯（以上为超品）、子（正一品）、男（正二品）、轻车都尉（正三品）、骑都尉（正四品）、云骑尉（正五品）、恩骑尉（正七品）。凡封爵，以云骑尉为准，加等、进位、袭次，皆以此积算。计次者，次尽，改恩骑尉。以罪革者，存其爵，由其子嗣承袭；若犯赃，则除其爵。乾隆四十九年（1784）后，准汉人与旗人一体授予。孙文良、董守义主编：《清史稿辞典》，山东教育出版社2008年版，第385页。
② 《奏定陆军贵胄学堂章程》，国家图书馆古籍馆藏。
③ 清代藩部有六等爵，即亲王、郡王、贝勒、贝子、镇国公、辅国公。此外，还有台吉、塔布囊。喀尔喀蒙古等在亲王以上还有汗爵。台吉、塔布囊爵同，土默特左翼旗及喀喇沁三旗曰塔布囊，其余部落皆曰台吉。昆冈等纂：《钦定大清会典事例》卷967—973，《理藩院·封爵》，光绪年间印本。
④ 《奏定陆军贵胄学堂章程》，国家图书馆古籍馆藏。
⑤ 总理练兵处档案，卷59号。

陆军贵胄学堂通令在全国招考，很多人踊跃报名，赴考者共七百余名。1906年4月28日至5月3日（光绪三十二年四月初五至初十日），学堂进行分班考试。当时的很多报纸，如《时报》《大公报》《申报》都对此事进行了持续关注。

第一个报名的满族人为巡警部侍郎、多罗贝勒毓朗①，他的这一行为得到了两宫的嘉许。第一个报名的汉族人为户部员外郎徐迪祥②，当时的报纸评论他身在浊世，"抑可谓有志之士矣"③。他的侄辈徐传元也报考了陆军贵胄学堂。

招考工作进行得非常认真，先进行体格检查，再进行文化知识测试。"每日早自八点钟点名后，先行试验目力、肺力、手力，继则身长、体重、腰宽，试验合格再由诊视处诊验脉象。事毕之后，发给凭单，持以领卷，试以作论一篇，算学一问，英、法、德、日四文翻译题各一道，限二小时交卷。"④从考查内容看，既注重身体素质，也注重文化知识。文化考试既考查传统的作文功底，也注重数学知识和外国语言，希望选出"文理通顺，体质强健"的人士。不过，各考生除了"作论"之外，答算学和翻译题的人寥寥无几。⑤初试被认为合格的人，又于1906年5月21日（光绪三十二年四月二十八日）参加复试。据媒体报道，"是日各学员于十点钟以前一律报到，十一点钟点名入场，试以洋文四问，算学二问（不能答者听），汉论一篇，限于一点钟一律缴卷，论题为将为兵之辅论"⑥。相较于初试而言，复试主要进行的是文化测试，汉论的论题有明显的军事色彩。通过复试录取了正额学员一百二十名，备取学员五十二名，并于1906年6月15日（光绪三十二年闰四月二十四日）举

---

① 毓朗（1864—1922），隶正蓝旗，清宗室，字月华。光绪十八年授鸿胪寺少卿。三十年擢光禄寺卿。次年授内阁学士兼礼部侍郎衔，同年授巡警部左侍郎。三十四年任专司训练禁卫军大臣。宣统元年授命负责管理军咨处，深受摄政王载沣信任。次年入值军机处。三年四月改任军咨大臣，同年十月离职。
② 《时报》中误记为徐惕祥，与《陆军贵胄学堂同学录》相印证，此人应为徐迪祥，是礼部尚书兼协办大学士徐郙的儿子。徐郙是同治元年状元，曾在南书房行走，先后担任过兵部汉右侍郎。后历任安徽学政、吏部左侍郎、都察院左都御史、礼部尚书兼协办大学士等职。参见孙文良、董守义主编《清史稿辞典》，山东教育出版社2008年版，第1542页。
③ 《〈时报〉记京师贵胄学堂》，朱有瓛主编：《中国近代学制史料》（第二辑下册），华东师范大学出版社1989年版，第810页。
④ 《贵胄学堂考试情形》，《大公报》1906年5月5日。
⑤ 《贵胄学堂考试情形》，《大公报》1906年5月5日。
⑥ 《贵胄学堂复试纪题》，《大公报》1906年5月25日。

行了开学典礼。

正取的一百二十名学员在开学后被分为三班,注重分层教学,"国文、科学俱优者作为甲班,科学稍次者作为乙班,国文稍逊未谙科学者作为丙班,以便按其程度分别授课"。① 后来为了"概泯甲乙丙字样,以免划分之限",把所定班次命名为中、东、西三班。②

最终进入贵胄学堂学习的人,大部分是满洲贵族,也有一小部分蒙古王公和汉族子弟,不管是听讲员还是正式学员,他们几乎都有显赫的家世背景,如光绪皇帝的弟弟、后任监国摄政王载沣,和硕恭亲王溥伟,军咨处大臣郡王衔多罗贝勒载涛,军咨处大臣多罗贝勒毓朗,蒙古科尔沁札萨克和硕博多勒噶台亲王阿穆尔灵圭。为数不多的汉族子弟家族也同样声名显赫,他们当中有翰林、大学士、进士的后裔,有巡抚、尚书等大臣子弟,如台湾第一任巡抚刘铭传的孙子刘朝望、曾担任过两江总督的沈葆桢的曾孙沈觐宸、清末著名外交官张德彝的儿子张荣骥。值得注意的是,在这届学员中有父子同时入学的,如宗室德祜在听讲班听讲,他的儿子长缜在学堂学习;有兄弟同时入学的,如完颜氏象贤和完颜氏立贤;有叔侄同时入学的,如徐迪祥和徐传元。③ 这些"天潢贵胄"就是一个个金字招牌,他们的加入不仅体现了贵胄学堂"父昭兄勉""振尚武之精神,储干城之材俊"④的招生理念,而且宣传了朝廷学习西方、振兴武备的精神,抬高了军人和军事学堂的地位。中国的士人由此看到了武职前途的美好愿景。

其实,早在载沣因为克林德事件赴德国道歉时,因看到德皇族之威势及近卫军之精良,便向德皇的胞弟亨利请教。亨利告诉他,"以德皇室制度,即亲如皇弟、皇子,无不自陆军学校毕业,以至身入联队当兵,由低级军官以至将领。因之皇族军事力量强大,教以皇室应以揽兵权、革新武备为第一要着"。⑤ 载沣深受此话震动,回来即向慈禧太后汇报,认为应该向德国学习,

---

① 《贵胄班次之区别》,《大公报》1906年5月31日。关于分班的方式,还有另一种说法,全堂学生分为三班,每班四十人,宗室为一班、满人为一班、汉人为一班。鉴于最后录取人员的比例差距,笔者更愿意采用正文的说法。
② 《贵胄分班之办法》,《大公报》1906年6月28日。
③ 《陆军贵胄学堂同学录》,北京大学图书馆藏。听讲员和学员具体情况可参见附录六。
④ 《奏定陆军贵胄学堂章程》,国家图书馆古籍馆藏。
⑤ 载涛:《禁卫军之建立与改编》,《文史资料选辑》(第三辑),中华书局1960年版,第111页。

贵胄亲习武备，陆军贵胄学堂的开课招生也是载沣这一思想的体现。载沣本人也入第一期王公听讲班听讲，当时他在军机大臣上学习行走，每天上午入值，下午仍按时认真听讲，记录笔记。即便担任摄政王后，载沣依然对贵胄学堂异常注意，经常询问陆军部尚书铁良"该堂近日一切情形，各学员程度若何，本年适合于毕业程度者若干人"。[1] 在此情况下，陆军部对学堂事宜也格外重视。铁良准备等学生毕业考试后，把试卷进呈给摄政王核实，以示郑重。

二、第二届招生、考录情况

贵胄学堂第二届学员 1910 年入学。在准备招录第二届学员之前，外界对于只招收"皇亲国戚"颇有微词。有人认为此行为体现了明显的贵贱之分，不利于振兴武备。也有人说，专门设立贵胄学堂，朝夕相处者都是贵族，他们不了解士兵的生活，不能做到跟士兵同甘共苦，对以后统领军队不利。还有某侍御建议取消贵胄学堂，改设陆军大学："贵胄学堂之设立，本为教育贵胄子弟，造就军事人材起见，方今时势艰难，薄海臣民皆宜服身疆场，执干戈以卫社稷，天潢贵胄受恩尤重，益宜舍身赴敌，以报国家。然朝廷一视同仁，贵贱悉皆臣仆，若有等差之见是存歧视之心，且各省陆军学堂殆已遍设，王公大臣尽可送子弟入堂肄业。……亦不将贵胄学堂改为陆军大学，无论贵胄平民一概录取，都中人才济济，不乏尚武之士，亦可就近投考，遂其报国之情。"[2]

鉴于时势危急，需要更广泛地培养人才，同时也有平息社会舆论的考量，第二届招生适当放宽了对学员身份资格的限制，并且连续十二天在《大公报》登广告，广而告之。广告正文如下：

> 本堂会同陆军部于本年正月十一日奏准第二班学生肄业章程，除备文发电京外各衙门将合格学生依限咨送外，准其自行投考一条，如有合格学生一时不及呈报本管衙门咨送，情愿自行投考者可开写简明履历一份，旗

---

[1]《注重贵胄学堂》，《大公报》1909 年 4 月 3 日。
[2]《拟请改建陆军大学》，《申报》1909 年 8 月 9 日。

人持图片，汉人持同乡京官印结，径赴本堂报名挂号，听候本堂示期考试。惟本堂定限以三月二十日为报考截止之期，所有投考诸生务于截止期前报名，以免贻误。至考试之期限于三月二十五日以后四月十一日以前，临时本堂门外张挂牌示，报考诸生可遵照示定考期来堂赴考。兹将学生资格列于左方。资格：王公世爵、闲散宗室、觉罗暨满汉有世爵者，京外满汉二品以上文武大员之子弟，年十六岁以上二十岁以下，文理通顺者，体质强健无嗜好暗疾者，如有高等小学以上程度者为优上合格。①

从这则招生广告可以看出，相较于第一届，第二届学生的招录有明显的不同。

第一，招生范围扩大，除原来要求的王公世爵外，还允许闲散宗室、觉罗投考，后还商议放宽招录二品以上文武大员子弟的范围，由原来的三代以内者可考取入学，推广为忠良后裔，五代以内皆可考取。②

第二，报名方式更加灵活，除符合条件的人依照期限由官府衙门统一报送外，还可自行报名投考。此次招生虽然在一定程度上放宽了身份的要求，但审查学员资格依然很严格。"陆军贵胄学堂对于学员资格调查颇严，日昨特行宣示云，查二品以上文武大员子弟皆得入堂一节，系指二品以上实官而言，加衔者与三品以下及升署未经补授者皆与奏章不合。至奏章但言子弟，其胞侄亲孙以及嫡亲各项虽未声明，然由弟而推之侄，由子而推之孙以及嫡亲曾孙，支系非疏尚可，据理准情从宽收考。此外，又有一二品荫生，虽非胞弟侄与亲孙曾，然推本朝廷锡类推恩之意，亦未便概屏勿考，其派远系疏，按诸贵胄名义未尽符合者，一概不准收考以示限制。"③对冒名顶替者严肃惩戒："皖省测绘学堂学生倪鸣皋前因陆军部电请皖抚考选大员后裔送赴陆军贵胄学堂肄业，该生即起意冒充某大员之子报名投考，旋被某道员侦知，即飞禀皖抚恳予扣留，不准与考，并请查究。中丞据报后即札行测绘学堂将该生严行

---

① 《陆军贵胄学堂广告》，《大公报》1910年3月23日。
② "贵胄学堂定章，学生均须二品以上大员子弟，在三代以内者方得考取入学，刻闻政府欲广为培植忠勋后裔，议将贵胄学堂大为推广，凡忠荩后裔五代以内皆准投考入学，现正在筹议中。"《京师近事》，《申报》1909年2月12日。
③ 《贵胄学堂慎查学员资格》，《大公报》1910年4月20日。

申斥,牌示开除,不准更名复充,以示惩儆。"①

第三,降低招生年龄,由第一期招生时要求"十八岁以上,二十五岁以下"降为"十六岁以上,二十岁以下";增加了高等小学以上文化程度优先原则,鼓励有一定文化基础的贵胄投考。

陆军贵胄学堂在刊登完招生告示之后,又连续三天通过《大公报》发布另一则布告,告之考试注意事项:"本学堂前经刊布广告招考学生并声明学生资格暨报名截止日期,今据各该生等陆续报名,日有多起,所有报考诸生自应俟截止日期后,静候本堂示期考试。惟诸生考试之日须各携带本人四寸半身像片一张,其像片背面须将该生程度深浅详细注明,如有曾在他项学堂肄业,应将肄业若干年暨所学程度若何,或虽未在学堂肄业,但在家延师授课或父兄庭训者,亦应将所学程度据实开列,此项像片俟考试之日当堂呈递,方准与考,诸生切勿自误。此布。"② 可见,在此次招生时学堂非常注重报考者的文化基础,也注重借助照片核实考生身份,以防冒名顶替。经由报纸等大众传媒刊登广告是当时商家售卖商品、工厂招工、学校招生很流行的手段,贵胄学堂通过连续不断地投放广告,宣传招生政策和投考方式,扩大了学堂的影响,使学堂的形象更加亲民,带着神秘面纱的陆军贵胄学堂遂被更多人了解和关注。

1910年5月,第二届投考学员进行初试,"考生一律用密封卷考试,如同科举考试一样认真"③,初步考查考生文理是否通顺。初试题为:"国文题:言志。算术题:战时每步兵带枪子一百六十粒,今步兵三万八千人,问共需子弹若干粒?"④ 几天后举行复试,"八点钟点名入场,九点半命题,限两小时缴卷,试以国文一艺,算术一问,其题如左。国文题:知耻近乎勇说。算术题:今有步队一协共六千名,用红船十五只渡江,每船每点钟能渡兵二百名,问若干点钟能以渡毕?"⑤ 从中可以看出,复试题比初试题程度要深,适应渐次选拔的要求。国文题的命题从言以咏志出发,考查考生的汉文表达能力和道

---

① 《皖省之假贵胄安庆》,《申报》1910年5月17日。
② 《陆军贵胄学堂广告》,《大公报》1910年4月10日、4月11日、4月12日。
③ 张绍程:《清末的陆军贵胄学堂》,《文史资料存稿选编》(军事机构下),中国文史出版社2002年版,第212页。
④ 《贵胄学堂考试文理》,《大公报》1910年5月28日。
⑤ 《贵胄学堂复试记题》,《大公报》1910年6月2日。

德志向。算术题的命题创设了跟军事作战有关的情境,考查考生的算学能力。虽然以今天的眼光看,算术题比较简单,但当时考生受教育程度参差不齐,此命题还是符合陆军贵胄学堂优先招录"高等小学以上"文化程度的需求。

第二节 机构设置与职掌

陆军贵胄学堂的总体事务由练兵处王大臣督理,"平日不到学堂来,遇有重要事故或举行典礼的场合才参加"[①]。日常学堂的总负责人为总办,负责经理学务,奖劝学生,管辖在堂人员。总办之下设监督和提调各一人。监督主要负责教学管理的相关事宜,"专司核定功课,考查学生及挂号请假等事,并教授功课以补教员之不足";提调主要负责日常后勤事务,"经理全堂庶务及约束夫役、修造购办等事",如果遇到款项比较多的事宜,需要估价开单禀明总办定夺。学堂内设立斋长六员,"择宗室及旗汉人员老成练达、明白教育派充,每员管学生二十名,除讲堂操场外,凡学生在自习室、斋舍及疾病、事故,并请假出门,皆由该员监察,随时呈报监督,如遇紧要事件,禀承监督办理"。之所以这样规定,是担心贵胄子弟不肯受汉人约束。学堂开学之后,又聘用了几名军官学校毕业的学生做斋长,相较于之前的人员,他们对军事知识和军事操法更加熟悉,担任此职务,也更符合近代军事的需要(具体名单见后文教员列表)。设文案一员,"专司往来文牍及会议时记录等事"。设收支委员一员,"专管出入账目及堂内人员薪公饷项,一切账目均须按月按年呈堂考核,不准有借支拖欠等事"。设支应司事二员,"专管购买物件,备办火食,并收发器具及操衣靴帽等件"。设司书兼刷印五名,"司书归文案管辖,专司抄录等事;刷印归监督管辖,掌誊写印刷之事"。延聘不同学科教员若干名,"专司教授功课,考查学生"。[②](见图1)

[①] 韩世儒:《清末陆军贵胄学堂第二期的回忆》,《湖北文史资料》1990年第3辑(总第32辑),第46页。
[②] 《奏定陆军贵胄学堂章程》,国家图书馆古籍馆藏。

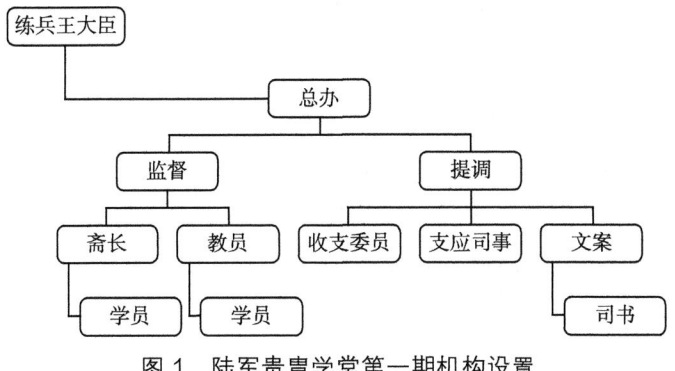

图 1　陆军贵胄学堂第一期机构设置

此外，为了保障正常的教学秩序，学堂还雇用了差弁三名、医兵四名、号兵二名，库弁、枪匠、印刷匠和夫役若干名。这样的建制跟同时期的其他军事学堂基本相同。以陆军速成学堂为例（见附录三），该学堂除设置了总办、监督、提调、教员、医官、收支委员、支应司事和司书外，还有很多职位与陆军贵胄学堂重叠。排官和学长的职责相当于贵胄学堂的斋长，书记官的职责相当于贵胄学堂的文案，只是比贵胄学堂多了马医官、管马委员、管库司事、管药司事。在学堂章程中还计划聘请外国武官充当兵学教员及翻译。

上述是陆军贵胄学堂第一期的机构设置状况，第二期时机构设置有一定的变化。（见图2）①

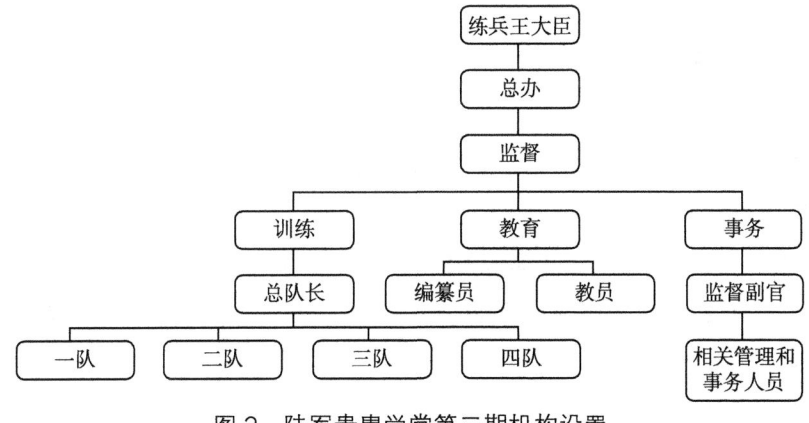

图 2　陆军贵胄学堂第二期机构设置

---

① 参考韩世儒《清末陆军贵胄学堂第二期的回忆》绘制，《湖北文史资料》1990年第3辑（总第32辑），第40页。

学堂依然由练兵王大臣督理，下设总办，负责全堂日常运转，总办之下设监督。监督之下分设训练、教育、事务三部分。训练部分设总队长一员，下辖学生的四个队，每队设队长一人，副队长一人，助教两人，负责管理、训练等事宜；教育部分设编纂员一人，教员若干人，负责普通学、军事学等一切学科的教授事宜；事务部分设监督副官一人，下设若干相关管理和事务人员，负责全堂庶务、经理、采购等事宜。

第三节　师资情况

培养贵胄子弟的尚武精神和军事才干，师资是极为重要的因素。陆军贵胄学堂颇受统治者重视，在教师的延聘上自然不会马虎。在学堂章程中明确规定："此堂关系綦重，在事各员必须熟谙学务、明悉时事、忠诚练达者方可派充。"① 《申报》也报道称，学堂"务须延聘优等教师认真指授，不可任染纨绔之习"②。

一、管理大臣

由于学员均系王公大员子弟，"非派名望素重之员总理不足以资"③。学堂前后有两位王大臣负责总体督理。

1906 年学堂初办时，总体事务由庆亲王奕劻督理。

1910 年 2 月，"庆亲王奕劻面奏职任繁重，难以兼顾，恳请开去管理陆军贵胄学堂之差"④。朝廷派贝勒载润会同陆军部管理学堂。

---

① 《奏定陆军贵胄学堂章程》，国家图书馆古籍馆藏。
② 《拟派庆王为贵胄学堂总理》，《申报》1905 年 8 月 23 日。
③ 《拟派庆王为贵胄学堂总理》，《申报》1905 年 8 月 23 日。
④ 《交旨》，《申报》1910 年 2 月 5 日。

载润上任后，强化陆军贵胄学堂的军事特色，认为学生们在堂学习同入伍从戎一样，奏请将贵胄学堂的职员官阶定为武职。其中管理大臣等同于都统，其余人员分别等同于协统、参领等，并按照武官爵章章程佩戴相应爵章。奕劻和载润均是满洲重臣，深得统治者信赖。清政府希冀经由他们督理学堂，能够有效地达到"振尚武之精神，储干城之材俊"①的目的。

二、总办

总办是学堂日常的负责人，先后有两任，分别是冯国璋和那晋。

冯国璋因在"北洋学堂口授指挥，颇著成效，曾蒙传旨嘉奖"②，而被认为"深谙武学"，成为陆军贵胄学堂第一任总办，加副都统衔。有学者认为这是袁世凯军事力量与威望增长的表现，"从贵胄学堂虽受满族亲王的监督，但主持人则是袁世凯原来的将佐之一的冯国璋将军的事实便表现出来"③。冯国璋在管理贵胄学堂时，曾因堂内安设暖气水管不能传热，引起学生哗然，而被铁良记过一次。④可见处事的艰难。虽然"诸来学者皆世爵懿亲，管理之难，过将弁学堂倍蓰"，但凭借出色的管理能力和学识，冯国璋最终使学堂学员"既服公之学，又爱公之诚，久之以师礼相将，无复有贵人状态矣"。⑤

除管理学堂外，冯国璋还为王公讲习所讲授军事学。据说他讲课"引古论今，上下数千年，总揽几万里，见解精到，深入浅出，赢得学堂内外的一致称许"⑥。后来冯国璋以"堂务难办……力辞差事"。清政府开始极力挽留，1909年9月，准其辞去差使，着派内阁大学士那晋⑦充学堂总办。⑧清政府对

---

① 《奏定陆军贵胄学堂章程》，国家图书馆古籍馆藏。
② 《要闻：冯都护督办贵胄学堂之原因》，《大公报》1906年1月17日。
③ [美]鲍威尔：《1895—1912年中国军事力量的兴起》，中国社会科学出版社1993年版，第164页。
④ 《何至哗然》，《大公报》1906年12月27日。
⑤ 张一麐：《冯国璋事状》，《近代稗海》（第五辑），四川人民出版社1985年版，第600页。张一麐在1917年8月至1918年10月担任冯国璋的秘书长，对冯难免有溢美之词，需要酌情考虑。
⑥ 张立真：《冯国璋真传》，辽宁古籍出版社1997年版，第98、100页。
⑦ 那晋，那桐胞弟。1908年，补授内阁学士兼礼部侍郎衔。1910年，任陆军部左侍郎。1911年6月，补授正白旗蒙古副都统。
⑧ 兵部—陆军部档案，卷693号。

冯国璋在陆军贵胄学堂总办任上的表现非常满意,赏给头品顶戴。①

笔者翻阅诸多文献,关于那晋的资料所获颇少,尤其在贵胄学堂总办任上的资料更是寥寥无几。辛亥革命爆发后,《申报》报道的一则消息与那晋有关,可作为了解此人担任学堂总办的一个侧面:

> 那晋本一龌龊不堪之人,前曾移家乡间,所有财物尽行被抢,而那晋常往来于京津之间,以为避祸之计。渠本清贵胄陆军学堂监督(笔者注:应为总办),前月因欲脱此职务,避居天津,遂邀同载润同时辞职。润以某班学生再迟一日即行毕业不允。渠无法,竟乘润未到堂之际告众学生曰:北京危在旦夕(笔者注:时武昌起义已经爆发,清政府的统治岌岌可危),你们还在此上学则甚?众学生闻监督之言,即纷纷散去,而那晋遂得往津而去。事后全堂大愤,润不得已,故近又召集学生照常上课矣。②

三、监督

按照章程要求,此职位应由"资深学粹、确有阅历之陆军学生中选派,专司核定功课,考查学生及挂号请假等事,并教授功课以补教员之不足"。处在此职位的人需同时具有教学能力和管理能力。先后有三人担任此职位:谭学衡、张绍曾和刘恩源。

谭学衡,毕业于广东水陆师学堂第一期驾驶班,后留学英国,回国后在北洋海军服役,担任过安徽武备学堂提调,因受满洲亲贵铁良赏识,调入京师任职。在监督任上,谭学衡勤勉努力,卸任后受到了清政府的嘉奖,赏给二品顶戴。③

张绍曾,肄业于保定军官学堂,后赴日本陆军士官学校第一期炮兵科学

---

① 《交旨》,《申报》1910年7月11日。
② 《呜呼可怜之京师》,《申报》1911年12月29日。
③ 《交旨》,《申报》1910年7月11日。

习，担任过北洋陆军第二镇炮兵标标统，直隶督练公所教练处总办。1910年，时任陆军部一等咨议官的张绍曾接任监督一职。较好的陆军学科教育背景和丰富的军队实践经验帮助他胜任该职位。通过言传身教，他的很多思想或主张影响到学堂学员。据贵胄学堂第二期学员回忆："宣统二年（1910）秋天，清廷在奉天省新民府举行检阅，张绍曾任检阅大臣兼总参议，所有检阅、调动、指挥、评奖等事宜，均由其全权办理。受检阅的部队计有曹锟率领的第三镇、陈宦率领的第二十镇和蓝天蔚的第二混成协。张绍曾在检阅事毕后，回到学堂，向学生作这次检阅实况报告。他在黑板上画了幅现场地图，向学生们讲述检阅详细节目，学生们很受启发。……当张绍曾向学生们作报告时，学生们发现他的辫子已经剪了，于是汉人学生纷纷仿效，也把辫子剪了。"① 这是张绍曾在学堂里的最后一次做集体讲话，1911年2月，他奉命调往陆军第二十镇担任统制，后赏陆军部副都统衔，监督一职改派在德国学习陆军的刘恩源担任。据说，在张离开时，各学生赠宝刀以作纪念。②

刘恩源，毕业于天津武备学堂，后赴德国留学。清末担任陆军部一等咨议官，陆军部参议。接任监督后，他的行事风格颇具争议，引发了一定程度的不满。据学员回忆："由于他对学生要求过高，德文考试出题难答。有一次考试，第一、二队学生均交了白卷，他就大发雷霆，公布通告，把这两队学生一律记了一次大过。"③ 仅因一次考试不合格就给两队学生记大过，一方面也许能反映出刘恩源"恨铁不成钢"的心情，但另一方面也能看出作为监督，他的做事风格过于主观、草率。

刘恩源的一些做法不仅引起了学生的不满，也影响了教员的工作。"有一次，他越俎代庖，并未与历史教员吴景濂商量，出了两道考试题，一题是问答题：'问何为正统、偏安、割据，自秦以下若干国，试言之。'另一题是议论题：'王安石变法论。'由于考题过深，学生程度不齐，回答不了，结果引得吴

---

① 张绍程：《清末的陆军贵胄学堂》，《文史资料存稿选编》（军事机构下），中国文史出版社2002年版，第214页。
② 《时评·其三》，《申报》1911年3月24日。
③ 张绍程：《清末的陆军贵胄学堂》，《文史资料存稿选编》（军事机构下），中国文史出版社2002年版，第215页。

景骙与刘恩源大闹意见。经此一气，吴就不干了。"①1911年7月，贵胄学堂发生的一件事情，因刘恩源处理不当，还引发了一场风潮。"监督副官王典型遇事专横……因事在校以手殴击国文教习聂某，全校大哗，监督刘恩源竟左袒王，谓军事取绝对服从主义，教习当绝对服从监督云云，全体教员闻之忿甚，均纷纷具禀那总办辞职。"②风潮过后，又有一件事情，让刘恩源登上了《申报》："陆军贵胄学堂学生尽贵介公子，大半文理不通，其无军学知识固不待言，至于军纪风化尤不堪问。前日该堂学生数人呆立于侧门外，适有军部某司员军装到署，该学生等见之竟不行礼，经某司员诘责，学生笑而不答，一哄便散。不谓该学生回堂之后，即面禀该堂监督刘恩源，谓某司员对于贵胄出言不逊，应请惩办。刘恩源原系天津武备学堂附设之铁路未毕业学生，本无军学知识，只因善于逢迎，猎得贵胄学堂监督一席。前次因教员冲突事与学生感情颇恶，遂欲借此见好于学生，竟函知军部请查明究办。然军部司员即系该堂学生上官，该学生不知行礼，而刘监督犹欲申请惩办，以奖成其犯上作乱之风，殊属无理取闹，未审军部将允其所请否。"③以目前的资料看，这件事情的结果不得而知，但至少可以看出贵胄学堂某些学生的军纪的确需要整顿，而作为监督的刘恩源非但没有整饬学风，反而推波助澜，着实让人唏嘘，难怪遭到时人诟病。

这三任监督都在中国的近代军事学堂学习后出国留学，教育背景、国外经历足以在学识上支撑他们承担起监督的职责。仅就目前掌握的资料看，相较于前两任监督比较认真的工作态度，刘恩源的表现的确不甚可观。

四、提调

此职位应由"通晓兵学教育人员选派"。参议厅一等咨议官李钟岳担任第

---

① 张绍程：《清末的陆军贵胄学堂》，《文史资料存稿选编》（军事机构下），中国文史出版社2002年版，第215页。
② 《陆军贵胄学堂之风潮》，《申报》1911年7月18日。
③ 《是为贵胄，是非学生》，《申报》1911年9月28日。

一期提调，陆军部一等检察官雷振镛担任第二期提调，"该员平日讲求军学，办事认真"。①1910年，雷振镛因病离职，就没有再设此职位，改为增设监督副官承担相关职责。贵胄学堂第一期斋长王典型担任此职务。1911年7月，贵胄学堂发生一起风潮跟他密切相关，当时报纸持续关注，现辑录如下：

> 陆军贵胄学堂监督副官王典型遇事专横，与该堂学生屡有龃龉，尝以细事一月内记学生过数十，总办不知也，管理大臣不知也，且该校向例凡学生记过请假诸事，皆须禀管理大臣行之，故学生已积不相容。昨复因事在校以手殴击国文教习聂某，全校大哗，监督刘恩源竟左袒王，谓军事取绝对服从主义，教习当绝对服从监督云云，全体教员闻之忿甚，均纷纷具禀那总办辞职。闻那甚不以王刘为然，且谓该二人行事悖谬，本总办早有所闻，日昨已在该校会议善后办法，其详容访明续录。②

> 本报闻，先是该学堂于本月初添野外演习功课，内堂功课向系一点一次，兹改数堂为一点半一次，通知各教习时行文不能了了，教员等仍照向章按一点下堂，监督副官王典型责问早下堂之原因，教员等遂以通知不明了对。某大怒以茶碗击教员聂某，聂为本堂学生所深佩服者也，遂全校大哗，各教员亦大起公愤，由全体禀明正监督刘恩源。刘恩源睡眼蒙眬，捻须若无事，然忽又大怒曰：汝等与我作对，我岂惧哉。聂某愤极转身而出，直奔王典型，用皮鞋击伤其面，教员等十余人遂连名向总办辞职，学生亦骚动不安，现尚未知如何办结也。③

> 本报兹闻该校于风潮既起后屡开会议，佥谓监督副官王典型任性妄为，实属不谙教务，若不严惩，何以慰各教师之心而平全堂学生之气。那总理甚题其议，已将该副官撤差，惟该副官究系陆军部人员，应如何处分之处，自应由陆军部办理，现正据情咨请陆军部核办，不识军部对于此案作何办理也。④

---

① 兵部—陆军部档案，卷693号。
② 《陆军贵胄学堂之风潮》，《申报》1911年7月18日。
③ 《陆军贵胄学堂风潮续志：敬以茶碗　还以皮鞋》，《申报》1911年7月21日。
④ 《陆军贵胄风潮其遂平乎》，《申报》1911年7月22日。

仅从以上报纸报道可以看出，王典型在担任监督副官期间，频繁给学生记过，引起学生不满，再加上行事粗暴，掌掴教员，激化了矛盾，被学堂开除。他离开学堂后，去了新军第二十镇，投奔贵胄学堂前监督、时任二十镇统制张绍曾。监督副官职务，由学堂第一期斋长，也是第二期第三队的副队长刘钟韡接任。

五、教员

教员是学堂教学任务的主要承担者，教员素质的好坏直接影响了学校的教学质量。《奏定陆军贵胄学堂章程》对教员的任务和遴选的条件有明确规定："教员专司教授功课，考查学生，普通学教员由优等师范学堂毕业生或有专门学业人员中选派，兵学教员暂时聘用外国品端学粹之员，正副医官由北洋军医学堂精通中西医学人员中选派，教员兼翻译由出洋毕业生中选派。"根据章程，计划延聘"普通学正副教员共六员、兵学教员三员（第三学期内临时聘请）、正医官一员、副医官二员、教员兼翻译三员、汉文正副教员各两员"。[①]

表 2-1　贵胄学堂聘用教员表[②]

职位	姓名	备注
普通学正教员	曹汝英	度支部学习郎中、广东水陆师学堂（海军）出身
普通学正教员	易乃谦	湖北陆军留学生
普通学正教员	应龙翔	湖北陆军留学生
普通学副教员	刘玉琦	曾任热河武备学堂监督
普通学副教员	林汝魁	附生、日本同文书院优等生
普通学副教员	刘元和	候选县丞，军学司教育科一等委员，第二期担任总队长，下辖四个队，负责管理训练等事

[①] 《奏定陆军贵胄学堂章程》，国家图书馆古籍馆藏。

[②] 参考的资料包括：兵部—陆军部档案，目录第 693 号；兵部—陆军部档案，卷 254 号、卷 259 号、卷 261 号、卷 266 号、卷 276 号；练兵处文案司职官档案，卷 68 号等。

续表

职位	姓名	备注
普通学副教员	刘鸿恩	候选县丞，军学司训练科二队一等委员
普通学副教员	丁锦	北洋将弁学堂毕业生
普通学副教员	田献章	武备学生候选训导
普通学副教员	项致中	担任驻德使署三等通译官后，所授功课由陆军小学堂德文教员何文华兼授
普通学副教员	赵俊清	
普通学副教员	米材栋	
汉文正教员	陈光宪	候选知县，军学司一等委员
汉文正教员	聂逢祺	举人，日本法政学堂毕业生
汉文正教员	柯劭忞	光绪十二年（1886）进士，担任贵州提学使后，其所授功课由陈光宪兼授
汉文正教员	姚舒密	光绪二十年（1894）进士
汉文正教员	贾恩绂	光绪十九年（1893）举人
德文教员	卫兴武	
兼德文教员	何文华	陆军小学堂教习，项致中赴德后兼任德文课教员
地理教员	王汝许	参加湖南舆地学会
历史教员	王金绶	候选中书科中书
政治教员	步其诰	内阁中书衔，丰润县教谕，日本法政大学毕业生
兵学教员	姚宝来	直隶督标补用千总，留学德国
体操教习	史金山	五品顶戴，北洋练官营毕业生、保定陆军学堂杂技教员
副医官	吴为雨	候选县丞，北洋医学堂教习
斋长	崇欢	位置后由王典型补
斋长	连玺	位置后由赵金成补
斋长	施祖荫	五品顶戴，县丞职衔，陆军副军校，第二期时担任二队队长
斋长	刘钟甫	五品顶戴，县丞职衔，陆军副军校，第二期时担任监督副官
斋长	魏其忠	陆军副军校，第二期时担任三队队长
斋长	双安	第二期时担任四队队长
斋长	王典型	五品顶戴，陆军副军校，第二期时担任监督副官
斋长	赵金成	陆军副军校，第二期时担任一队队长

可以看出，目前可考的在陆军贵胄学堂第一期担任教职的八位正教员、九位副教员，除两位缺乏相关资料外，都具有较好的学科背景和专业经验。其中有近代军事学堂学习背景的四位，有出国留学或任职背景的四位，军学司①委员三位，科举考试举人、进士出身的三位，既有出国留学背景，又是举人出身的一位。

具体来看，普通学正教员曹汝英，广东水陆师学堂出身，担任过江顺兵舰管带、广雅书院附设西学堂堂长，著有数学初学教材《直方大斋算草》，擅长教学，贝勒毓朗评价其"讲算学、英文皆精"②。普通学正教员易乃谦、应龙翔为湖北省陆军留学生。③普通学副教员刘玉琦曾任热河武备学堂监督。普通学副教员林汝魁为日本同文书院优等毕业生，由水陆师学堂管轮头班毕业后，先后充任梧州中西学堂、广东大学堂英文兼普通学教习，游学日本回国后充当安徽武备学堂东文兼理化教习，监督谭学衡保举他为学堂教员，认为"该员学业优长，于理化各学尤极娴习"④。普通学副教员丁锦曾任俟实学堂数学教员、保定军政司译书，后考入保定北洋将弁学堂，在校成绩突出。普通学副教员田献章为武备学生候选训导，后加入禁卫军，担任禁卫军第二协第四标标统，1910年随载涛赴日本、欧美等国考察军务，授中校军衔。普通学副教员项致中"于陆军学问素尚讲求"⑤，后被派驻德使署担任三等通译官。普通学副教员刘元和、刘鸿恩，汉文正教员陈光宪为军学司一等委员，对兵学教育有一定的研究。

汉文正教员聂逢祺是日本法政学堂毕业生，曾经充任官立学堂教习，"学问优长，热心教育"⑥。前文中提到监督副官王典型无理掌掴他，事情发生后学堂要求监督刘恩源迅速解决此事。在压力之下，刘恩源宴请聂逢祺和其他

---

① 陆军部军学司掌陆军各学堂教育及各项队伍操法、官兵学术教练程度各项事宜，以练兵处原设之军司所属训练、教育两科归并设立。参见上海商务印书馆编译所编著《大清光绪新法令》（第三册），上海商务印书馆1910年版，第15页。

② 毓盈：《述德笔记》，中国社会科学院近代史研究所近代史资料编辑部编：《近代史资料》（总79号），中国社会科学出版社1991年版，第115页。

③ 《贵胄学堂咨调陆军学生起程武昌》，《申报》1906年1月15日。

④ 练兵处文案司职官档案，卷68号。

⑤ 兵部—陆军部军学军医档案，卷259号。

⑥ 练兵处文案司职官档案，卷68号。

教员，并在席间向诸位教员道歉，后函请聂逢祺回堂任教，并派人把夏季考试的试卷送到住处，让其评定。聂逢祺把试卷封还，并说"受辱已极，无面目再回学堂任课"。学生们跟聂教员感情非常深厚，认为"聂教员平日功课最好，教授不遗余力"，要求学堂必须严惩王典型，礼聘聂逢祺回堂。① 至于最后聂逢祺是否继续留在学堂任教，报纸没有后续报道。

另外三位汉文正教员都接受过非常正统的四书五经教育，有很高的传统文化造诣。柯劭忞精通蒙古史、元史，光绪十二年进士，担任过湖南学政、国子监司业，并赴日本考察过教育。姚舒密，光绪二十年进士，担任过翰林院编修、监察御史。贾恩绂，光绪十九年举人，精通方志，受业于知名桐城派文人吴汝纶，先后在山东、保定等地书院讲学，治学严谨。

可以看出，陆军贵胄学堂在遴选教员时，恪守章程规定，能够唯材是用，所选教员基本能与本职要求相符。汉文教员文化底蕴深厚，可以传承中学之传统。其他学科聘请了大量从新学堂毕业或有留学背景的人，皆学有所长，可以教授各学科专业知识，通过言传身教把新学之风带到学堂，促使学员思维方式的转变。

除了在聘请之时严格把关外，陆军贵胄学堂平时也对教员进行考核，兵部—陆军部的档案中存有这样一份考查教员出勤情况的文件。

表2-2　陆军贵胄学堂光绪三十二年九月份考绩表②

职任	姓名	日数	分数
监督	谭学衡	请假无、出差无	20
提调	李钟岳	请假无、出差无	20
普通学正教员	曹汝英	请假无、出差无	20
普通学副教员	林汝魁	请假无、出差无	20
普通学副教员	项致中	请假无、出差三日	20
普通学副教员	刘鸿恩	请假无、出差无	20

① 《陆军贵胄学堂之风潮未已》，《申报》1911年7月26日。
② 兵部—陆军部档案，卷276号。

续表

职任	姓名	日数	分数
普通学副教员	刘元和	请假无、出差三日	20
普通学副教员	田献章	请假无、出差十日	20
普通学副教员	丁锦	病假二日、出差三日	18
副医官	吴为雨	请假无、出差无	20
汉文正教员	柯劭忞	病假四日、出差无	16
汉文正教员	陈光宪	请假无、出差无	20
体操教习	史金山	请假无、出差三日	20
斋长	施祖荫	请假无、出差三日、	20
斋长	双安	请假无、出差十三日	20
斋长	刘钟甫	请假无、出差三日、	20
斋长	崇欢	请假无、出差十三日	20
斋长	魏其忠	请假无、出差十三日	20
斋长	连玺	请假无、出差三日	20
文案	丁象晋	请假无、出差无	20
收支委员	张耀勋	请假无、出差无	20

附记：

一、此表为考学堂监督、委员、文案各员之成绩，每月底按分数等次填注，限次月初五日以内，由总办禀呈堂阅，以凭考核而资劝惩。

一、如奉公出差往返若干日，须摘由填注请假几日，亦须载明，不准隐讳，如两项皆无则各注一无字。

从上表可以看出，每个月教员的满分为二十分，公务出差不扣分，每请一天病假扣一分。根据规定："一分起点至四分极点为不列等，五分起点至九分极点为次等，十分起点至十四分极点为中等，十五分起点至十九分极点为上等，二十分为优等。""一年内得优等六次以上者，禀请记功；得上等六次以上者，禀请奖谕；连得次等三次者，禀请申饬；连得不列等三次者，禀请记过一年；统计六次不列等者，禀请撤差。"①学堂制定这样严格的规定是希望约束、督促教员恪守职责，可以真正起到传道、授业、解惑的作用。

在对教员严格管理的同时，陆军贵胄学堂教员的薪金待遇较之其他同类学校也是比较优厚的。

表 2-3　三所军事学堂教员薪金对比（单位：两）②

	陆军贵胄学堂	陆军小学堂	陆军第一中学堂
总办	400	200	300
监督	200	100	180
提调	150	70	100
普通学正教员	150	60—100	70—120
普通学副教员	100	50—70	60—100

除了优厚的薪金之外，据称陆军贵胄学堂还有"对被录用而无官者特赐予官位等的特典"③。

严格的管理、优厚的待遇体现出了当政者对陆军贵胄学堂的认可和期待，希冀培养出优秀的贵族军事人才。教员中的很多人能够凭借丰富的学识和认真的态度得到认可。陆军部在第一期学员行将毕业时就曾提议："所有本堂监督、教员、医官人等，均能克勤厥职，不无微劳足录，自应届期一并奏请奖叙。"④

教员队伍中也有一些鱼目混珠之辈，不能承担起教书育人的职责："贵胄学堂某教员虽曾留东学习法政，实于科学毫无经验，且声音甚低，学生听讲未能了了，日昨上堂学生反对均不应课，现已自行告退。"⑤有些人的行为

---

① 兵部—陆军部档案，卷 276 号。
② 《奏定陆军贵胄学堂章程》，国家图书馆古籍馆藏；来新夏主编：《中国近代史资料丛刊·北洋军阀》（一），上海人民出版社 1988 年版，第 520、647 页。
③ ［日］服部宇之吉著，张宗平、吕永和译：《清末北京志资料》，北京燕山出版社 1994 年版，第 202 页。
④ 《拟奖贵胄学堂官员》，《大公报》1909 年 5 月 12 日。
⑤ 《京师近事》，《申报》1910 年 4 月 25 日。

甚至沦为茶余饭后的笑谈："贵胄学堂历史教员某君纯为国粹先生也，而尤欲博新学之名，以邀虚誉，日前于上堂之时乃侈而言曰：历史者，与地理有密切关系也，诸生欲知历史之沿革，盍先研究地理之得失。于是舍历史而讲地理，演说既久，而于经纬线茫然不知其何横何纵也，诸生有问之者，则见该教员东扯西拉毫无定见，遂赧然下堂，各学员皆援为话柄，而学界又增一笑谈也。"① 还有教员在公共场合与优伶厮打，被世人笑话。这固然说明陆军贵胄学堂在延聘教员时，把关不严，致使一些沽名钓誉之人混入其中，但也从侧面反映了学堂的名望较盛，很多人都想混入其中，博取名利。这会使本已优越感极强的贵胄学生对教师的信服度降低，社会上对贵胄学堂的实际教学水平也经常发出质疑。

第四节　经费情况

　　陆军贵胄学堂是贵胄子弟研究军事学之地，在经费方面自然得到了政府的大力支持。所用款项全部由练兵处商同户部（后改为度支部）筹定拨发。经费分为额支和活支两项。额支是固定的经费，包括薪公饷项、伙食杂费等；活支包括聘用外国武官充兵学教员及翻译薪水、房租各经费、修理堂舍经费、添置图书仪器形模标本经费、购用格物理化消耗物品经费、换置操衣靴帽经费、购买外国兵学报经费、储备药品经费、添置器具经费、冬夏煤火凉棚经费。"额支、活支各款在确定预算数目后，由练兵处奏咨立案，由总办按季支领，遇闰照加。年终时，由总办督同提调、收支各员造具清册呈请练兵处奏咨核销。"② 学堂开办之初，《奏定陆军贵胄学堂章程》中对额支项目有一个初步预算，兹列如下：

---

① 《历史教员之笑谈》，《大公报》1906 年 7 月 18 日。
② 《奏定陆军贵胄学堂章程》，国家图书馆古籍馆藏。

表 2-4 《奏定陆军贵胄学堂章程》规定的预算常年额支项目[①]

项目	数量	每月每员支出额（单位：两）	每月总计支出额（单位：两）
总办薪公银	1	400	约 4135 两（原章[②]误写为 4087 两）
监督薪公银	1	200	
提调薪公银	1	150	
普通学正教员薪水银	3	150	
普通学副教员薪水银	3	100	
汉文正教员薪水银	2	120	
汉文副教员薪水银	2	80	
正医官薪水银	1	100	
副医官薪水银	2	60	
斋长薪水银	6	20	
文案薪水银	1	30	
收支委员薪水银	1	30	
支应司事薪水银	2	20	
司书兼刷印薪水银	5	12	
差弁饷银	3	8	
医兵饷银	4	4 两 5 钱	
号兵饷银	2	4 两 5 钱	
夫役饷银	40	3 两 6 钱	
学生伙食茶水银	120	8	
学生笔墨纸张灯油银	120	4	
杂费银		100	

由上表可知，贵胄学堂每月额支预算约为 4135 两，实际的额支开销是否增加，第一历史档案馆馆藏兵部档案提供了相关资料。

---

① 《奏定陆军贵胄学堂章程》，国家图书馆古籍馆藏。
② 原章指《奏定陆军贵胄学堂章程》。

表 2-5 光绪三十二年五、六、七月份陆军贵胄学堂动用额支各项银两清册 ①

	光绪三十二年五月	光绪三十二年六月	光绪三十二年七月
薪公薪水项	计 27 宗，共京平足银 1938 两正	计 26 宗，共京平足银 1968 两正	计 29 宗，共京平足银 2004 两正
饷项	计 60 宗，共京平足银 204 两 8 钱 9 分 3 厘 4 毫	计 55 宗，共京平足银 209 两 2 钱 8 分	计 55 宗，共京平足银 213 两 9 钱
伙食茶水	计 5 宗，共京平足银 852 两 8 钱 7 分 6 毫	计 7 宗，共京平足银 416 两 7 钱 5 分 4 厘 7 毫	计 5 宗，共京平足银 806 两 2 钱 9 分 1 厘 9 毫
杂费	计 14 宗，共京平足银 92 两 4 钱 7 分 1 厘	计 15 宗，共京平足银 161 两 8 钱 4 分 6 厘	计 9 宗，共京平足银 67 两 6 钱 2 分 9 厘
笔墨纸张油烛项	计 9 宗，共京平足银 592 两 5 钱 1 分 3 厘 5 毫	计 16 宗，共京平足银 80 两 7 钱 6 分 6 毫	计 12 宗，共京平足银 179 两 3 钱 2 分 5 厘 1 毫
统共用	3680 两 7 钱 4 分 8 厘 5 毫	2836 两 6 钱 4 分 1 厘 3 毫	3271 两 1 钱 4 分 6 厘

由以上两表比较可知，贵胄学堂开办之前政府对该学堂每月额支预算额为 4135 两，实际上光绪三十二年五月份额支项花费为 3680 两 7 钱 4 分 8 厘 5 毫，六月份为 2836 两 6 钱 4 分 1 厘 3 毫，七月份为 3271 两 1 钱 4 分 6 厘，每月平均约 3263 两，比预算额要略少，最主要的减少项为薪公薪水项。究其原因，学堂成立以来聘请的教师数量与章程的规定略有出入，支出薪水银也略有不同。如光绪三十二年七月，多了一个体操教员、三个副教员，少了两个正教员，支付给副教员的薪水银其中两个为 100 两，另一个为 50 两，而章程规定普通学副教员的薪水银为每月 100 两。光绪三十四年，各项支出开列更为详细。

---

① 兵部—陆军部档案，卷 261 号。

表2-6 陆军贵胄学堂光绪三十四年某月动用额支各项银两清册[①]

项目	数量	每月每员支出额	说明
总办薪公银	1	400两	
监督半薪银	1	100两	原章[②]全薪200两
提调半薪银	1	75两	原章全薪150两
普通学正教员薪水银	1	150两	原章拟聘普通学正教员3员,现只聘1员
普通学副教员薪津银	1	130两	较原章多30两
普通学副教员薪水银	3	100两	原章拟聘普通学副教员3员,现聘4员
德文教员薪水银	1	100两	原章无此职位
地理教员薪水银	1	50两	原章无此职位
副医官薪水银	1	60两	较原章少正医官1员,副医官1员
汉文正教员薪津银	2	120两	
汉文副教员薪水银	1	120两	原章拟聘汉文正副教员共4员,现只聘3员
体操教员薪津银	1	50两	原章无此职位
斋长薪津银	6	35两	每员较原章多15两
文案薪水银	1	30两	
收支委员薪水银	1	30两	
支应司事薪津银	1	25两	较原章多5两
支应司事薪水银	1	20两	
司书薪津银	3	14两	
司书薪津银	1	12两	
司书薪津银	1	10两	
司书薪水银	1	10两	
绘图生薪水银	1	10两4钱	原章无此职位
绘图生薪水银	1	6两	
差弁饷银	3	8两	
库弁饷银	1	12两	原章无此职位

---

① 兵部—陆军部档案,卷693号。笔者根据原档案,调整并增添了部分文字,以便读者理解。
② 原章指《奏定陆军贵胄学堂章程》。

续表

项目	数量	每月每员支出额	说明
医兵饷银	4	4两5钱	
号兵饷银	4	4两5钱	较原章多2名
枪匠饷银	1	10两	原章无此职位
印刷匠辛公银	1	8两	原章拟聘司书兼刷印共5名,现聘司书6名,刷印匠5名,较原章多6名
印刷匠辛公银	2	6两9钱	
印刷匠辛公银	2	5两7钱	
夫役饷银	50	3两6钱	较原章多10名
学员伙食茶水银	97	8两	原章拟招学生120人,现只招97人,每月支出少276两
学员笔墨纸张灯油银	97	4两	
杂费银		200两	原章规定为100两

该堂学员97员,教员12员,员司21员,弁夫68名,每月需银3840两(原章误记作3702两零),又每年夏冬两季操衣靴帽需银6200余两,冬季煤炭需银2000余两,夏季凉棚需银330余两,药品每年需洋400余元,奖励书籍需洋550余元。
根据原章计算每月额支4135两,现每月额支3840两,较原章少295两。

光绪三十四年某月的额支花费为3840两。跟章程的预算相比,实际额支略有减少。主要原因在于:第一,该月监督、提调支领半薪,普通学正教员、普通学副教员、汉文正教员、医官人数有变动,普通学副教员、汉文正教员、斋长、司事、司书支领薪水额有增加,这些变动导致薪公薪水银项总支出减少。第二,号兵、弁夫等数量增加,导致饷项支出增加。第三,光绪三十四年时实际学员数量为九十七名,比原章程所列一百二十名少二十三名,致使学员伙食茶水银、笔墨纸张灯油银两项支出减少。由于上述原因,陆军贵胄学堂的实际花费比预算要少,但也要高过同类的学校。可与陆军小学堂对比。

陆军小学堂光绪三十二年十二月份全堂员司薪水、学生膳费等项银两开单①

员司薪水项下：

总办一员：照支半薪，合银 100 两正

监督一员：月支全薪，合银 100 两正

提调一员：月支全薪，合银 70 两

国文、修身副教员各一员：每员月支 50 两，合银 100 两正

日文、法文兼格致算学副教员各一员：每员月支 70 两，合银 140 两正

德文、普通学副教员各一员：每员月支 50 两，合银 100 两正

历史、算学兼地理、格致助教员各一员：每员月支 40 两，合银 80 两

图画助教员一员：月支 30 两，合银 30 两

署兵学副教员一员：月支 25 两，合银 25 两

署医官兼卫生学教员一员：月支 30 两，合银 30 两

副学长三员：每员月支 20 两，合银 60 两

体操学长二员：每员月支 20 两，合银 40 两

文案一员：月支 40 两，合银 40 两

收支委员一员：月支 30 两，合银 30 两

庶务委员一员：月支 14 两，合银 14 两

支应、管库司事各一员：每员月支 24 两，合银 48 两

司书三名：每名月支 12 两，合银 36 两

共应领银 1043 两

弁役工食项下：

差弁二名：每名月支 8 两，合银 16 两

号兵二名：每名月支 4 两 5 钱，合银 9 两

夫役三十四名：每名月支 3 两，合银 102 两

---

① 兵部档案，卷 261 号。

共应领银127两

学生膳费津贴项下：

正额学生12月份火食：计118名，每名3两，合银354两

正额学生12月份衣履纸张笔墨杂费：计118名，每名2两，合银236两

正额学生12月份津贴：优等20名，每名1两2钱；上等81名，每名1两；中等15名，每名8钱；合银117两

共应领银707两

附学生不敷银两项下：

附学生本籍4名，除每名缴费3两抵消外，不敷2两；外籍12名，除每名缴半费2两抵消外，不敷3两，合银44两

共应领银44两

灯油杂费项下：

12月份灯油杂费，合银100两正

12月份阅报费，合银15两

共应领银115两

统计五宗共应领京平足银2036两

光绪三十二年十二月陆军小学堂全堂员司薪水、学生膳费等项银两一共用银2036两，以目前掌握的资料，比陆军贵胄学堂花费最少的月份光绪三十二年六月还少800两。其中小学堂的总办、监督、提调的工资仅为贵胄学堂的一半，教员的薪金和弁役的工食也都较贵胄学堂为低。学生的膳食花费项差距也非常明显。陆军小学堂每月每名学生伙食费、衣履纸张笔墨杂费共5两，而陆军贵胄学堂每月每名学生仅伙食费、笔墨杂费就10两左右，夏冬两季操衣靴帽费共约几千两再另行支取。另外，陆军贵胄学堂随堂的弁夫数量也较陆军小学堂为多。

陆军贵胄学堂学生都是王公世爵、宗室大臣子弟，平时所用已很奢侈。清政府又非常重视这一学堂的实绩，希望通过财政的大力支持，培养出具有现代军事知识的贵族人才，为巩固统治服务。这种"厚此薄彼"的做法引起

了其他学堂的不满，还闹出了不大不小的风波。据《申报》报道，1910年陆军小学堂学生因延期毕业差点闹出罢课风波，延期毕业的原因在于拟升学的陆军中学堂"建筑未竣"；而中学堂建设迟缓，又是因为度支部拨款不足。尤其听闻陆军贵胄学堂拨款迅速，导致学生怨气丛生："贵胄学堂请款六十万，度支部已慨然拨给，而陆军中学堂请款三十五万延宕不肯遽拨，致令建筑迟滞，虚掷该生等升学之光阴，该生等谓大部重视贵胄学堂而轻视陆军小学，故大为不平云。"[①]

第五节　课程和图书

陆军贵胄学堂的培养方案分为四个时期："习普通学三年为第一期；入军队历练专科两个月为第二期，习军事学一年半为第三期，入军队历练各科军官职责为第四期。"[②]这种既要学习普通学课程，也要学习军事学课程，还要入军队历练，且普通学课程所设年限最长（五年学制中的三年）的课程安排，反映了贵胄学堂的培养目标绝不是只会打斗的莽汉，而是具有综合文化素养、能够适应新时期作战需要的军事指挥人才。

一、课程设置

普通学课程和军事学课程设置情况如下。

---

① 《京师近事》，《申报》1910年11月28日。
② 《奏定陆军贵胄学堂章程》，国家图书馆古籍馆藏。

表 2-7 普通学课程表

课目\授课次数	伦理	汉文	中外历史	地舆	算学	外国文	格物	中外政治摘要	画图	兵学	操练	总计
第一期第一年													
每日授课次数	一次	一次或二次	一次	一次	一次或二次	随时酌定	一次	一次	一次	随时酌定	随时酌定	每日平均授课五次，即授课五点钟
每星期平均授课次数	一次	三次	三次	二次	四次	五次	二次	一次	四次	四次	四次	每星期平均授课三十次，即授课三十点钟
每年平均授课次数	四十次	一百次	八十次	八十次	一百次	二百零五次	四十次	六十次	四十次	一百六十次	一百六十次	每年平均授课一千零六十五次，即授课一千零六十五点钟
观览科目	观览工厂	观览各等文学堂	观览军队	随观秋操	附记： 一、每年三百六十日。本表所订授课日数除月考不计时日外，期考约十日，年终考约十日。皇太后、皇上万寿圣节，孔子诞日，冬至、端午、中秋各放假一日，计六日，暑假二十一日，年假二十一日，全年星期休学假共五十一日，观览科目概定日数三十日。统计为一百四十九日，在堂授课日数实得二百一十一日。 二、每日授课次数，每一次约一点钟计算，第一年每日平均授课五次，即每日平均授课五点钟。 三、训诫一门不列入课目之内，应由监督教员随时讲解。 四、闰年按照点次核加。 五、本表各课目授课次数可随时增减。								
时季	春季	夏季	秋季	冬季								
概定日数	约五日	约五日	约十日	约十日								

第一期第二年

课目＼授课次数	伦理	汉文	中外历史	地舆	算学	外国文	格物	中外政治摘要	画图	兵学	操练	总计
每日授课次数	一次	二次	一次	一次	一次	一次	一次	一次	一次	随时酌定	随时酌定	每日平均授课六次，即授课六点钟
每星期平均授课次数	二次	四次	三次	二次	四次	六次	一次	一次	一次	六次	六次	每星期平均授课三十六次，即授课三十六点钟
每年平均授课次数	六十次	一百五十次	六十次	六十次	一百六十次	二百四十次	五十次	六十八次	四十次	一百九十次	二百次	每年平均授课一千二百七十八次，即授课一千二百七十八点钟
观览科目	观览警务学堂	观览陆军各等学堂	观览军队	随观秋操	附记： 一、与第一年课程表第一条同。 二、每日授课次数，每一次约一点钟计算，第二年每日平均授课六次，即每日平均授课六点钟。 三、三四五与第一年课程表第三、第四、第五各条同。							
时季	春季	夏季	秋季	冬季								
概定日数	约五日	约五日	约十日	约十日								

第一期第三年

课目＼授课次数	伦理	汉文	中外历史	地舆	算学	外国文	格物	中外政治摘要	画图	兵学	操练	总计
每日授课次数	一次	二次	一次	一次	二次	二次	一次	一次	一次	随时酌定	随时酌定	每日平均授课七次，即授课七点钟

续表

课目\授课次数	第一期第三年									总计
	伦理	汉文	中外历史	地舆	算学	外国文	格物	中外政治摘要	画图	兵学	操练	
每星期平均授课次数	一次	四次	二次	三次	六次	八次	一次	一次	一次	七次	八次	每星期平均授课四十二次，即授课四十二点钟
每年平均授课次数	六十次	一百六十次	八十次	九十五次	一百五十次	二百五十次	六十次	七十五次	六十次	二百五十次	二百五十次	每年平均授课一千四百九十次，即授课一千四百九十点钟
观览科目	观览炮台	观览兵舰	随军旅行	随观大操	附记：一、与第一年课程表第一条同。二、每日授课次数，每一次约一点钟计算，第三年每日平均授课七次，即每日平均授课七点钟。三、三四五与第一年课程表第三、第四、第五各条同。								
时季	春季	夏季	秋季	冬季									
概定日数	约五日	约五日	约十日	约十日									

表 2-8 第一期教授课程表

学年\课目	第一年	第二年	第三年
一 伦理	讲授经传及中西先哲嘉言懿行之有益军人者	同第一年	同第一年
二 汉文	讲文、读文、作文，满文、蒙文随时酌定	同第一年	同第一年及军用文告
三 历史	本朝掌故、武功一类，东西各国历史概略	同第一年	同第一年
四 地舆	世界大势，本国山川形势、省界府界	本国要塞、航路、商埠、电线、铁路、户口、物产、历代沿革大略	亚欧美各国山川形势、航路、铁道、电线并其各属地

续表

学年\课目	第一年	第二年	第三年
五 算学	整数、小数、分数，各项加减乘除，几何初步	比例、开方、代数、平面几何	代数、三角八线、各体形
六 外国文 日、德之一	拼音、习字、单字、单语、文法	文法、会话、作文、读书、互译	同第二年
七 格物	动物、植物、生理卫生	同第一年及声、光、电磁学	无机化学、地质矿物
八 画图	画图器具用法、各种图号、比例尺	作画成图、缩放成图、仪器用法	实地测绘、形相画法

表 2-9 第一期训练课程表

学年\课目	一、训诫	二、兵学	三、操练
第一年	本堂规则、军人职分、军纪、军礼	讲授练兵上谕、军制大要、军队内务摘要、步兵操法	军人操练、实操军礼、空手体操、成排步操
第二年	军人志操、军人威仪	补习第一年课、陆军各学堂编制大概、野操要务摘要、射击教范摘要	器械、体操、步枪用法、成队步操、练习打靶、练习口令
第三年	同上	补习第二年课、陆军刑法及惩罚令摘要、红十字会条约大意	补习第二年课、各式体操、卫兵勤务、步兵工程击刺法、估量距离

表 2-10　第三期军事学课程概定表

授课次数＼课目	战术	军制	军器	工程	地形	马学	卫生	外国文	操练	总计	春季测图	秋季测图	战术旅行	总计
全期授课次数约计	二百次	五十次	一百五十次	一百五十次	七十次	三十五次	三十五次	二百五十次	三百次	一千二百四十次	二十一日	二十一日	二十一日	六十三日
附记	一、本表功课次数系按一年半五百四十日厘定，内除三次期考共三十日，年终考十日，毕业大考准备十五日，大考十五日，暑假二十一日，年假二十一日；皇太后、皇上万寿圣节，孔子诞日，冬至，端午两次，中秋一次，共七日；全期星期休学假七十八日，测图、战术旅行共六十三日；总计为二百六十日，实得二百八十日为授课日数。 二、各兵科典令教范不另定钟次，随时由监督酌量讲授。 三、本表概定钟次可随时增减修改。 四、每星期所授各课目次数统由总办临时先期核定。													

表 2-11　第三期军事学课程表

学期＼课目	前期	中期	后期
一 战术	战术大义、各种队应用战术、各种队联合战术、战术沿革史	行军、驻军、警戒、侦查、战斗各要法、区地战术、近世战史、兵棋	补习中期功课、军食军服刍秣之储备
二 军制	本国军制沿革、军用文牍、平时战时编制之异同	各国海陆军编制、各国征兵志略、各国补充法	各国军需大概、各国动员筹策
三 军器	军器大义、新旧军械比较、军用化学、军械制造大概	弹药制造大概、弹药性质、枪炮弹各种飞路、随械各件	补习中期功课，各种军器保存要义
四 工程	军事工程大义、各沟垒筑造法	要塞工程大义、因地防御工程、桥梁道路工程	各项破坏法
五 地形	地形大义、各种队便利地形	大军应用地形、各种急用测绘法	补习中期功课

续表

学期 课目	前期	中期	后期
六 马学	马体各部名目、马体各部构结原理	刍秣、厩牧、蹄铁、调驭大要，马病识别大要	马种改良大要
七 卫生	平时卫生、战时卫生	抬床、包扎法大概	平时战时病院规则大概
八 外国文	文法、作文、读陆军书、外国陆军用各名目名词	同前期及外国兵学报	同中期
前、中两期各约二十星期，后期约十星期。			

表 2-12　第三期教练课程表

课目 学期	一、步兵科	二、马兵科	三、炮兵科
前中两期	单人教练、成排教练、成队教练、练习打靶、服务大要、成营教练、野外演习、标协教练、军刀用法、手枪用法	徒步单人教练、徒步排教练、练习打靶、服务大要、乘马单人教练、乘马成排教练、乘马队营教练、野外演习	徒步教练、用炮法、乘马教练、演习打靶、服务大要、成队教练、成营教练、野外演习、手枪用法
后期	乘马法、用炮法	辎重兵科教练大要、用炮法	工兵科教练大要

从普通学课程设置来看，第一，贵胄学堂的学生既要学习文化课程，也要进行军事类训练，这种把学校教授科目和训练科目同步进行的教学方法，明显体现出其军事教育特色，在提高学生文化素质的同时，培养学生的军人精神和军事素养。

第二，各科目跟军事教育关系紧密，教员讲授时如能深揽课义、相互参照，学生必能获益良多。伦理课注重精神教育，从传统经传、中西先哲嘉言入手，讲解微言大义，培养"修身、齐家、治国、平天下"的旨趣，增强学生保家卫国的责任感。汉文是学习很多课目的基础，汉文不通，很多课目无从学习。汉文所授之读文、作文等，对军事作战和军队中的文牍往来意义颇大。还有满文、蒙文等课程，适应了满蒙学员学习的需要。历史、地舆两科，通过对圣贤豪杰、志士仁人的功绩，本国幅员辽阔、山川物美，外国历史、各国地舆等知识的学习，增强爱国爱家的责任感，与伦理课有相同之义，更可以明确时局，了解时势。外国文一科开设德文和日文。德国和日本在当时被认为是军事水平非常高的国家，清政府希望学员学习这两门语言，有助于他们研习两国军事学的精髓，"以备将来派生出洋游学不致有所隔阂"[1]。据在校学生回忆："第一和第二队的外语是德文，第三和第四队的外语是日文。"[2] 算学、格物、图画三科与军事关系非常密切，算术的基本运算、几何的图形概念、图画的构图方法对于行军绘图、军事演习等都是颇有助益的，而格物中的生理卫生、地质矿物等知识对于军事卫生、军事勘探等意义重大。

普通学科目中，外国文、兵学和操练的授课时长略多，可以看出学堂对军事训练和外国文的重视。兵学、操练科目为军事类教育基础课程，通过学习，学生可以了解政府练兵的指导思想、军事技术基础等内容，为下一阶段军事学课程的开展打下理论基础。而外国文可能是学生基础最薄弱的课目，更需要勤加学习，以便学生更好地掌握。随着学年的增长，每日授课次数增加，由第一年每日平均授课五次，渐次增加到第三年每日平均授课七次，符合循序渐进的学习规律。

第三，在教学过程中，学生还要参观工厂、各等文学堂、军队、警务学堂、陆军各等学堂、兵舰、炮台，随观秋操和随军旅行。这些活动被搭配在每年的教学过程中，分别为五到十日不等。这样的安排可以增加直观体验，开阔视野，增长见识，有助于学生把课堂所学和参观所感结合起来，为下一期军队历练专科和军事学教育的展开打下基础。

从军事学课程设置看，分为前、中、后三期，由简至繁、循序渐进地学习战术、中外军制、军器等直接与军事相关的知识。在课程安排上，继续把学校教授和训练科目相结合，在第二期军队历练专科的基础上，有针对性地

---

[1]《贵胄学堂分班授课》,《武备杂志》1906 年 7 月第 20 期。
[2] 张绍程:《清末的陆军贵胄学堂》,《文史资料存稿选编》(军事机构下), 中国文史出版社 2002 年版, 第 213 页。

进行步兵、马兵、炮兵分科训练，培养学生的军事素养和军事作战能力。

听讲班课程分为必习科、随意科两种。在普通学期内，以中外历史、中外政治摘要、兵学三项课目为必习科；在军事学期内，以战术、军制、地形三项课目为必习科。其余各项课目为随意科，随意科随便择习，必习科须按课听受。[①] 陆军贵胄学堂第一期入听讲班的有三十四位王公听讲员，很多学员地位显赫，载洵、载涛、毓朗等更是王公贵族中的实力派人物。他们处在政坛中央和军事、政治变革的关键位置。让这些人入堂听讲，学习武备和现代军事知识，体现了清政府培养推动军事改革、忠于朝廷的"统领之才"的愿望。

陆军贵胄学堂是培养现代军事指挥人才的学校，对军事的理解和认识自然不能仅局限于纸上谈兵，在当时的情况下，观览秋操和战术旅行为学生提供了一个相对近距离接触"战场"的机会。

秋季会操是中国的军事传统。甲午战后，袁世凯、张之洞等建立的新军，每到秋季也会联合数省军队进行军事训练，意在校阅和演练，著名的有彰德秋操、太湖秋操等。

陆军贵胄学堂成立后，包括观览秋操在内，进行了若干次观览科目。"开学当年秋季，冯总办率领全堂学员赴保定参观陆军第一镇军队野外演习及场操阅兵式，并试验黄色炸药，又参观陆军速成学堂幼年学堂教学规模；第二年夏又率全堂学员赴南苑参观陆军第六镇军队教练演习及内务等；第三年秋又率全堂学员赴安徽省太湖县参观陆军秋操大演习一次。"[②] 随着学堂学习的深入，学员们在随观秋操时，经历了一个由"看热闹"到逐渐"看出些门道"的转变。

陆军贵胄学堂第一期学生回忆了第一次去保定军事旅行的情况：

> 参观了该处京旗常备军一师（练兵大员凤山统领）和第三镇一师（统制段祺瑞）、第二镇一师（统制马龙标）、第六镇一师（统制赵国贤）共六万余人的野外演习。演习阵地在保定东关外大清河一带，利用此处良好地形，分东、西两军，作对抗演习，所有各军编制内的步、马、炮、

[①] 总理练兵处档案，卷59号。
[②] 成全：《我的自述》，北京市政协文史资料委员会编：《辛亥革命后的北京满族》，北京出版社2002年版，第98页。成全是陆军贵胄学堂第一期学生。

工、辎和机关枪连、汽球连、担架队等一律参加。西军总指挥凤山、东军总指挥段祺瑞；西军参谋长马龙标，东军参谋长赵国贤。此外尚有日本教官服部宇之吉和铎贺忠良等，分别为两军评判员（二人均着中国军装，外观和中国军官一样，但有时他们垂在脑后的假发辫，歪在一边，为滑稽可笑耳）。演习时，两军炮火齐鸣，反复冲击，最后短兵相接，喊杀连天，倒也有趣。惟天不作美，因雪后地滑，京旗军中一步兵，冲锋滑倒，腰间弹药皮盒，硌及要害，伤重死亡，不免为之减色。

凤山军长给余等演试无烟炸药的威力，用方寸大小的一块无烟火药，捆在一棵十围大树上，远处电门一开，轰然一声，树干立断。观操后又参观营房和防御工事的各式沟垒战壕等。①

通观这次军事旅行的回忆，给这位学生留下很深印象的是外国军官的假发辫、有趣的短兵相接和无烟炸药的威力，这一切都是新鲜的。对于以后的军事学习，他们也许有了更多的期待。至于双方的军事布局如何、作战策略是否正确等相对专业的东西，学员几乎没有关注。

1908 年，经过了两年的学堂学习和军事训练，第一期学员在总办冯国璋的带领下赴太湖参观南洋秋操大演习，学生对这次秋操的印象是这样的：

其规模大于保定秋操数倍，但南北两军的兵额，反少一倍。在演习当中，南北两军不足的兵种，则以假设队代之（以一个军旗代表一队）。在中国，这样大规模的新军秋操，尚属创举，一切战地部署都还幼稚，兼之潜山、太湖两县山地较多，亦不宜使用庞大兵员，尤其陆炮和骑兵，演习时无用武之地，不似保定地势平坦，对兵额可以任意伸缩也。

南、北两军对抗演习，采取太湖县迤南两山之间，当中一大片水田。北山一带，为取守势的北军阵地；南山一带，为取攻势的南军大本营。双方实际总兵力三万人，假设兵额两万人。开始演习初步作战时，南军在南山上，用山炮向北军阵地若断若续地试行轰击（南北两山距离三千米）。

---

① 胡宝华：《陆军贵胄学堂观操纪实》，《文史资料存稿选编》（军事机构下），中国文史出版社 2002 年版，第 216—217 页。作者系贵胄学堂第一期学生。

北军则平息静待，暂不还击。余等全班学员，均在北山观操，渐渐发现南山山麓前方，有无数黑点，在那里蠢动，乃在炮火掩护下之步兵也。黑点逐渐放大，看出向北移动，在大片水田边缘处，已显露散兵线形状。于是，位在余等身旁之北军炮兵，亦开始向南还击。因炮位近在咫尺，耳为震聋。那时新军尚无自动管退炮，而是死板板的炮架，每放一发，炮位一动，即把原定的瞄准目标失去，须另行瞄准，方能开放，延误时机，影响战情很大。南军步兵散兵线，成一大弧形，全线一齐向北进扑，逾行逾速。俟距北军一千米左右，始一齐开火，同时跑步前来。惟水田虽已收割，余水尚留田间，南军步兵涉水猛攻，不能在水上卧倒，设真战者，必吃大亏。此刻北军全线隐蔽在防御工事后，俟南军步兵散兵线，进入步枪射程以内时，亦即还击。但南军攻势甚猛，在阳光照耀下，忽见其全线白光一闪，知是已下"上刺刀"冲锋号令。依战术原理，北军在如此千钧一发的紧张当儿，应以机枪向南军左右两翼的侧面扫射，使敌受创后，以刹其势，随即北军全线出壕一齐反守为攻，方能有利。无奈北军机关枪连，向敌侧面甫以开火，枪机即发生障碍不响，而且十分之七八都是坏枪，有拉不开枪栓的，有弹壳出不来的，急得士兵们有用脚踹枪柄的，也有拿石块砸的。总之两连机枪噤若寒蝉，偶响一两声即又停止。这给南军以极大的空子，南军更形有利，已占绝对优势。而北军机枪手只得一齐卧倒，伏在地上，仍用机枪作出开火的姿势，以空枪向敌瞄准，"意到枪不到"矣。当时余等在旁，大感爱莫能助，替他们着急。

最使人汗颜的，有许多外国观操武官，看见我们机关枪连的窘状，有的向卧倒瞄准的士兵们说"完啦""完啦"，有的耸肩缩背地看士兵们用石块砸枪说"坏啦""坏啦"，还有幸灾乐祸的相互讪笑，使站在旁边的余等，羞得无地自容。①

通过回忆者对演习细节的形象描述，我们仿佛看到了南北两军对峙的战场。这次观览对已经有两年军事学习经验的学生来说，不再是有趣好玩

---

① 胡宝华：《陆军贵胄学堂观操纪实》，《文史资料存稿选编》（军事机构下），中国文史出版社2002年版，第217—218页。

了。战斗打响之前,他们已经看到了战地部署的问题和地势、地形对排兵布阵的影响。"潜山、太湖两县山地较多,亦不宜使用庞大兵员,尤其陆炮和骑兵,演习时无用武之地,不似保定地势平坦,对兵额可以任意伸缩也。"战斗打响之后,可以从军事作战的角度进行观摩,例如学员注意到双方的战术队形"呈散兵线",以及武器的配备及反映出的问题:"(当时新军)无自动管退炮……延误时机"。另外,他们还注意到地形环境对战斗的影响:"余水尚留田间……不能在水上卧倒,设真战者,必吃大亏";注意到战术口令"上刺刀";注意到战斗中的战术原理"北军应该以机枪扫射"等。看来陆军贵胄学堂的教授和训练课程还是颇有成效的。

从课目难度看,陆军贵胄学堂所授课程主要是按照保定陆军学堂课程酌情增减,但军事学训练科目,普通学的算学、外国文、画图等科的难度与陆军小学堂几乎一致。

表2-13　陆军小学堂课程表①

课目	学年	第一年	第二年	第三年
教授课目	一 修身学	讲授四书及先哲嘉言懿行宜于军人者	选授《春秋左传》及先哲嘉言懿行宜于军人者	同第二年
	二 国文	读散体文、作散体文、习楷书	同第一年	同第二年,略示军用文格式
	三 外国文（日英俄德法之一）	拼音、习字、单字、默书、问答、文法	同第一年	文法、国文、外国文互译
	四 历史	历代统系及兴衰大要	同第一年,国朝掌故	各国兴衰大要
	五 地理	地理大要、本国疆域、山川形势、户口、风俗、物产	亚洲各国山川形势、人种风俗、物产大概	欧美非澳各洲山川、人种、物产大概

---

① 上海商务印书馆编译所编著:《大清光绪新法令》(第十四册),上海商务印书馆1910年版,第16—17页。

续表

课目\学年		第一年	第二年	第三年
教授课目	六 算学	整数、分数、小数、各项加减乘除、开方及解浅近算题法	比例、平面几何、代数加减乘除、开方及一次式	平三角、八线、对数、代数多次式
	七 格致	物理大要、生物大要	动物生理、卫生大要	植物生理、地质大要
	八 图画	学用器具、军图记号、练习手法	比例尺、仿画成图、缩放成图	实地测绘、形相画法
训练课目	一 训诫	军人职分、军纪、军礼		
	二 操练	空手体操、步操初级		
	三 兵学	本堂规则、军纪、军礼、海陆军官制、军服、军队内务大要	军队内务大要、步枪理法	本国军制
游泳法于暑假时练习、辨号音于第二三年抽暇听习				

训练课目上，都有学堂规则、军纪、军礼、军人职责、空手体操等内容；算学上，基本都学习整数、小数、比例、开方等内容；外语都从基本的拼音、习字、语法学起；而图画课目基本围绕器具用法、缩放成图、实地测绘等内容展开。这种难度的设置符合受教育者的实际程度，因为王公贵胄们之前应该很少接触此类科目，相当于从零开始，需由易入难，循序推进。当时杂志评论："贵胄学堂自开办以来，课程颇为完善，且近来各学生益加勤勉……步武齐整，颇有尚武精神云。"[1]后来贵胄学堂的学制由五年缩短为三年，各科目的授课钟点也有所调整，但整体办学思路和教育模式还是跟之前所定的章程一样。

不知是否与缩短学习时长有关，原本章程规定"入军队历练专科两个月为第二期，入军队历练各科军官职责为第四期"，这两期相加历练时长为半

---

[1] 《贵胄学堂之进步》，《武备杂志》1906年10月第23期。

年，可最后却改为历练一周。历练时长的大幅度缩水，引起了舆论的不满，认为这是徇私情的做法。这种情形下毕业的陆军学生，是不合格的毕业生，将来进入军界、政界，也难堪大用："毕业后之程度，既不合出洋之选，而今以不耐劳苦之故，缩短见习时间至一星期，自非天纵，其获益几何？以恒情言之，程度之卑劣若此，躯干之不耐劳又若此，直可谓无任事之资格。然某窃料此项毕业生，履行此短期见习后，陆军部必有以位置之，其势力较大者，则陆军部将与之抗衡，或竟甘愿出乎其下，非革新时，彼固常占优胜也。革新以后，彼乃假学堂之毕业，陆军之见习，以自表见而掺用人柄者，亦乐得假此，以文其瞻徇之私，而实则无往而非瞻徇也。然而国事，则固大不可问，日日言救亡，而速其亡者，乃不料有此秘术，某盖不知涕泪之何从矣。"①

二、图书、仪器

学堂要发展，学员要进步，购置图书仪器必不可少，陆军贵胄学堂对此也十分重视。仅 1906 年 11 月 16 日至 1907 年 1 月，该学堂暨讲习所购用各种功课图书等件计 21 宗，共用京平足银 354 两 3 钱 1 分 4 厘。陆军贵胄学堂自 1906 年开办至 1909 年 8 月 29 日存储的图书器具清册，可以大体勾画出这一时期所配置图书和仪器的图景。②

图书项下

近世万国地图一份、东三省铁路图一份、中外方舆全图五份、大清现势图二份、广东省全图一份、暗射清国图一份、暗射世界图二份、世界大地图一份、东亚三地图一份、天下最新图一份、中外方舆图一份、坤舆全图一份、读史地图一份、大地球仪一份、细京图一份、美哥路约翰非布路安尼多支及士拖墨一份、最新日本地理教科书一份、中学日本历史教科书二份、普通教育植物教科书一份、中学国语补习读本一份、近世生理学教

---

① 《论贵胄毕业生赴陆军见习事》，《盛京时报》1909 年 9 月 24 日。
② 兵部—陆军部档案，卷 261 号。

科书一份、近世动物学教科书一份、自修用西式临画帖三份、中学习字教科书三册、新编汉（文）教科书四份、几何小学教科书一份（平面）、近世化学教科书一份、新选植物教科书一份、普通教育动物教科书一份、正读古文辞类纂二十四套、天下郡国利病书六套、中学汉文读本一份、中等日本历史一份、敕谕读法注解一份、新选外国地理一份、初等小学地理一份、改正世界地理一份、曾文正公家书一部、地理教科书一份、中等矿物学一份、高等西洋史一份、中等伦理学一份、世界地理志一份、续行水金鉴十套、府厅州县志一版、续经世文编八套、年羹尧兵书四套、满汉名臣传十二套、咸丰东华录六套、中学国语八份、日本文典三份、英语读本七份、英习字帖六份、中英文典一份、西洋历史一份、代数之部二份、算术之部一份、中学唱歌一份、少年唱歌四份、步兵操典一份、外务要令一份、中等地理一份、地理全志一份、五经备旨一部、帝国英文三本、通鉴辑览八套、行水金鉴四套，先正史略两板、登坛必究六套、瀛寰志略一套、大清通礼二套、廿一史律十二套、采芳随笔二板、八旗族谱四套、开国方略二套、文献详节一套、经世文编六套、海国图志四套、李氏五种二套、武林掌故二十套、钦定七经十三板、十朝圣训四十套、马氏绎史六套、古文渊鉴四套、法规大全三部、大清统志一部、新数学一份、武备志十套、大清律四套、圣武记一大套、东华录二十四套、皇舆西域图志一部、长江图说一部、大学堂讲义一部、大清疆域分图一份、西洋历史地图一份、西洋历史附图一份、十八省分图一份、五大洲分图一份、改正体操一份、满洲全图一份、胡一统图一份、博物图谱一份、中学校数学教科书一份、中西地理合璧表一份、代数积拾级详草一份、高等理科教科书一份、皇清政治问答一份、左氏文法教科一份、普通理化问答一份、笔算数学详草一份、形学备旨详草一份、形学备旨全草一份、小学国文读本一份、郡国方舆合刻一部、图学教科书二份、高等铅笔画一份、毛笔新习画一份、最近支那史一份、统合教授法一份、高等中国史一份、学校管理术一份、法制教科书一份、新编植物学一份、新编动物学一份、新编矿物学一份、普通新数学一份、物理学算法一份、小学新笔算一份、大代数详草一份、普通体操法一份、家庭卫生书一份、高等毛笔画一份、理财学讲义一份、中等地理志一份、普通新代数一份、书学规则一份、智识读本一份、掌故读本一份、蒙（学）东洋史一份、蒙（学）西洋史一份、蒙（学）中国史一份、历代史略一份、生理学粹一份、生理卫生一份、高等卫生一份、物理问答一份、周礼政要一份、高等理科一份、理科教授一份、群学肄言一份、疫病卫生一份、蒙学读本一份、蒙学文法一份、高等地理一份、文武缙绅一部、四书备旨一部、最新动物学一份

仪器项下

分为十类：物性学类（8种），力学类（28种），水学类（23种），热学类（24种），气学类（22种），电学类（84种），磁石类（11种），声学类（18种），光学类（30种），标本类（涉及人体、化、矿、建、装饰、合金、陶、漆等）

图书项涵盖中外，涉及门类广泛，包罗了地理、历史、生物、化学、数学、物理、伦理、兵学、外文等学科。

地图类。世界地图包括《近世万国地图》《五大洲分图》，中国地图包括《大清现势图》《大清疆域分图》，国内分区地图包括《十八省分图》《广东省全图》《东三省铁路图》，历史地图包括《读史地图》《西洋历史地图》等。地图学与军事学的关系非常密切，这些地图一方面可以作为地舆、中外历史等学科课程重要的参阅资料，帮助学员更好地了解地形地貌、中外大势；另一方面，外国列强在中国横行霸道，损害中国主权，学堂购置相应的国内某区域地图，帮助学生进一步在空间上关注国内局势，为日后可能的军事行动打下知识的基础。

军事著作类。陆军贵胄学堂的主要目标是培养优秀的贵族军事人才，在藏书中此类图书必不可少。如明代末期重要的军事著作《登坛必究》《武备志》，清代年羹尧的《年羹尧兵书》、魏源编写的军事史著作《圣武记》以及与步兵训练密切相关的《步兵操典》。这些书中既有中国古代作战兵法、阵法、作战案例，也有近代的军事训练方法，同时还有从军事方面对历史大势的思考，可以为课程学习中的相关科目做补充，开阔视野，提高学员的军事

技能和军事素养。

传统典籍类。此类图书包括《钦定七经》《周礼政要》等经典，也有反映山川、水利、风俗的著作，如反映西域风情的《皇舆西域图志》，介绍植物分布、种类等的《采芳随笔》，记载水利资料、反映河道变迁等的《行水金鉴》和《续行水金鉴》，还有体现经世思想的著作，如魏源编写的《海国图志》、徐继畬编写的《瀛寰志略》等。这些图书的配置，一方面说明陆军贵胄学堂很注重对学生品行和"忠君尊孔"思想的培养；另一方面，也希望学生开阔眼界，从不同的视角了解祖国和世界的风貌，经世致用。

历史、外语及现代科学类。此类图书包含的数量和种类非常多，涉及历史、地理、生物、化学、外语、体育、卫生、社会学、数学、美术、矿物学等多门学科，如《中等日本历史》《中西地理合璧表》《生理学粹》《新编动物学》《近世化学教科书》《帝国英文》《改正体操》《疫病卫生》《群学肄言》《普通新代数》《形学备旨全草》《毛笔新习画》《新编矿物学》《理财学讲义》等。这些图书是对所学课程的进一步拓展，对提升学生综合能力有重要作用。

把这个书单跟学部审定的初等小学、高等小学和中学的暂用书目表[1]相对照，可以发现陆军贵胄学堂的书目与中、小学书目表中的书目都有部分重合。可见，学堂在采购图书时，考虑到了学员文化程度的差异，配置不同程度的书籍，便于因材施教。以国文书籍为例，学堂购买了《蒙学读本》《蒙学文法》《小学国文读本》《中学国语》《中学汉文读本》《古文渊鉴》《通鉴辑览》等适合不同程度学生的图书。

此外，学堂还配备了声光化电门类齐全的仪器，满足了格致课目的学业要求。这可以提高学生的学习兴趣，锻炼动手能力，也有利于科学观念的培养。学堂还设立阅报室一区，"所备报纸甚为完全，每日两膳后，准令各生入室亲览，以期诸学员晓畅时事，并拟添购德文报一二种，借为各员研究之用"。[2] 鼓励学生阅览报纸，也有助于学生综合素质的提升。

---

[1] 上海商务印书馆编译所编著：《大清光绪新法令》（第十三册），上海商务印书馆1910年版，第78—79、83—92页。

[2] 《贵胄学堂设立阅报室》，《大公报》1906年8月17日。

第六节　堂内生活掠影

一、武人拜文圣

根据《奏定陆军贵胄学堂章程》规定，在堂内设厅一所，每年的元旦、开学、放学、皇太后生日、皇上生日、孔子诞辰日，由总办带领各员生到厅内行礼，以明尊君、尊师之义。据第二期学生回忆："宣统三年上半年，溥仪在他的皇宫里启蒙上学，举行拜师、拜孔圣人典礼。学堂当局竟也在学堂设了孔夫子的牌位，由管理大臣载润头戴红顶花翎，身穿朝服，率领全体教员及学生行三跪九叩大礼，并有赞礼官襄赞成礼。学生们没有官阶品位，不能穿朝服，只好穿着军衣陪着行跪拜礼。"[①]这种仪式不是陆军贵胄学堂独有，而是当时所有中国政府管理的学堂必须进行的一项仪式。1909年，学部颁布《学部奏增订各学堂管理通则折》，要求所有学部管辖的学堂在"皇太后万寿圣节，皇上万寿圣节，至圣先师孔子诞日……堂中各员率学生整齐衣冠，诣万岁牌前或至圣位前肃立，行三跪九叩。礼毕，各员西向立，学生向各员行三揖，礼散。如是日设有祝会，由各员或学生恭致祝词，宣讲尊崇孔教、爱戴大清国之义。"[②]这种仪式是对学生进行忠君爱国教育的普遍形式，清廷希冀以此强化为国为君效力的理念。

---

① 张绍程：《清末的陆军贵胄学堂》，《文史资料存稿选编》（军事机构下），中国文史出版社2002年，第214页。
② 上海商务印书馆编译所编著：《大清宣统新法令》（第十五册），上海商务印书馆1910—1911年版，第27页。

二、注重品行教育

学校在课程安排上有专门的训诫课目,虽然并没有排入课表,但规定由监督、教员随时讲解,内容包括"本堂规则、军人职分、军纪、军礼、军人志操、军人威仪等"①。在学堂正式开学之前的一次演礼之后,总办冯国璋登台演说,"于品行一事极力发挥,除演说军礼外,特于束身自爱四字三致意焉"。②学员最后的成绩除包括功课分数、技术分数外,还包括品格分数。前两个分数是承考各员历次所定,考法分为三种,一为问答,二为笔述并作文,三为操作问答,评其口述笔述,评其试卷操作,评其演习。而品格分数为监督同各教员、斋长平时所定,每届期考、年终考③必合临场及平日各项分数一并核算,以定高下。对于学业优异、品行端正、束身自好、屏绝浮嚣者记大功。

虽然学堂这么注重品格分数,但是平常违反堂规的事情也时常出现。根据堂规规定:"学生到堂后,应归堂内各员管辖,在讲堂、操场听教员教授,在自习室斋舍听斋长监察,在饭厅随同食各员出入。学生均应住堂,每遇星期准其回府回宅一日,此外不得率行请假,惟兼有差事者临时察看情形酌量办理。"④可是,"总办冯国璋对待学生一以服从为主义,学生之与总办言事者,无不口呼华甫华甫(即冯国璋之别字也),而冯则不论所言何事,但见其点头弯臂嘴呼者者是而已,然而身亦不知不觉向后退移,若属员之见上司也者"。"夫总办如是,则为监学者可知,教习更无论矣,而他日之结果尚复可言耶?"⑤有野史记载:"总办教习,皆为学生之奴隶,呼往喝来,惟命是听。学生每日到堂,须有教习遣人往请,有请至四五次,至午刻始莅止者。抵堂即索午餐,餐毕扬长而去,并不上课,亦有偶而兴至入讲堂高唱京调一出者,

---

① 《奏定陆军贵胄学堂章程》,国家图书馆古籍馆藏。
② 《贵胄学堂注重品行》,《大公报》1906年6月7日。
③ 期考:暑假前由监督历试所学功课;年终考:年假前由总办历试所学功课。
④ 《贵胄学堂章程》,《政艺通报》乙巳第22号,第四年。
⑤ 《贵胄学堂之调查》,《大公报》1906年6月23日。

故时人拟之为安乐园云。"① 这些材料都反映出品行教育并没有改变学堂内部的贵族、官僚习气。

三、锦衣玉食

贵胄学堂学生的服装由国家统一供给定制。冬装是呢制的，分外出服和常服两种。"外出服是用灰色细呢制成，上衣翻领四个暗兜五个扣子，扣子是鼓起的黄铜制成，上有龙一条；裤子为散腿式，左右各有红色牙缝一道；帽子是平顶式，帽墙为红色，帽绊是全金色，帽章为菊花式，中间有一贵字；肩章是满肩横式，全金色无星；鞋是黄色皮鞋。另外有双排铜扣色同细呢大衣一件。"这种量身定制的外出制服非常华丽，很多士兵见到身着该制服者都行敬礼，这是因为这种样式和禁卫军准将级相同，只是没有星，表示有等无级。为此禁卫军大臣载涛曾向学堂建议修改外出服样式，以免错认，后"在帽墙上加了一道杏黄色带子，在肩章上加上一个蓝色的斜井字，以便有所区别"。"常服为草绿色粗呢制成，式样与外出服相同。夏季服装是用草绿色卡其制成，每年每人两套，其中一套为外出服，在最热时期外出时，另有白色卡其服装一套，并有白色帽罩一个。在体操、劈刺和作业时，另有蓝色工作服一套，并有软帽一顶。"②除了服装之外，国家还提供鞋袜、内衣、洗漱用品、白色被褥单等。被褥枕头由自己准备，不过需要按照学堂规定的尺码和料子制作，一般用当时新出产的"爱国布"。书籍、笔墨纸张等也由国家提供，而且材料均为上等。

每间学生房中都有自来水管、暖气和照明设备，照明全部都用电灯，这在当时是不多见的。膳食也极其丰厚精美。据当年的学员回忆："每日三餐伙食，由国家每人每月供给八两银子，按照当时物价，伙食是上等的。为了讲求卫生，菜肴分食，每人一份，两荤两素一汤，除燕窝鱼翅外，其余鸡、鸭、鱼、肉，每天轮换花样。"三餐之外，学堂内部还有商店供学员消费："因为学

---

① 《清朝野史大观》（卷二），上海书店1981年版，第33页。
② 韩世儒：《清末陆军贵胄学堂第二期的回忆》，《湖北文史资料》1990年第3辑（总第32辑），第45页。

生不能外出,另外在学堂里开设一个小卖部。小卖部是经总办特许的商人来承办的,一般要用一笔可观的运动费才能得到。学堂的大厨房也是这样由商人承包的。当时上层的统治者崇尚欧美生活,服食器用,均以洋货为贵。因此小卖部的货物,一律是进口货,各色各样泊来的糖果罐头俱全。香烟均是英国的高级香烟,每支还带有一个薄竹管烟嘴,装潢非常雅致。其他文化用品,多半是德国和英法等国的产品。风尚一时的德国口琴,满族学生几乎每人一个。小卖部还兼营小吃,各种下酒的凉菜,佐以西洋名酒,如法国白兰地、香槟酒,英国的威士忌,意大利的葡萄酒,德国的黑色啤酒。如此,这个小食店就成了京城有名的酒吧间,其热闹程度不亚于东交民巷附近的酒吧间。满族学生下课后一拥而进,征逐润食。小卖部的商人,为了多赚钱,除收现款外,又采取记账方式,每星期或每月结算一次。因此一般满族学生每星期花用百十元或二三百元,并不感觉得多。"学堂内部的消费还能体现出满汉之别。据学员回忆:"有一次,我到办公室找庶务樊玉书办事,见樊独自一人在品尝十二元一支的吕宋烟。我说:'你一月能有多少薪金,怎么吸这样名贵的烟?'樊说:'这是总办招待客人剩下的烟酒。'所有这些享受,汉人学生是望尘莫及,只好退避三舍。"[①]根据学堂条规第九条,各员生不得在堂内饮酒、宴会,并不得私相馈遗。看来此条规形同虚设。因此,有大臣对学堂内部的奢靡之风极为不满,甚至建议将贵胄学堂撤销:"此两项学堂(陆军贵胄学堂和贵胄法政学堂)显分阶级,糜费巨款,殊属不合。拟即奏请裁撤,所有各贵胄子弟应按照程度、年龄分配于各相当学堂肄业,其原设陆军贵胄学堂即请改为中央陆军大学,以便化除阶级而节糜费等情。"[②]

四、学耶?混耶?

毓朗为贵胄学堂第一期王公听讲班学员,据他的弟弟回忆:当时毓朗担

---

① 张绍程:《清末的陆军贵胄学堂》,《文史资料存稿选编》(军事机构下),中国文史出版社2002年版,第213—214页。
② 《某枢臣对贵胄学堂之异议》,《大公报》1909年12月16日。

任巡警部侍郎，在海淀公所办公，中午在煤渣胡同陆军贵胄学堂上课，上完课立刻赶回海淀；第二天一早与同僚商议内城警务事宜，吃完饭后回城，直接赶往学堂听讲，晚上才回缸瓦市府邸。别人问他：你何必这么辛苦？毓朗答："余之嗜学，惯性也，乐此故不疲也。"又问：学这些东西有什么用？回答称："学即是用，更何求其用也？"在不需要赶回海淀办公的时候，放学后毓朗会在教室继续学习。① 另外，载沣的学习态度也很认真。可见，在陆军贵胄学堂中，的确有一些贵族学员按时上课，认真听讲，记录笔记，但也不乏混迹其中之人。

据《清稗类钞》记载："京师有贵胄学堂之设，凡王公及一二品大员之子侄，均得肄业，而以八旗子弟为多。习于骄贵，不问课程，及讲堂授课，虽亦就座，然或互相谈谑，或大声唱戏，教员之讲授自讲授，学生之谈唱自谈唱也。一日，历史教员某授课，学生谈唱自若。教员无奈，低声曰：'诸君亦闻之乎？'学生若不闻，再三言之，始有某贝勒之子问曰：'君何言？'教员又言之。贝勒之子作厌恶声曰：'既讲矣，已毕乃事，何必问吾辈之闻不闻乎？'教员默然。"② 顺天刘某为贵胄学堂的庶务员，有朋友评价其学堂学生："贵堂学生叫嚣凌杂，绝无秩序，有类市井小人。而供给学生之肴馔，既精且盛，为值至昂，每餐需银数两，其胃纳甚健，食器辄罄。是贵堂学生之所贵者，脾胃而已。"③ 此类关于贵胄学堂学生劣迹的记录还有很多。《申报》曾报道学生沉迷赌博："京中各学堂自年假以来，强半竞尚赌博、麻雀、牌九，色色俱全，通宵达旦，毫无顾忌，其兴致以陆军各学堂为最豪，其输赢以贵胄学堂为最。"④ 在后人的回忆录中，也详细记载了一些满族学员的劣行："有些满族学生在吃遍厨子做的各式各样菜肴后，还要闹事，故意在吃饱了以后，捉一个苍蝇放在菜里，大哗起来，报告学堂主管人，于是把厨子拉来打屁股，引为笑乐。还有一些满族学生为了换新皮鞋，故意把脚上的皮鞋，在石台阶上

---

① 毓盈：《述德笔记》，中国社会科学院近代史研究所近代史资料编辑部编：《近代史资料》（总79号），中国社会科学出版社1991年版，第115页。
② 徐珂：《清稗类钞》，中华书局1984年版，第1663页。
③ 徐珂：《清稗类钞》，中华书局1984年版，第1663页。
④ 《京师近事》，《申报》1911年4月19日。

来回磨擦，磨坏了，便要求换新的。"① 可见，许多学堂学生并不看重知识的学习，而仅将这段经历视为日常的消遣而已。他们之所以入学，或者是受政府命令，或者是为了镀金，丝毫谈不上为国效力的宏伟目标。这与清政府的期望是完全不符的。

第七节　毕业生出路

宣统元年，陆军贵胄学堂第一期学生毕业，发给文凭，并在摄政王载沣的提议下刊刻同学录。"每员皆有小像一幅，王公讲习班人员皆便服，余皆军装。"②"王公听讲班以到堂日期之多少定名次之高下"③，其余毕业学员由清政府依照规程安排出路。

一、清政府拟派出国留学

庚子事变后不久，清廷就有遴选八旗子弟赴各国留学以广见闻的想法。1904 年清廷发布上谕："所有近支王公至奉恩将军，所届二十一岁以上三十岁以下，有愿出洋游学者，着报宗人府会奏，听候点派。"④1907 年 9 月，决意选派近支王公子弟出洋留学，派定人员确定之后要先入贵胄学堂听讲，由学堂总办考查其学识、品行，三个月后再做定夺。⑤1907 年 12 月，奕劻等人奏请选派贵胄出洋游学，认为此举"以振教育，而固本根"，提出"我国设立贵胄

---

① 张绍程：《清末的陆军贵胄学堂》，《文史资料存稿选编》（军事机构下），中国文史出版社 2002 年版，第 214 页。
② 《京师近事》，《申报》1909 年 6 月 20 日。
③ 《京师近事》，《申报》1909 年 6 月 24 日。
④ 军机处录副奏折，文教类，胶片 2593 号。
⑤ 《皇族留学之预备》，《大公报》1907 年 9 月 22 日。

学堂于贵胄就学之事已有端倪，然仅习陆军一门，且见阅只囿于本国，所学终隘而不广。近怵时局，远揽成规，亲贵子弟出洋游学之举诚不可缓"。① 并制订了《贵胄游学章程》十二条。章程明确规定由国家出资选派王公子弟及贵胄学堂高才生游学英、美、德三国，学习政法和陆军。② 学期三年，由出使大臣监督游学生的品行和学业，同时选派通洋文者充当译员，精通汉文者充当经史教员③，以便游学生既能适应国外生活，又不忘中学之根本。

为此，贵胄学堂管理大臣奕劻饬令"将各项课程量为增加，并将各国洋文切实讲求，以备明春考试合格，分送英美德等国留学政法、陆军"。④ 皇帝也召见奕劻等人面谕："学员宜严加约束，不可稍有贵族习气……为保持社稷人民，计不宜自甘暴弃或染留学恶习。"⑤ 1908年，陆军部决定了选派办法，"由贵胄学堂中、东、西三班学员中考取十员，再由听讲王公子弟中考取十员，以符二十额之数"。⑥ 据称有意向留学者有六十多人，但因经费紧张，不能悉数前往。后又有人提出待贵胄学堂学生毕业后再进行选派。1909年，外务部与陆军部商定："贵胄学堂学员毕业后，择其程度最优、西文娴熟、中文素有根柢者，选取二十员，派令出洋留学海陆军。"⑦ 但在考列上等的贵胄学堂学员成全写的回忆文章⑧里并没有关于留学生涯的介绍，笔者也没有找到贵胄学堂学生在外国学习的相关资料，无法确定此次游学最终是否成行。但从设想到实施办法的出台，反映了清朝统治阶级"振国民之教育""固皇室之本

---

① 军机处录副奏折，卷537号。
② 当时认为"德国陆军甲于环球，英美两国政治法律极臻美备，既派贵胄游学，自以分往英、美、德三国为宜"。见《贵胄游学章程》，军机处录副奏折，卷537号。
③ 军机处录副奏折，卷537号。
④ 《贵胄学员出洋之预备》，《大公报》1907年12月12日。
⑤ 《面谕约束贵族学员》，《大公报》1907年12月15日。
⑥ 《贵胄出洋之办法》，《大公报》1908年1月26日。
⑦ 《贵胄学员出洋之准备》，《大公报》1909年6月8日。
⑧ 成全对贵胄学堂毕业后的生活有这样的回忆："宣统元年考试完毕，谭监督率全堂学员到保定陆军第三镇见习一次。九月陆军部带领引见，余得授大门二等侍卫，并交禁军训练大臣酌量委用，十二月派充名誉队官，到南苑步队第一标第一营前队学习教练。宣统二年五月令余兼充第三标一营右队第一排长，实行教练新兵；十月升充步队第四标副官。步四标统带官系田献章（原贵胄学堂教练官），教练官林调元（德国留学）。"参见北京市政协文史资料委员会编《辛亥革命后的北京满族》，北京出版社2002年版，第98页。

根"①的努力，亦可从中观察新政中的政治文化。

二、毕业生多从事文职

根据《陆军贵胄学堂学生毕业出身暂行章程》，"该堂事当创始，肄业各生职官较多，所有毕业出身自不得不略示优异，以广登进而励将来"。②基于此原则，该章程规定：

> 陆军贵胄学堂毕业学生发镇见习后，考试平均分数在十五分以上者列为上等，十一分以上者列为中等。
>
> 原有世爵世职各员，考列上等者由臣部（陆军部）带领引见听候录用；中等者按其品级官阶由臣部开单奏请，赏给相当之陆军官衔。
>
> 原有各项官阶各员考列上等者，无论实缺候补均以应升之阶尽先升用补用；中等者实缺人员给予应升之缺，记名候补人员以原官尽先酌补。
>
> 无官阶考生考列上等者，以副军校补用，中等者以协军校补用。其不愿就军官或体质与军官不合者，准该生呈明核准后，应由臣部带领引见，照荫生例分别内用外用，恭候钦定。考列上等者内用以主事分部学习，外用以通判分省候补；中等者内用以七品笔帖式、小京官分别分部学习，外用以知县分部铨选。
>
> 原有荫生尚未经引见授职各生，考列上等者按原荫授官加一级补用，中等者以原荫所授官阶尽先补用。

学堂第一期共毕业九十七名学生，其中考列上等者七十名，考列中等者二十七名。毕业分配时除依照考列等第外，还依照世爵世职、有官阶、无官阶和荫生四类标准进行考量，采取"应升尽升，应补尽先补"原则，几乎所有人在原有职位基础上都可有优待。在就文职还是就军职上，听从学生自己

---

① 军机处录副奏折，卷537号。
② 《陆军贵胄学堂学生毕业出身暂行章程》，《东方杂志》第五年第六期，光绪三十四年六月二十五日。

的态度，结果"愿就军职者十之有四，愿就文职者十之有六，其间尚有不愿自行呈明，恭候恩赏者一二人"。①"以文职用者均归陆军部，以侍卫用者均派禁卫军，刻已纷纷到差，归部者五十员，归禁卫军者二十员。"②除了已经有职衔的人之外，从事文职的人数要远远大于从事军职的，这与陆军贵胄学堂的培养目标有一定偏差。但从事文职的人员也大部分在陆军部当差，从事与军事有关的工作。他们会把在贵胄学堂学习的知识与思想带入工作中，有利于改变旧的风气。1910年，贵胄学堂第二期学生入学，1911年，军咨府成立，同时宣布了今后军队军官的任用计划："新军卅六镇的高级将领都由贵胄学堂毕业生担任；全国绿营和巡防营次第裁撤，以禁卫军拱卫京城，并控制全国新军。"③这反映了以载沣为代表的满洲贵族排斥汉族官僚，力图控制全国新式军队的愿景。而陆军贵胄学堂被赋予了很高的期许。可是，陆军贵胄学堂第二期学员还没有毕业，清朝就灭亡了，也就没能实现这一计划。

---

① 《贵胄学员之趣向》，《大公报》1909年9月6日。
② 《贵胄卒业生之出路》，《大公报》1909年11月19日。
③ 丁中江：《北洋军阀史话》第一卷，商务印书馆2017年版，第150页。

第三章　贵胄法政学堂

1906年，清政府发布"仿行宪政"上谕。同时，国内外纷纷成立各种立宪政治团体，以期推动立宪运动。清政府希望通过立宪运动，把权力集中在满洲亲贵手中。立宪运动中的满族大臣将这一目的说得很露骨："政要之地，非无阶级者所骤跻，机密大计，非至亲贵者不足与议。"①早先成立的陆军贵胄学堂，是研究军事的学校，对于培养立宪人才作用不大。因此，1909年，以造就贵胄法政通才为宗旨的贵胄法政学堂成立。从当时的奏折看出，这两个学堂的目的被概括为分别培养文与武的贵胄人才："国家任用才俊，本有文武之不同，天下安危大计，亦属文武之相资，兼营并举，收效始远。"②贵胄法政学堂的校址，定在北京东城煤渣胡同，即原陆军贵胄学堂所在地。

第一节　招考情况

贵胄法政学堂分设正科、简易科、预备科及听讲班，计划招生三百名，其中正科两班，简易科一班，预备科一班，听讲班一班，每班六十名。如果开学后入学人数增多，应随时增设新的班级。③

学堂为入学资格、招考方式制定了一系列规则，保证学堂的贵族性质，

---

① 军机处录副奏折，卷538号。
② 军机处录副奏折，卷538号。
③ 会议政务处咨文，第594号。

选拔和培养适应统治需要的法政人才。入学人员不同，招考方式也不同，可分为如下三类。

第一类："宗室王以下，奉恩将军以上及其子弟年在十五岁以上，三十岁以下应由宗人府查明，除现有差缺或已入其他官立各学堂外，必应一律造册咨送入学。"①对这一部分位于统治集团顶端的人群，清政府实行的是强迫教育。

贵胄法政学堂在给宗人府的咨文中催促："查明原奏章程宗室王以下，奉恩将军以上及其子弟年在十五岁以上，三十岁以下封有爵职及应封宗室，除现有差缺或已入各官立学堂者不计外，究竟尚有应入学者若干员迅速查明汇齐，造册咨送以凭办理。"②为了加强执行力度，激发王公贵族入学和学习积极性，贵胄法政学堂采取恩威并施的方法，把堂内学习同"考封""袭封"③联系在一起，"宗室王以下，奉恩将军以上及其子弟得有修业文凭者，由本学堂咨行宗人府查照应考封、袭封者，即准照例考封、袭封"。"宗室王以下至奉恩将军之子弟毕业考列正科中等以上及简易科优等以上应封人员，未经考封者，由本学堂会同宗人府具奏请旨，无庸入考，即准受封。所应得毕业奖励，仍照定章办理。"④同时，章程还列出了不接受教育或违反规定的处罚措施："由宗人府查明应入学而不入学者，如已袭封，罚停半俸两年；未经袭封，停其袭封一年，仍勒令入学。每届咨取新班学员时，均由宗人府照章参办，咨行本学堂存案。""入学后故犯规条以致开除学额及无故自行告退者，如已袭封，罚停半俸两年；未经袭封，停其袭封一年。如所犯情节较重，另行奏明请旨，均由本学堂会同宗人府具奏。其他项学员，均按照学部定章办理。"⑤此类新闻也时时见诸报端。据报道："贵胄法政学堂因贵胄子弟多有幼失教育、不通汉文者，现拟施以强迫教育，凡不通汉文者一律勒令入学，闻日前已禀请朗

---

① 会议政务处咨文，第594号。
② 学部教学学务档案，卷60号。
③ 考封：清朝宗室封爵之制。袭封：子孙继承先代之封爵。亲王以下奉恩将军以上，除一子袭封外，其余诸子年至二十，例应经过考试封爵。孙文良、董守义主编：《清史稿辞典》，山东教育出版社2008年版，第558页。
④ 上海商务印书馆编译所编著：《大清教育新法令》（第六册），上海商务印书馆1910年版，第113页。
⑤ 会议政务处咨文，第594号。

贝勒奏明请旨办理。又闻克勤郡王门上昨接宗人府来文，据贵胄法政学堂文称，查新袭王爵克邸例应入本堂读书，相应知照该门上，刻即禀明本王于本月二十日辰刻穿官服来堂行礼，听候分堂授课，毋得自误。"① "贵胄法政学堂设立之宗旨，原期贵胄人员全行就学，俾各具法政之知识，乃大员中多有延不入堂，希图规避者。总理朗贝勒痛恶此习，刻查出魁公等学识过浅而又时时废学。现已拟定强迫教育章程通饬遵行，于七月二十日补考，如有仍蹈前辙者，即行奏请饬部停其俸廉，以为自甘暴弃者戒。"② 可见，对于这些王公贵族，清政府是极力强制他们入学学习法政知识的。

与陆军贵胄学堂相同，贵胄法政学堂在招生时对蒙古贵族采取自愿原则，只需按规定申请，不需进行考试："蒙古汗王以下至四等台吉塔布囊，年在十八岁以上三十岁以下，汉文通顺愿入学者应由理藩部造册咨送入学，均无庸考试。"③ 但对入学资格会进行严格审查，只有符合章程规定的人，经过详细考查后方可来堂学习。学堂在给理藩部的一份咨文中写道："接据喀拉沁卓索图盟塔布囊卓凌阿之子塔布囊鄂奇而巴图呈请肄业，恳准立案等情，前来查本学堂章程第一章第四条内有蒙古汗王以下至四等台吉塔布囊年在十八岁以上三十岁以下汉文通顺愿入学者，应由理藩部造册咨送入学一项，为此咨请贵部速为详查造送，以便本学堂于本月十九日一律试课，日期紧迫，务希即日见复可也。"④ 对于不合规定者予以拒绝。贵胄法政学堂1910年初咨行热河都统衙门称："本旗参领章京萨音伯彦现年十五岁，粗识汉文，情愿入学肄业等因，前来查本学堂奏定章程第一章第三条肄业资格，自蒙古汗王以下至四等台吉塔布囊止，现据所送肄业学员萨音伯彦系属参领章京，核与肄业章程不符，碍难照准。"⑤

第二类：满汉世爵及其子弟，"年在十八岁以上、三十岁以下愿入学者，

---

① 《贵胄法政学堂强迫入学》，《申报》1910年8月23日。
② 《朗贝勒实行强迫教育》，《大公报》1910年7月19日。
③ 会议政务处咨文，第594号。根据《钦定大清会典》，内蒙古共有旗四十九个，外蒙古有旗八十六个。各个旗的旗长叫札萨克，管理旗内事务；不设札萨克的旗，旗务归将军、都统或大臣等管辖。札萨克分为六等：一等为亲王，二等为郡王，三等为贝勒，四等为贝子，五等为镇国公，六等为辅国公，不入六等者为台吉塔布囊。外蒙古只有台吉，没有塔布囊。
④ 学部教学学务档案，卷60号。
⑤ 责任内阁档案目录，奏咨行稿第7包，贵胄法政学堂咨行稿。

应分别报由陆军部、各旗造册咨送，听候定期考试入学"。

第三类：在中学学堂毕业①的闲散宗室、觉罗与满汉蒙古二品以上大员之子弟及世职，"年在十八岁以上、三十岁以下愿入学者，应各具图片或印结，填明三代官阶及本身履历，自行报名，听候定期考试入学。惟开办之初，如此项毕业者尚少，亦可择文理清通、品行端正者，量予录取。"②

与宗室王公子弟免考入学不同，这两类人必须考试入学，即便有法政学堂学习经历也不能破例。"有法政毕业生文钧者，禀请免考入贵胄法政学堂肄业，该堂监督以免考入堂凡王公世爵则可，其闲散宗室、觉罗及旗民籍世职等均须考试入堂，该生虽系法政毕业，核与定章不符，碍难照准。"③而奉恩将军溥敬及奉国将军毓照之子恒通申请免考入堂学习，查与规定相符，准予免考。④

1910年1月，学堂举行入学考试，宗室、觉罗和满、汉、蒙古大员子弟分别进行考试。2日考宗室、觉罗，4日考大员子弟。当日早七点考生带笔墨赴堂考试，考试之前需进行身份验证，"先期须持本身四寸像片，分别注明姓名、籍贯、三代以及何项衙门咨送或何旗图片、何部员印结保送等字样，亲赴该堂报到，以凭查核"。⑤考场纪律非常严格，据说当时有某大员子弟因夹带而被除名。"宗室、觉罗应考者二百余人，考题系宗子维城论"，"大员子弟应考者三百余人，考题系文武并用长久之术"。⑥与陆军贵胄学堂具有军事风格的命题不同，贵胄法政学堂近似科举考试的命题带有明显的文官考录色彩。早几年成立的京师法政学堂在招生考试时也采用类似的题目，如敬业乐君论、孔子明义利之辨孟子严善利之分论、大学中庸皆言慎独论、女学堂以开通智识保存礼教为宗旨其立法用人以如何为善等。⑦这也符合清末教育改革中"中

---

① 此处具体规定是：凡在中学堂毕业者均得考入贵胄法政学堂肄业，惟开办之初，此项毕业者如不足额，亦可招考文理清通、品行端正及高等小学毕业生取其程度相当者充补。（《宪政编查馆奏遵设贵胄法政学堂拟定章程折》，国家图书馆古籍馆藏）
② 会议政务处咨文，第594号。
③ 《肄业贵胄法政之定章》，《大公报》1910年1月7日。
④ 《京师近事》，《申报》1909年12月30日。
⑤ 《贵胄法政学堂示谕考期》，《申报》1909年12月31日。
⑥ 《贵胄法政学堂考试揭晓》，《申报》1910年1月16日。
⑦ 学部教学学务档案，卷70号。

学为体，西学为用"的指导思想。最终通过考试的贵胄子弟中，"宗室正取六十三名（延益第一），觉罗正取十四名，旗籍正取四十三名，民籍正取六十名，共正取一百八十名。"①

入学后，学员需要呈交志愿书，表明入学志愿，想入哪一科学习，还需要提交图片印结，再次证明自己在年龄、个人经历和家庭背景上都完全符合贵胄法政学堂的要求。②以下为当时三名学员的证明文件内容：

> 贵胄法政学堂正取第二十五名学员达德为呈请事，窃生系西城私立第一高等小学堂三年肄业，生于上年十一月二十三报考，蒙大人、贝勒爷大人录取正取第二十五名学员，有案。今读牌示，二月初一日开学，饬各学员预先呈递愿入某科愿书，并取切实图结等语，伏查入某科须以年龄程度为标准，生既系高等三年程度，又复中学年龄，自愿归入正科，先学普通以资深造，除本佐领出具切实图结一并投递外，为此呈恩钧鉴伏乞。
>
> 安徽合肥县民籍郑乃钤禀为分科事，窃生蒙恩正录，情因堂章奏定各认一科，生愿入正科潜心肄业，以期无负培养之恩，除原呈保送官印结外，理合投志愿书申明，伏乞总理监督大人鉴核。
>
> 厢白旗满洲第三族宗室恩荣佐领下，宗室承庆现年二十六岁，曾在八旗高等学堂肄业，领有二年修业文凭，于宣统元年十一月二十日考中贵胄法政学堂正取第十二名，愿入正科肄业，并无假冒顶替等弊，理合本佐领出具切实图片呈报贵学堂可也。计开三代：曾祖：常文，祖：润秀，父：锡麒

如果学堂对录取者的身份等持有疑义，还要通过往来文件进行核实。1909年12月27日，贵胄法政学堂片请宗人府查明申请入学者钟琦的身份是宗室还是觉罗："贵府咨送维城小学堂学员名册一本，请查核注册等因，查册内有毕业生宗室钟琦一名，年二十岁系镶黄旗永恰佐领下福克精阿之子，又

---

① 《贵胄法政学堂考试揭晓》，《申报》1910年1月16日。
② 学部教学学务档案，卷56号。

查前准东三省咨送维城小学堂学员名册内有高等乙班学生钟琦系左翼永恰佐领下福克精阿之子，年二十岁，系属觉罗。惟此次贵府所送之钟琦一名核与东三省所送之钟琦姓名、年岁、旗佐均属相符，惟宗室、觉罗不同，究竟该学生钟琦是否宗室？抑系觉罗？本学堂无从考核，相应片请贵府查明见复，以凭核办。现在本学堂开学在即，希从速见复可也。"①1910年1月12日，贵胄法政学堂片请宗人府查明宗室魁厚三代的爵职情况："贵府咨送左翼王公世职等衔名清册内有闲散宗室魁厚一名，系镶白旗常瑞佐领下宗室荣兆之子，当经准予注册，咨请转饬应考在案。兹据该生呈称系属奉恩将军荣兆之冢子，与应封之人其体相同，恳请准予升入肄业班内各等因，前来查本学堂奏定章程凡王公以下奉恩将军以上之子弟皆得来堂，径行肄业，惟贵府前送清册，既未注明该生三代官阶，本学堂无从查核，相应片行，希即查明该生所呈各节是否相符，即希见复，以凭办理可也。"②一旦发现冒名顶替者，立即除名。贵胄法政学堂在一份致吏部的公文中称："贵部验封司主事蒯先鉴保送同乡官原任河南河北镇总兵刘盛休之子刘朝训一名来堂考试，当经按照所呈像片核与应考人相貌相符录取在案，现在开学查得入学之刘朝训与原呈像片相貌界乎疑似之间，当即提堂面试文艺，核与原取之试卷文字均不相符，自应照章开去学额，除由本学堂牌示外，相应片行贵部，饬知出具印结司员蒯先鉴将原保之刘朝训所领本学堂操靴及假牌证书等件，克日呈缴可也。"③

　　对进入贵胄法政学堂学习人员的资格进行严格限制，对违反规则的人进行严厉处罚，反映了清政府对培养贵胄法政人才的重视和期许，希望有限的教学资源可以真正用到名副其实的贵族身上，强化统治集团顶端的力量。

　　此外，出于"宗支蕃衍幼学为多，培植人材初基必慎"④的原则，针对年龄、程度不能直接入正科学习的贵族，开设预备科。对于"年逾三十岁，业经从仕之贵胄及满、汉、蒙古四品以上职官，有欲补习法政者"，"均得入听讲班一律听讲"。听讲班学员"补习法政以大体贯彻为主，教授科目不厌求

---

① 学部教学学务档案，卷60号。
② 学部教学学务档案，卷60号。
③ 学部教学学务档案，卷60号。
④ 会议政务处咨文，第594号。

详"。① 这体现了因材施教的教育理念。对于不思进取的人员,也会按规定惩戒:"法政贵胄学堂现已开办,日前由该堂通行各饬令参佐领等员一律入堂旁听,倘有托故不到者,即行咨部停俸,以为自甘暴弃者戒。"②

宣统二年二月初七日,贵胄法政学堂正式开学。总理贝勒毓朗,监督锡钧、熙彦率全体教员和学生举行了开学典礼,中堂那桐、荣庆,贝勒载涛、载洵以及很多其他朝中大员前来观礼。

第二节　机构设置与职掌

贵胄法政学堂能够顺利运转,合理的机构设置和清晰的权责分配是必不可少的因素。根据章程规定,学堂共设管理员及教员二十九名:"总理一员、监督二员、提调一员、教员十九员、监学官二员、书记官一员、会计官一员、庶务官一员、管课官一员。"总理、监督由内阁奉上谕任命,其余各员由总理、监督分别奏咨延聘委用。

总理职责为"协同监督综合全堂一切事务、统辖提调以次各员,其学员平日品性、学业勤惰,均归考核"。监督职责为"督率提调以次各员经理全堂事务,妥订详细规则,订定课程及稽核教习教法,学生勤惰等事,惟均受成于总理"。提调职责为"管理本堂斋务、庶务,凡监学、书记、会计、庶务等官均归管辖"。教员职责为"教授各种学科,拟定课程,酌定教法等事"。此外,监学官"专管稽查学生起居动作,检视平时品行,随时报告并照料饮食,注意卫生等事",书记官"专理本堂收发文书,编存案卷并缮写、登记等事,并管图书、教育品、标本收发、存储一切事务",会计官"专掌本学堂经费出入及核算账目等事",庶务官"专司本学堂厨务人役、房屋器具等一切事务",管课官"专掌分放课卷、刷印讲义及有关讲堂授课一切事务"。文件中

---

① 会议政务处咨文,第 594 号。
② 《勒令旗员入堂听讲》,《大公报》1910 年 3 月 23 日。

还规定，学堂的管理人员和教学人员"遇有职务互相联合之处，应随时协商办理"。最后，学堂还严格控制在校师生的思想动态："管理员、教员及学员均宜敦崇名教，如有听信异说、邪辟乖张有违礼法者，立予斥退。"①

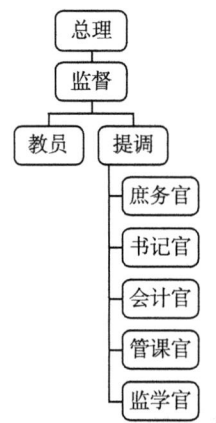

图 3　贵胄法政学堂机构设置

贵胄法政学堂的机构设置比较合理，职责分工比较明确。但是也正因为分工比较细致，如果各个职位人员之间不能良好合作，容易造成互相扯皮、办事效率低下的结果。

第三节　师资情况

贵胄法政学堂是清政府培养亲贵宪政人才的场所，承担着强迫贵族接受法政教育、培训在职贵族文官法政知识等任务。如果有应入学而不愿入学，或入学后半途而废及不遵守学规等事，总管学堂事务的人员应能破除情面，照章办理。因此，宪政编查馆上奏恳请朝廷"特派通达时务、夙有学望之王

---

① 会议政务处咨文，第 594 号。

公一员，二三品大臣一员，分任该学堂总理、监督之职，以昭郑重，而资督率"。① 最终清廷任命贝勒毓朗充任总理，农工商部左侍郎熙彦、翰林院学士锡钧担当监督。

总理毓朗对贵族采取强迫教育的手段，甚至"奏请饬下宗人府，非在学堂毕业或修业者，不准应应封考试"。他鼓励学生潜心向学，督促教员认真上课，"集全堂教习学生，亲自立而演说于众，往往历一小时许，备陈西力东渐，学问日新，诸生苟颓惰自甘，则吾族将受淘汰，无可挽救！反复申明此旨，以故各教员皆不尚粉饰敷衍，间有所任课程非教员所夙习者，余兄（笔者注：指毓朗）亲检课卷以指示之。如查出光学课程之误解，某教习即辞谢所授门类"。② 他还建议让学生走出课堂，赴资政院旁听会议，以增加对宪政制度的亲身体会："朗贝勒军机刻为增进贵胄法政学堂学生智识起见，议定本堂各班学员每三日轮流放假一日前往资政院旁听，其旁听笔记回堂时均须逐一报告。"③ 另外，监督锡钧工作态度也很认真，"每日功课多由锡监督躬自检查，以故诸生尚循学中规矩"。④

总理、监督根据需要聘请了提调、教员等人。提调为各管理员之表率，由广东候补知府钟彬充当，他以"才长心细，学识俱优"著称。教员是教学工作的主要承担者，需要拟定课程，确定教法，所聘教员"大半系游学生出身，在京供职"。⑤ 目前所知教员有蒲殿俊、邓镕、肇鸿三人。据时人评价："教习中如蒲殿俊、邓镕，皆有名于时者也。"⑥ 蒲殿俊，1904年甲辰科进士，授法部主事，曾留学日本，毕业于日本法政大学速成科，1909年任四川咨议局议长。邓镕，1897年丁酉科优贡，后赴日本留学，入明治大学法律科。毕业归国后，应学部留学生试，授内阁中书。另外，据《申报》报道："肇鸿平

---

① 会议政务处咨文，第594号。
② 毓盈：《述德笔记》，中国社会科学院近代史研究所近代史资料编辑部编：《近代史资料》（总79号），中国社会科学出版社1991年版，第127页。
③ 《贵胄学堂赴院旁听》，《大公报》1910年11月11日。
④ 毓盈：《述德笔记》，中国社会科学院近代史研究所近代史资料编辑部编：《近代史资料》（总79号），中国社会科学出版社1991年版，第127页。
⑤ 《贵胄法政学堂之内容》，《申报》1909年11月28日。
⑥ 毓盈：《述德笔记》，中国社会科学院近代史研究所近代史资料编辑部编：《近代史资料》（总79号），中国社会科学出版社1991年版，第127页。

日好诙谐，为东方、淳于一流人物，惟长于书画，文字一道亦颇具专长，乃官员中之矫矫者。"[1]1910年7月肇鸿将被调往江苏任职，得知这个消息后，贵胄法政学堂正科甲乙堂、简易科各班班长联合呈禀恳请学堂挽留，文中称："肇教员课授《左传》，教授勤恳，讲解详明，倘使一朝易人，则讲义之人编纂既不同，教授之方法亦异，学员等深恐于用心一层有所扞格，为此恳总理、监督赐代挽留，俾始终其事，实于学员功课等大有裨益。"[2]

经学教员肇鸿凭借博学多才赢得了学生的赞赏，但也有教员敷衍塞责被学生联合抵制。1911年4月，因为体操教员不认真授课，正科乙堂班长代表学员请求学堂处理："窃学员自入学以来已三学期之久，步法不整，转法不明，其余各种操法更属有名无实。学员等伏查本堂奏定章程体操与各科并重，盖谓虽属文学，军国民教育实寓其中，而教员教操时动曰此系文学，武备不必认真训练，故各操口令，学员等均辩解不清，且朝令夕更，遵循无自，教法紊乱，练习何从？每至履行时，沿途人笑柄，外表既不壮观，势必疑我各科均皆腐败，顷刻之间名誉丧尽，实负我总理、监督原奏之初心，教育之本意。学员等故敢冒昧直陈，岂能效教员含混了事，敷衍卸责耶？然亦不敢妄为，禀请致乱学规，惟有恳请派员考试，以征事实。"[3]

第四节　经费情况

贵胄法政学堂被认为是培养贵族法政人才的场所，有重要的示范意义，开办之初就得到了清政府的大力支持。1909年4月，贵胄法政学堂提交了预算经费数目清单，规划了该学堂正式开办的经费收支方案。

---

[1]《京师近事》，《申报》1910年6月7日。
[2] 学部教学学务档案，卷58号。
[3] 学部教学学务档案，卷58号。

贵胄法政学堂预算经费数目清单[①]

一、经费分为开办、常年两项，常年经费分为额支、活支，均由度支部筹拨。

二、开办经费于奉旨后，由度支部拨用，其常年经费由总理咨行度支部支领，遇闰照加，每届年终造具清册咨明度支部核销。

三、开办经费：修理空闲官所及酌添讲堂斋舍，约需银一万五千两；购置木器并一应家具，约需银六千两；购备书籍、图画、教育品、操衣、靴帽等件，约需银四千两。以上开办经费，共需银二万五千两。

四、常年额支经费：总理一员月支薪金二百两；监督一员月支薪金一百五十两；提调一员月支薪金一百两；教习约需十四五员，月共支薪金一千二百两；监学官二员，月共支薪金一百两；书记官、会计官、庶务官、管课官四员及司事、书手等，月共支薪金二百五十两。以上薪金每年需银二万四千两。管理员、教员、学生等，每月约需伙食银五百五十两；杂役工食每月约需银一百七十两。以上伙食、工银两项，每年需银八千六百四十两。

五、常年活支经费：纸墨、印刷讲义等费，每月约需银四百两；茶烛零用等项，每月约需银六十两；天棚煤火，一年平均计算，每年约需银九百四十两；添置图书、操衣、靴帽等项，每年约需银一千二百两。以上四项，每年需银七千六百六十两。

六、增添及预备各项，每年约需银二千五百两。

以上统计常年额支、活支经费，每年共需银四万二千八百两。

七、以上预算常年款项，如动用时实有不敷，其数在三千两以内，应即由总理咨行度支部补行发给。

贵胄法政学堂所需用的经费分为开办、常年两项，常年经费分为额支、活支，薪工、伙食等项为额支，修理房屋、购办器皿、增加薪水、添置图书操衣及天棚煤火等项为活支。开办经费于奉旨后，由度支部拨用；常年经费

---

① 会议政务处咨文，第594号。

由总理咨行度支部支领，遇闰年照加，每届年终造具清册咨明度支部核销。

开办经费共需银 25000 两，其中修理空闲官所及酌添讲堂斋舍，约需 15000 两；购置木器等家具，约需 6000 两；购备书籍、图画、教育品、操衣、靴帽等件，约需 4000 两。这时，贵胄法政学堂的年预算经费为 42800 两，其中经常额支预算为 32640 两，占 76.26%；临时活支预算为 7660 两，占 17.90%；预备费为 2500 两，占 5.84%。随着准备工作的深入，1909 年 12 月，学堂总理毓朗上《续拟贵胄法政学堂章程并预算常年经费折》①。内容如下：

一、经费分额支、活支两项。薪工、火食等项为额支，修理房屋、购办器皿、增加薪水、添置图书操衣及天棚、煤水等项为活支。

二、额支、活支各项兹谨约略计算，俟试办一年后，如有增减，应随时咨商度支部办理。

三、额支、活支各项奏咨立案后，由本学堂咨行度支部按季支领，遇闰照加。

四、正科额支经费：总理一员每月薪公银二百两，监督二员每月每员薪公银一百五十两，提调一员每月薪公银一百两，教习十六员每月共支薪水银一千二百两，监学官二员每月每员薪水银五十两，书记官、会计官、庶务官、管课官四员每月每员薪水银五十两，学生一百八十名每月每名火食约银四两、纸笔茶水约银四两，听讲员六十名每月每名点心茶水银二两，司事十二员每月每员薪水银二十两，书手九名每月每名薪水银十二两，刷印工头二名每月每名工食银十二两，刷印手三名每月每名工食银八两，听差头目一名每月工食银八两，听差三名每月每名工食银六两，茶役四十八名每月每名工食银五两，打扫夫十名每月每名工食银五两，汽炉工人二名每月每名工食银十两，管理员、教习、司事、书手伙食每月约需银三百七十六两。以上每月共用银四千七百六十八两，每年共用银五万七千二百一十六两。

五、正科活支经费：刷印讲义每月约需银三百二十两，笔墨纸张、

---

① 会议政务处咨文，第 594 号。

茶烛零用每月约需银二百六十两，电灯、电话每月约需银一百五十二两，天棚、煤火每年约需银三千六百两，添置图书、操衣等项每年约需银四千两。以上每年共约需银一万六千三百八十四两。

六、预备科额支经费：教习三员每月共支薪水银三百二十两，司事二员每月每员薪水银二十两，书手二名每月每名薪水银十二两，学生六十名每月每名伙食约银四两、纸笔茶水约银四两，教习、司事、书手伙食每月约需银五十六两，茶役五名每月每名工食银五两，刷印手一名每月工食银八两。以上每月共用银九百五十三两，每年共用银一万一千四百三十六两。

七、预备科活支经费：刷印讲义每月约需银八十两，笔墨纸张、茶烛零用每月约需银六十两，添置图书、操衣等项每年约需银一千三百两。以上每年共需银二千九百八十两。

八、预备费每年约需银四千两，如有宿堂学生亦由此项经费开销，倘宿堂人数较多随时咨商度支部加给。以上统计正科、预备科常年额支、活支经费每年共需银九万二千一十六两。

该折主要修订了常年经费预算，把预算经费提高到 92016 两，比之前增加 49216 两。其中，经常额支为每年 68652 两，占 74.61%；临时活支为每年 19364 两，占 21.04%；预备费为每年 4000 两，占 4.35%。每一项经费都有所增加，同时适当提高了活支经费所占的比例。

经费预算之所以出现如此大幅度增长，与以下两个因素有关：第一，增设了预备科，招收年龄、学习程度尚不够进入正科的贵胄入堂学习，作为正科的人选储备，仅此一项就增加了 14416 两的预算；第二，细化了薪公伙食项下各人员的数额及名目，招收学生和领取工食的人数更具体，所需费用也更明确。这反映了经过几个月的筹备，学堂准备工作越来越细致。此项开支预算增加比较多，但可能也更接近未来实际需要花费的数目。

贵胄法政学堂的经费开销一律由中央政府拨给。相比之下，同属官办的京师法律学堂，除了开办经费三万两白银由中央政府拨给以外，其余费用均由各省筹集。法律大臣伍廷芳在请设法律学堂事奏折中提道："常年经费，如堂舍租金、教习薪水暨购买书籍、器具、饭食、杂用等项,力求撙节,每年约需银四万两。值此库储支绌,不敢请拨部款,应由各省督抚分筹拨济,大省约解三千两,中、小省约解二千两,便可集事,分之见少,在各省尚不甚难。"① 除此之外,贵胄法政学堂学生的伙食、笔墨纸张、茶烛零用、图书操衣等项花费皆由国家供给,如想住宿,费用也由国家支出。而京城的另外一所法律学堂——京师法政学堂的学生却需要自己支付学费和住宿费,"预科、别科学生每月缴学费两圆,正科学生每月缴学费三圆"。"各科学生概不住宿,如愿就本学午膳,每人应缴膳费二圆五角。""应用操衣、书籍等费悉照学部新订《各学堂征收学费章程》一律办理。"学费和饭费三个月合缴为一期,如果两期不缴学费或饭费,就会被勒令退学。② 对比三所法政学校,贵胄法政学堂受重视的程度可见一斑。

贵胄法政学堂因为学员程度不齐,1910 年 8 月,又奏请添设补习汉文所。补习汉文所所需经费大约在三千两左右。按照贵胄法政学堂预算经费数目清单规定:"以上预算常年款项,如动用时实有不敷,其数在三千两以内,应即由总理咨行度支部补行发给。"③ 但实际上在成立时,由于"库储匮竭",所用经费"均由本堂常年经费项下撙节盈余拨用"。④

表 2-14 宣统三年、四年经费预算比较表⑤

款目	宣统四年预算之数	宣统三年预算之数	比较
第一款:本学堂	82735 两 4 钱	86495 两 4 钱	少 3760 两预备经费,经资政院议减
第一项:薪水			
第一目:总理	2256 两	2256 两	
第二目:监督	3384 两	3384 两	

① 军机处录副奏折,卷 537 号。
② 上海商务印书馆编译所编著:《大清光绪新法令》(第十三册),上海商务印书馆 1910 年版,第 31 页。
③ 会议政务处咨文,第 476 号。
④ 学部财经档案,卷 334 号。
⑤ 学部财经档案,卷 334 号。

续表

款目	宣统四年预算之数	宣统三年预算之数	比较
第三目：提调	1128 两	1128 两	
第四目：监学官	1128 两	1128 两	
第五目：书记官	564 两	564 两	
第六目：会计官	564 两	564 两	
第七目：庶务官	564 两	564 两	
第八目：管课官	564 两	564 两	
第九目：教员	17145 两 6 钱	17145 两 6 钱	
第十目：司事	3158 两 4 钱	3158 两 4 钱	
第二项：工食			
第一目：听差	293 两 2 钱 8 分	293 两 2 钱 8 分	
第二目：印工匠	631 两 6 钱 8 分	631 两 6 钱 8 分	
第三目：汽炉工匠	225 两 6 钱	225 两 6 钱	
第四目：茶役	2989 两 2 钱	2989 两 2 钱	
第五目：打扫夫	564 两	564 两	
第三项：火食			
第一目：员司火食	4872 两 9 钱 6 分	4872 两 9 钱 6 分	
第二目：学员火食	10828 两 8 钱	10828 两 8 钱	
第三目：听讲员点心	1353 两 6 钱	1353 两 6 钱	
第四项：杂用			
第一目：学员茶水纸笔费	8121 两 6 钱	10828 两 8 钱	因撙节动支、核减盈余，拨归补习汉文所项下，减少 2707 两 2 钱
第二目：刷印讲义费	3948 两	4512 两	原因同上，减少 564 两
第三目：电灯电话	1714 两 5 钱 6 分	1714 两 5 钱 6 分	

续表

款目	宣统四年预算之数	宣统三年预算之数	比较
第四目：笔墨纸张茶烛零用	3609 两 6 钱	3609 两 6 钱	
第五目：天棚煤火	3384 两	3384 两	
第六目：图书	470 两	470 两	
第七目：操衣	4512 两	4512 两	
第二款：补习汉文所			
第一项：薪水			
第一目：管理员	270 两 7 钱 2 分		
第二目：教员	451 两 2 钱		
第二项：工食			
第一目：茶役	169 两 2 钱		
第三项：火食			
第一目：管理员	360 两 9 钱 6 分		
第二目：学员晚餐	902 两 4 钱		
第四项：杂用			
第一目：学员茶水纸笔费	451 两 2 钱		
第二目：茶烛零用	383 两 5 钱 2 分		
第三目：天棚煤火	282 两		

由贵胄法政学堂第一期员司薪金表①、工匠茶役工食表②和上表的对比可以得出，所节省各款主要来自薪金、工食两项开支。③ 贵胄法政学堂总理应支年薪 2400 两，实际支 2256 两，节省 144 两；监督二人应支年薪 3600 两，实际支 3384 两，节省 216 两；提调一人应支年薪 1200 两，实际支 1128 两，节省 72 两；监学官、书记官、会计官、庶务官、管课官、教员、司事、书手等应支年薪合计 26928 两，实际支 23688 两，节省 3240 两；工食一项全年应支 5148 两，实际支 4703 两 7 钱 6 分，节省 444 两 2 钱 4 分；薪金工食两项总共就节省 3716 两 2 钱 4 分。根据宣统四年补习汉文所的预算开支情况，可以知道节省下来的钱基本上能够保证该所的支出。虽然把补习汉文所的开支也列入了宣统四年的预算，但是宣统四年的预算支出还是少于宣统三年。可见，该学堂提及的"撙节开支"的思路在编制预算时得到了贯彻。

---

① 贵胄法政学堂第一期员司薪金表

类别\名别	总理	监督	提调	监学官	书记官	会计官	庶务官	管课官	教员	司事	递折	书手	合计
人数	1	2	1	2	1	1	1	1	18	14	1	11	54
银数（两）	200	150	100	50	50	50	50	50	20	12	12		
月支（两）	200	300	100	100	50	50	50	50	1520	280	12	132	2844
全年（两）	2400	3600	1200	1200	600	600	600	600	18240	3360	144	1584	34128

② 贵胄法政学堂第一期工匠茶役工食表

类别\名别	刷印工目	刷印副目	刷印手	刷印工人	听差目	听差	茶役	打扫夫	汽炉工人	合计
人数	1	1	3	4	1	3	53	10	2	79
银数（两）	12	10	8	5.5	8	6	5	5	10	69.5
月支（两）	12	10	24	22	8	18	265	50	20	429
全年（两）	144	120	288	264	96	216	3180	600	240	5148

③ 因为缺乏宣统二年的资料，只能用宣统三年的情况做一个推断。

第五节　课程和图书

贵胄法政学堂开办的宗旨是为国家造就贵胄法政通才。培养目标不同，决定了其课程设置不同于陆军贵胄学堂的特点。

学堂分设正科、简易科、预备科及听讲班，"正科五年毕业，简易科及预备科各二年毕业，听讲班三年毕业。正科习普通二年，法政三年；简易科习普通半年，法政一年半；预备科习浅近普通二年；听讲班习普通一年，法政二年"。"正科、听讲班及简易科习法政毕业，预备科习普通毕业者，各照章给予毕业文凭；若正科习普通二年，听讲班习普通一年者，给予修业文凭以示区别。似此变通办理，庶几先后有序，本末相资，以仰副朝廷兴学教胄、为国储材之至意。"①清政府计划用这种分程度、分年龄的模式培养出所需要的贵族法政人才。

一、课程设置

会议政务处咨文有关贵胄法政学堂课程设置的文件，可以大体给我们勾勒出该学堂各科课程设置的情况。

表2-15　贵胄法政学堂课程设置②

正科普通学课程（二年毕业）

第一学年	伦理	国文	经学	外国文	历史	地理	算学	理化	体操	合计	
每星期钟点	1	6	6	5	4	3	3	2	2	32	
第二学年	伦理	国文	经学	外国文	历史	地理	算学	理化	论理学	体操	合计
每星期钟点	1	6	6	5	4	3	2	1	2	2	32

---

① 会议政务处咨文，第594号。
② 会议政务处咨文，第476号、第594号。

正科法政学课程（三年毕业）

第一学年	伦理	国朝掌故	本国刑律	法学通论	宪法	政治学	政治史	行政法	刑法	民法	理财学	财政学	体操	合计
每星期钟点	1	2	2	4	3	2	2	3	2	3	3	3	2	32
第二学年	伦理	国朝掌故	本国刑律	宪法	行政法	刑法	民法	商法	国际公法	国际私法	理财学	财政学	体操	合计
每星期钟点	1	2	2	3	3	3	4	3	3	2	2	2	2	32
第三学年	伦理	中国法制史	外国法制史	刑法	民法	商法	国际公法	国际私法	外交史	刑事诉讼法	民事诉讼法	统计学	监狱学	体操	合计
每星期钟点	1	2	2	2	3	3	3	2	3	2	2	3	2	2	32

听讲班普通学课程（一年毕业）

第一学期	伦理	国文	历史	地理	算学	理化	体操	合计	
每星期钟点	1	10	4	3	3	2	1	24	
第二学期	伦理	国文	历史	地理	算学	理化	论理学	体操	合计
每星期钟点	1	10	4	3	2	1	2	1	24

听讲班法政学课程（二年毕业）

第一学年	中外法制史	法学通论	宪法	行政法	刑法	民法	商法	国际公法	国际私法	政治学	合计
每星期钟点	2	3	3	2	2	4	2	2	2	2	24
第二学年	行政法	刑法	民法	商法	国际公法	外交史	理财学	财政学	民事诉讼法	刑事诉讼法	合计
每星期钟点	2	3	3	2	2	2	3	3	2	2	24

简易科普通学课程（半年毕业）

学科	伦理	国文	经学	历史	地理	算学	理化	体操	合计
每星期钟点	3	6	6	4	4	4	3	2	32

简易科法政学课程（一年半毕业）

第一学期	伦理	国文	国朝掌故	本国刑律	宪法	法制大意	论理学	政治学	行政法	理财学	体操	合计
每星期钟点	2	2	4	4	3	4	2	3	3	3	2	32
第二学期	国文	国朝掌故	宪法	国际公法	国际私法	民法	刑法	商法	财政学	政治史	外交史	体操	合计
每星期钟点	2	4	3	2	2	3	3	2	3	3	3	2	32
第三学期	国文	国朝掌故	国际公法	国际私法	民法	刑法	商法	财政学	民事诉讼法	刑事诉讼法	统计学	体操	合计
每星期钟点	2	4	3	2	5	3	2	2	2	2	3	2	32

预备科普通学课程（二年毕业）

学科	修身	满文	国文	历史	地理	算学	博物	体操	合计
每星期钟点	2	2	14	4	3	3	2	2	32

由上列各表可看出，贵胄法政学堂重视普通学的基础作用。预备科学员因为年龄较小、程度略浅，"难骤语以专门"①，只学习普通学。正科、简易科

---

① 上海商务印书馆编译所编著：《大清宣统新法令》（第十册），上海商务印书馆1910—1911年版，第38页。

和听讲班学员都要先学习普通学课程，再学习法政学课程。《贵胄法政学堂章程》最初规定："正科四年毕业，前一年习普通学，后三年习法政专科；简易科二年毕业，前半年习普通学，后一年半习法政要义。听讲员一班……只须讲授大义，以一年半为毕业期限。"① 后来，毓朗请求变通课程，以"亲贵就学期于大成，肄业专门非普通各学预备已足，无从入手"为由，把正科普通学年限增加为两年；以"兴学育才至近日始盛，其业经从仕者大抵未入学堂居多，自非普通略有门径，专门之学无从领略"为由，要求听讲班额外增加学习普通学课程一年，但每星期所学时间相对于正科、简易科和预备科要少。②

课时安排上，国文、经学上课时间最长。国文为各学科学习根本，国文不通，各学科无从学起；经学中的微言大义是对学生进行思想教育的重要内容，有利于忠君爱国思想的培养，符合"理为中学所固有""中学尤为根柢"的主导思想。历史、地理、理化、算学几门课程均需学习，开阔视野，课时每星期二到四个钟点不等。体操也是必修课之一，每星期一到二个钟点，是军国民教育的内容，有利于培养学生的"精神气"。前文提到因体操教员不司其职，有学生向学校反映，希望处理，可见对体操科目的重视。

除此之外，正科普通学还开设外国文，每星期五个钟点，分英文和日文。英国和日本都是君主立宪制国家，符合清廷的立宪目标。开设外语课程，自然是为了学生更好地学习两国的政制知识，并为毕业后的公派出国做好准备。可见，学堂希望中学、西学"甘和白采，本末相资"，"由门径以窥堂奥"③，因此外语的学习也就非常必要。以上课程为学生进一步学习法政打下基础。

贵胄法政学堂的教育目标为培养宪政需要的法政人才，法政学课程是核心内容。正科法政学三年毕业，每星期上课时间为三十二个钟点，主要修习各种法学课程，范围很广，涉及中外法学，内容庞杂，涵盖法学的若干主要门类：刑法、民法、宪法、行政法、商法、公法、私法、诉讼法等。此外还修习理财学、财政学、统计学、监狱学等课程。值得注意的是，伦理、国朝掌故和体操也是法政学的必修课程，希望学生采"法律之用"的同时，不忘

---

① 《宪政编查馆遵设贵胄法政学堂拟定章程折》，国家图书馆古籍馆藏。
② 上海商务印书馆编译所编著：《大清宣统新法令》（第十册），上海商务印书馆1910—1911年版，第38页。
③ 《宪政编查馆遵设贵胄法政学堂拟定章程折》，国家图书馆古籍馆藏。

中学之根本。听讲班法政学二年毕业,但无论学习的范围、内容还是时间,都无法同正科相比,这是符合该班开办宗旨的,"补习法政以大体贯彻为主,教授科目不厌求详……听讲班习法政二年,以资薄习"①。简易科的设立,类似于法政学堂的速成班,因此,在课程设置上大方向同正科相同,但内容略简。

预备科二年毕业,所习课程主要为国文、历史、地理等,程度比正科要浅,并且"由预备科为亲贵就学者培其根本,将来考封等项应用满文,若俟预备科毕业后自习应考不无延误"②,把原来课程中的图画一门,改为满文课。

通过这样分阶段、分层次的学科教育,清政府希冀培养出既有中文根柢又懂宪政知识,能为新政服务的贵胄人才。这样的课程设置,与在它之前两年成立的京师法政学堂③非常相近。

表 2-16 京师法政学堂课程设置④

预备科课程

学科	第一学年 每星期钟点	第二学年 每星期钟点
人伦道德	2	2
中国文学	3	2
日本语	17	14
历史	3	3
地理	2	2
算学	4	3
理化	2	2

① 会议政务处咨文,第594号。
② 会议政务处咨文,第594号。
③ 京师法政学堂以培养完全法政通才为宗旨,分预科、正科、别科和讲习科。正科又分为政治门、法律门。预科两年毕业,入学年龄在二十岁以上二十五岁以下,毕业后经考试录取后可进入正科学习,入学之初自行选定政治门或法律门。为了快速造就从政人才以应需要,设立了别科,别科学生须各部院人员及具有举人、贡生等科举功名,年在三十五岁以下,经考试入学,三年毕业,跟贵胄学堂的简易科相似。此外,吏部新及裁缺人员经学部咨送来堂的人可入讲习科肄业,一年半毕业,国文根柢太浅者,视情况补习,政法理财各门只需讲授大要,这又与贵胄学堂的听讲班类似。
④ 上海商务印书馆编译所编著:《大清光绪新法令》(第十三册),上海商务印书馆1910年版,第27—30、32页。

续表

学科	第一学年 每星期钟点	第二学年 每星期钟点
论理学		1
法学通论		2
理财原论		2
体操	3	3
合计	36	36

正科课程

学年 学科	第一学年 每星期钟点		第二学年 每星期钟点		第三学年 每星期钟点	
	政治门	法律门	政治门	法律门	政治门	法律门
人伦道德	1	1	1	1	1	1
皇朝掌故	2	2	2	2	1	1
大清律例	2	3	2	2	1	2
政法学	2					
政法史	2		1			
宪法	2	2				
行政法	2	3	3	3	3	
民法	3	4	4	4	4	4
刑法	2	3	3	3	2	4
商法		2	2	3	2	
国际公法			3	3	3	3
国际私法			2	2	2	2
理财学	2		2		2	
财政学	2		2			
社会学	2					
外交史					2	
统计学					2	
日本语	3	3				

续表

学科＼学年	第一学年 每星期钟点		第二学年 每星期钟点		第三学年 每星期钟点	
	政治门	法律门	政治门	法律门	政治门	法律门
英语	6	6	6	6	6	6
民事诉讼法				2		4
刑事诉讼法				2		4
监狱学						2
体操	2	2	2	2	2	2
中国法制史		2				
外国法制史		2				
合计	35	35	35	35	35	35

别科课程

学科＼学年	第一学年 每星期钟点	第二学年 每星期钟点	第三学年 每星期钟点
人伦道德	2	2	2
皇朝掌故	2	2	
大清律例	2	2	
政治学	2		
法学通论	2		
理财原论	2	2	
宪法	2		
行政法	2	3	4
民法		3	5
刑法	2	3	4
商法		2	3
裁判所构成法		1	
国际公法		3	3

续表

学年＼学科	第一学年每星期钟点	第二学年每星期钟点	第三学年每星期钟点
国际私法		2	2
财政学		2	3
论理学			2
世界近世史	2		
地理略说	2		
日本语	12	6	6
体操	2	2	2
合计	36	35	36

讲习科课程

学期＼学科	第一学年每星期钟点	第二学年每星期钟点	第三学年每星期钟点
人伦道德	3	2	2
中国文学	10	4	4
法学通论	2	1	
宪法	2	1	
行政法	4	4	5
民法		6	6
刑法	4	4	5
裁判所构成法		1	2
国际公法		3	4
财政学	3	3	4
理财学		3	4
世界近世史	4	2	
地理略说	4	2	
合计	36	36	36

对比两个学堂的课程设置可知，贵胄法政学堂的预备科比京师法政学堂预备科的课程门数略少。贵胄法政学堂没有法学通论和理财原论课程，京师法政学堂没有满文课程，这一区别与两所学堂预备科培养宗旨的不同有关。贵胄法政学堂预备科培养亲贵的学习基础，将来考封要用满文，所以设置了满文课程；而京师法政学堂预备科，学生毕业后要经考试方能进入正科法律门或政治门学习，需要有一定的法政基础，因此在第二年设置了法学和财政学的基础课程。贵胄法政学堂的正科、简易科和听讲班的法政学课程设置跟京师法政学堂基本相同，只是每星期上课的时间长短不相同。这说明贵胄法政学堂在建立时借鉴了同在京城的京师法政学堂的经验，并且做了一定的改变，以使其更符合自己的需要。

二、配置图书

配置相当数量的书籍是贵胄法政学堂办学的必备条件。"图书为学堂之命脉，图书中之辞意旨趣即国家励民化俗、振作精神、储备人材大权之所寄。"①贵胄法政学堂购置图书得到中央政府的大力支持。在学堂成立之初，总理毓朗在《奏酌拟变通贵胄法政学堂课程缮单呈览》一折中，就附片奏请颁赐《大清会典》《图书集成》各一部："学堂应用书籍除各种教科书外，并宜博采典章、广稽掌故以资考镜而洽见闻，查《大清会典》《图书集成》二书，鸿编巨制，包罗众有，实为讲求学问者所必不可少之书，历经各部各学堂请领颁发在案，现当贵胄法政学堂开学伊始，拟请颁赐《大清会典》《图书集成》各一部以备参考。"②1911年2月21日，贵胄法政学堂咨呈宪政编查馆："本学堂教授各科课程，本年查有刑法一门，亟需大清现行刑律七十部以资参考，相应备文咨呈贵馆查照，如数检齐咨送来堂可也。"③宪政编查馆很快饬令官报局将所需图书送到，以保证学堂教学顺利进行。

---

① 王步瀛光绪三十二年闰四月三十日奏折，见军机处录副奏折，卷538号。
② 学部教学学务档案，卷61号。
③ 学部教学学务档案，卷61号。

另一方面，贵胄法政学堂采购图书也得到了地方政府的支持。1909年12月，由于所需图书缺乏，贵胄法政学堂即咨行各省的总督、巡抚，请其转饬各地官书局，将关系各门学科的书籍送到学堂。咨文这样写道："本学堂自开办以来，诸事均宜预筹，而备办书籍尤为急务，查京师官立学堂多有向各省官书局调取书籍应用者，现本学堂开学在即，学堂应用官版书籍购自京城书坊时有缺乏，相应咨行贵督抚查照转饬官书局将所印关系各门学科书籍检齐，呈由贵督抚从速咨送来堂，以应急需可也。"①1910年春，江西巡抚拣选江西本地出版的各门学科书籍十二部，咨送贵胄法政学堂。共包括：

十三经注疏一部、宋史纪事本末一部、十三经校勘识语一部、元史纪事本末一部、通鉴纲目三编一部、明史纪事本末一部、左传纪事本末一部、小学集解一部、通鉴纪事本末一部、近思录一部、聚珍版丛书五十四种一部、中庸衍义一部

这些书都是传统私塾中的常备书籍。几天后，两江总督也根据咨文，将江楚编译官书局各种学科书籍装箱送往贵胄法政学堂。②包括：

七经纲领二本、小学万国地理一本、礼书初编一本、地质学一本、文字蒙求广义五本、植物学一本、国朝事略四本、小学理科二本、皇朝直省府厅州县歌一本、毛笔图画二本、金陵先正言行录一本、生理教科书一本、孝弟忠义图说二本、算法初级一本、传恭堂祭仪一本、小学珠算教案二本、钦定学堂章程二本、高等小学几何学一本、钦定各学堂应用书目一本、普通新代数学六本、读新学书法一本、数学佩觽二本、初等小学国文教科书一本、经济教科书一本、小学诗歌二本、经典释文序录一本、日本历史二本、朱氏说文通训定声二十四本、埃及近事考一本、历代史略八本、英国警察一本、二十一史提纲歌一本、日本师范一本、江宁府境地形考一本、伦理学教科书二本、道里记一本、地理教科书四

---

① 学部教学学务档案，卷61号。
② 学部教学学务档案，卷61号。

本、小儿语三种一本、西石城风俗志一本、地理学参考一本、奏定学堂章程五本、女学修身教科书二本、普通学歌诀注二本、地文学一本、蒙学丛编一本、矿物学二本、初等小学国文教授法一本、小学农业教科书二本、万国史略四本、小学图画理科教授细目二本、日本史纲一本、外国列女传三本、化学导源三本、日本军事教育编二本、算学歌诀一本、政治学一本、算法次级一本、高等小学算术教科书二本、小学几何画法一本、算表合璧一本、经济学粹二本

共计六十一种。

把这些书目和江楚编译官书局所出版的书目清单[①]相对照，可以发现，除了《江宁金石记》《元宁乡土志》《蒙古史》《东西洋各国银行章程》《江苏师范讲义》《交涉要览》《续碑传集》和《高等古文教科书》不在送给贵胄法政学堂的书单之列外，其余完全一样。这些书涉及内容非常庞杂，涵盖中西，包括数学、地理、历史、修身、农科、地质、矿物、经济、生物等科，并不完全与学堂科目相关，但是仍有助于学生开阔眼界，更好地吸收新知。这些书中有很多是译自日文或日本人所著，如《伦理学教科书》《高等小学几何学》《小学万国地理》《小学几何画法》《地文学》《矿物学》《生理教科书》《小学农业教科书》等。日本是当时国人学习的主要对象，贵胄法政学堂本身的建立也是借鉴了日本的经验，使用来自日本的书籍就不足为奇了。

除了以上两个书籍来源外，学堂自身也油印了一些书籍，然而这些自印书籍的质量并不太高。宣统三年，正科乙堂学生发现自印的日语课本错误甚多，班长因此代禀管课官，恳请准予改发日本口语文典原书："本堂刷印东文课本错误甚多，改不胜改，教员上堂必先改正而后教授，学员等亦必重行改录，两方面虚废时间耽误课程者不少。与其以有用之时，掷之于无用之地，何若发给日本原本，少费时间多得习肄。且购东文原本与刷印腊篇讲义比较，需款尤廉，学员等庶可以静心研究，以臻尽美尽善。"[②]

[①] 朱士嘉：《官书局书目汇编》，中华图书馆协会1933年版，第11—17页。

[②] 学部教学学务档案，卷58号。

第六节　堂内生活掠影

一、忠君尊孔

学堂要求教员及学生尊崇礼教，尊君尊师，"每届开学及年终暑假，皇太后万寿、皇上万寿、孔子诞日，应由总理、监督率同提调以次各员及学员行礼，以明尊君尊师之义"。"如有听信异说、邪僻乖张、有违礼法者，立予斥退。"① 在《学部奏增订各学堂管理通则折》中关于礼节有更明确的规定：

> 第一节　行礼日期分四类，一为皇太后万寿圣节、皇上万寿圣节、至圣先师孔子诞日（以上为庆祝日），春仲、秋仲上丁释奠（释奠礼节至繁，祭器、乐器，学堂必不能全备，宜酌采释菜礼行之）；二为开学、散学、毕业；三为元旦及每月朔日；四为本堂开设纪念日等。
>
> 第二节　庆祝日应行礼节如左：堂中各员率学生整齐衣冠诣万岁牌前或至圣位前，肃立行三跪九叩，礼毕各员西向立，学生向各员行三揖，礼散。如是日设有祝会，由各员或学生恭致祝词，宣讲尊崇孔教、爱戴大清国之义。②

贵胄法政学堂要求学生遵守这些规定，如若在行礼日无故未到，记过一次，扣除品行分十分。另外，每逢"皇太后万寿、皇上万寿、孔子诞日，各放假一日"③。清廷试图通过这一系列仪式，强化学生忠君、尊孔的思想。

---

① 会议政务处咨文，第594号。
② 上海商务印书馆编译所编著：《大清宣统新法令》（第十五册），上海商务印书馆1910—1911年版，第27页。
③ 上海商务印书馆编译所编著：《大清教育新法令》（第六册），上海商务印书馆1910年版，第114页。

二、重视学生品行

品行分数是评定学生的重要标准。根据《奏定学堂章程》的规定，每学期终和每学年末分别由各科教员组织考试一次，评定考试分数时要加入平时品行分数："凡考试，除临时考试外，应以该学生平日品行分数合算。譬如科学有十三门，则加入品行分数为十四门，将所得各门分数相加，以十四除之，为平均分数。凡平均分数，多者列前；若平均分数有同等者，则视品行分数之多少以定先后。"[①] 在贵胄法政学堂，平日的品行由监学官记录在品行表上，满分一百分，记功加分，记过减分，并且有详细的说明。

表2-17 贵胄法政学堂第二学年第二学期简易科学员功过品行分数表[②]

监学官樾兴、殷铮谨呈

序号	学员	记功（记过）	说明	统计
1	恒通	+20	因充当班长无过失记功二次	120
2	瑞图	+20	因充当班长无过失记功二次	120
3	魁善			100
4	岑德成			100
5	经武功			100
6	郭则济			100
7	铁铮			100
8	丰惠			100
9	王簠贻			100
10	铁成			100
11	文瀛			100
12	荣康			100
13	郭培元			100

---

① 璩鑫圭、唐良炎编：《中国近代教育史资料汇编：学制演变》，上海教育出版社2007年版，第517—518页。

② 学部教学学务档案，卷63号。

续表

序号	学员	记功（记过）	说明	统计
14	炎舒			100
15	钟毓			100
16	徐宽涵			100
17	继昆			100
18	桑潆之			100
19	增启	+10	因勤学记功一次	110
20	孙传著			100
21	毓灵	+20	因勤学记功二次	120
22	孙以襄			100
23	润清			100
24	魁厚			100
25	唐理浩			100
26	文徵			100
27	郭承曾			100
28	世谦			100
29	延益			100
30	文源			100
31	文鼎			100
32	寿春	+30	因勤学记大功一次	130
33	张宝恒			100
34	荣昌			100
35	吴瀚澂			100
36	贵琦	-10	因开学行礼无故未到记过一次	90
37	文绮			100
38	裕兴	+30	因勤学记大功一次	130
39	钱承恺			100
40	斌桂			100
41	郑道研			100

续表

序号	学员	记功（记过）	说明	统计
42	诚斌			100
43	张绍烈			100
44	松地	+10	因充当排长无过失记功一次	110
45	宗宪			100
46	双泰			100
47	溥菖			100
48	恒印			100
49	崇贵			100
50	朱文鋿			100
51	鄂哩雅苏			100
52	苗启珂			100
53	溥楷			100
54	贵璘	−10	因开学行礼无故未到记过一次	90
55	恒圻			100
56	文龄	−10	因丁祭行礼无故未到记过一次	90
57	赐麟			100
58	恒恕			100
59	全章			100

由上表可见，学堂奖励勤奋向学，提倡认真负责为班级服务。凡有此类表现的学员均依程度给予10—30分的加分。学员必须参加行礼日行礼，必须按时到堂学习，如无故不到，按规章扣除品行分数。如确实不能来堂，必须请假，详细说明事由，恳请批准。在学部档案中，保存有学堂学生因服丧、疾病等原因请假的假条：

正科乙堂学员常泰谨禀为请假事，窃学员之家严患呕血之症，病至月余，延医罔效，不意于本月十四日病故，学员遵章理宜穿孝百日，不克来堂受课，以尽人子之道，是以请假承百日服，恳求总理、监督大人

允准施行，为此谨禀。宣统二年十一月十四日

和硕睿亲王门上呈报事，今本王之第一子头品顶戴赏戴花翎应封宗室听讲学员中铨于闰六月染患痘疹，近日以来痘带虽愈，医云不可以风，须静养兼旬始能复元，现届贵学堂开学在即，是日恐难来堂行礼，恳请总理、监督赏假二十五日，以资调养，为此呈报可也。宣统三年七月初一日①

1911年2月，贵胄法政学堂新学期开学。当时东北鼠疫疫情严重，"京奉火车因防鼠疫实行断绝交通，停售客票"，学堂十几位学生滞留家乡，无法回堂上课。因此，这批学生不得不前后四次向学堂请假，总计请假七周。在假条中，他们特别恳请"于假期内免扣分数"，这也反映出品行分数对学堂学生的约束力。以下为学生请假及学校批复的原文：

宣统三年正月十六日收正科乙堂文焕等十三名学员禀一件：贵胄法政学堂学员文焕等禀为据实陈请事，窃学员等年假回奉度岁，京奉火车尚在通行，现届开学在即，京奉火车因防鼠疫实行断绝交通，停售客票等情，学员等只得稍候时日，以俟该车通行时即行一同回京入堂上课，绝不敢托故偷闲，稍涉荒废学业，以致有负栽培之至意。此系特别障碍，拟于正月二十二日开学起现行请假两星期，并恳于假期内免扣分数，是否有当理合据实禀陈，伏乞总理贝勒爷、监督大人恩准施行实为公便。

宣统三年二月初六日收简易科、正科甲乙堂学员文焕等十五名禀呈一件：为奉省防疫火车不通未能到堂，请再续假两星期，并恳免扣分数。批：现在火车正开，日内即可来京，不必拘定假期，以来京后，尚须缓入堂数日也。

宣统三年二月二十日收奉省学员文焕等禀一件：学员等不胜焦灼之至，即于二月十一日据情联名恳请东三省总督发给护照以便起程，当奉批示呈悉本大臣前准北洋大臣电告，京奉火车人数除紧要官差及西伯利

---

① 学部教学学务档案，卷58号。

亚来客外，所有商学各界未便给照搭车，以示限制而符定章等。因查山海关防疫甚严，自未便饬司发照，仰即遵照静候核办此批等，因奉批除静候核办外，学员等拟请由本月二十日起请再赏假两星期，并恳于假期内免扣分数，是否有当理合据实禀陈，伏乞总理贝勒爷、监督大人恩准施行实为公便。批：准，火车开行即来，不可另事耽延。

宣统三年三月初六日收奉省学员文焕等禀一件：贵胄法政学员文焕等为禀请入堂事，窃学员等于二月二十日复行禀请东三省总督，当经批示候饬交涉司核发乘车护照等批，即于二十六日早七钟给文焕、升瑞二名护照，即日晚七钟到山海关留验，七日沐浴后即将衣服熏蒸，行李物件照法消毒，每日医官调验二次；二十七日早七钟溥泉、恩论二名执照乘车，晚七钟到关留验；二十八日早七钟熙清、连明、桂龄、玉衡、维辰五名执照乘车，晚七钟到关留验。文焕、升瑞照章留验七日，溥泉、恩论留验六日，熙清等五名留验五日，溥泉等七人留验一切方法如前，学员均于三月初五日早八钟离关。惟溥泉等七人留验不足七日，系初五日早六钟接准北洋大臣来电，现在关内外疫氛消灭，即日放行，勿庸七日，始得与文焕等同日到京。是以禀恳可否入堂上课，伏乞总理贝勒爷、监督大人鉴核施行须至禀者。批：由医官验明回话再批。附片：医官许宾谨遵批示，查验东省回京学员文焕等九员均热度合宜，脉数、舌苔、呼吸皆正，身体精爽，均察无疫症及疑似传染之症。兹将该学员等名开呈宪鉴伏候批示遵行……再批：既验无疫，准其入学。

宣统三年三月十七日收正科乙堂学员宝璹等禀一件：正科乙堂学员宝璹等为禀请续假事，窃因鼠疫流行遮断交通，前已请假，蒙批准在案。今火车虽开而验病如故，学员等于初十日奉到交涉司执照，十一早八点至车站医官验病，偶有疑似病，当即扣留不得乘车，势必稍俟几日方可来京，于是学员等万分焦灼，恐学业荒芜，亦无如何，谨将实在情形陈明，伏乞总理爵前监督大人恩准续假两星期，实为德便，谨禀。批：准假一星期。

宣统三年三月十九日收正科乙堂学员宝璹等禀一件：为由奉来京，恳请入堂受课由。批：照章验明回堂。

三、学校风气不佳

清廷设立贵胄法政学堂，抱有很高的期望。然而学堂学生既为贵胄子弟，往往将其日常的散漫习气带到学校，使教与学的质量都因此而降低。

宣统二年五月初，因天气炎热，各科班长代表学员请求在家复习功课，禀帖内容如下：

> 正科甲乙堂简易科三堂班长代表各学员呈请因天气炎热停课期内，拟均在家温习功课。本月初二日，期考牌示，载有自初三日起，各班学员一律停课，仍由各教员按照平日上课钟点上堂监视等语，仰体总理、监督之意，原欲致学员等实行温习，然学员等窃谓学堂期考在即，学生纵使平日怠惰者，今日亦必惜此分阴，若仍由教员监视，是每日必须来校，必须上堂，而每堂势必四刻，现值天气炎热，兹已间有染疾者，况温课与授课情形更不相同，六十人相聚一堂，气味之熏蒸，音声之缭乱，头目既眩，专心不易。且燥风烈日之中，往来往返道途，不惟虚耗时刻，体弱者并恐致疾，是原期可以温习功课者反不能温习功课也。学员等三班意见相同，拟请于听课期内准各学员在家温习，寓斋清净，易于专心。

三个班的学生共同提出居家复习功课的申请，这似乎有聚众要挟之意。学堂不得不批复同意其申请："愿来堂者来堂，其家庭宽绰、温习较便不愿来堂者，听此诉。"

然而，二十日后，各科班长再次呈禀，变本加厉地要求只上半日课："为天气酷热，恳请于上半日受课，午后归寓"，并辩称这对"劝学、卫生两有裨益"。对此，学堂并未像上次那样答应学生申请，而是予以驳斥。批示中指出，京师大学堂、陆军贵胄学堂的学生都未因天气炎热而减少课时数，相比之下，贵胄法政学堂的假期已为最多，"不可谓不近人情矣"，"今距放学之期不过一星期，若于此七日之内先上半日功课，于该学员等未必有益，而于定章程殊多滞碍"。① 仅因天气炎热就不愿到堂学习，反映出学堂学生的养尊处优。

另外，1910年12月，还发生了学堂预备科班长请求退学一事。他在禀文中如此描述学堂风气：

> 学员自入学以来，逐日遵时到堂肄业，未敢稍有懈弛。前蒙派充班长一学期之久，未尝见恶于同学。惟近日以来同学中间有不守学规者数人，虽经监学官屡次查据情形，禀请记过，然知愧悔自新者不过一二，每遇连教员授课时，学员中多有哄闹及拍几、顿足、口作异声，以致有碍他人用功，似此种情形，实难尽述。学员赋性愚莽，每遇此等情形，实不忍视，必以匡正同学之条劝勉，伊等不但置若罔闻，且有嫉妒之心，实有不能容之势。再四思维，惟有恳请总理、监督恩施俯准退学，实为德便，为此谨呈。②

这也反映出学堂学生品性之恶劣。

四、考试情况散记

贵胄法政学堂每学期、每学年、修业和毕业时会组织学员进行考试，"每学期及学年之终由教员分门考试各一次；正科习普通二年、预备科习普通二年、听讲班满三年均由总理、监督督率职员考试一次，发给修业文凭；各科毕业时由本学堂总理、监督会同学部堂官督率职员考试一次，发给毕业文凭"③。第一历史档案馆学部档案留存了简易科学期考试和正科甲堂修业考试的部分试卷④，从中可以管窥学堂学生的学习程度。

---

① 学部教学学务档案，卷58号。
② 学部教学学务档案，卷58号。
③ 会议政务处咨文，第594号。
④ 学部教学学务档案，卷64号。

简易科科目一：刑法。
题目： 何为正当防卫，试言其意并举例以明之。
学生答卷： 溥楷；**评分：** 88分。

　　正当防卫者，对一定之侵害行为防卫自己或他人之利益也，如防止放火及其他暴行，有伤财产者之时，如防止盗犯及欲夺还盗赃之时，又如防止夜间无故入人之住居邸宅及将逾越损坏门户墙壁之时，此皆为正当防卫也，在刑法上不为罪。

　　正当防卫之要件有三：

　　一，防卫行为对于侵害者为之。如甲欲杀乙，是侵害乙，而乙抵御之是为对于侵害者之行为也。

　　二，要以防卫自己或他人之利益为目的。日本的刑法以防卫自己或他人之身体或特种财产之时，始为正当防卫等规定失于过狭，故新刑法改为防卫自己或他人之权利。

　　三，要防卫行为出于不得已。防卫行为出于不得已，必由侵害于我，而我之防卫会他方法不得不及于他人是也。

简易科科目二：国朝掌故。
题目： 近日通行银币，或称适用间于市面有反对之议，推之历朝严禁私铸仍不外划一圜法之意，试详举其利弊以对。
学生答卷： 孙传者；**评分：** 91分。

　　理财家之注意划一圜法，盖除弊兴利之妙策也。然奸商以私铸扰乱圜法，有害于民且影响于全国之经济，是以严禁其私铸以维持之，此历转同一之政策也。但私铸既严禁矣，采能维持圜法整。是必不然，盖圜法必划一，我国理财家今以圜法划一为维持经济之必要，于是官铸银圆通行于市，以冀达划一之目的，而市面仍有称不适用，持反对之说，此是不知划一圜法之利而拘于惯习也。今看欲实行圜法划一之政策，必先定圜法之本位，而严禁其他。如以银币为本位，再留以铜币为补助，其他各种严禁之则庶几矣。

简易科科目三：行政法。

题目：各国任官有必须学术者，有不然者，试分别说明之。

学生答卷：瑞图；评分：100分。

　　各国考试官吏皆以学术之优劣为去留之标准，有不然者，如日、德、法、英。其规定考试章程各有不同，有以试其学术之如何而委任以相当位置者，有以察其资格之如何而委任以相当位置者，兹分述于下。日本任官之制，须以学术考试者有三：（1）须受试验之官；（2）有特别之学艺依于铨衡任用者；（3）适合于一定之资格者。不以学术亦可为官吏者有三：（1）以亲任叙用之敕任官；（2）特别之任用；（3）依于从来之地位取得资格者。德国之官吏皆须凭学术考试之，有不能者，如行政裁判厅、税务局等官是也。法国之考试因个人之所希望之省份呈请考验，然必须有学士或博士之文凭。英国之官吏之分两种：曰政务官，不必考试，系随内阁之更迭；曰事务官，系终身。为官者分三种：（1）敕任相当，不必考试，如次官局长其他事务官；（2）奏任相当，如高等文官，随敕任者如属员亦有独断时及第以后试补一年；（3）判任相当，受长官命令，不应考者，须十年勤务，本省大臣许可须得大藏大臣之同意。以上各国任官不以学术即以资格，除此二者，盖未有能为官吏者也。

简易科科目四：法制意文。

题目：说明国务大臣之责任。

学生答卷：文瀛；评分：90分。

　　国务大臣之责任有对于君主负责任者，有对于议会负责任者。对于君主负责任是对于自己辅弼之行为而负其责任也；对于议会负责任是实行议会意思，遵其目的而为政治上之进行也。无论其责任如何，要不外法律上之责任与政治上之责任两种而已，略述于下：

　　一、法律上之责任，对于法律上强制力之责任也，分四种：

　　刑法上之责任，大臣对于刑法上之不法行为，服刑事裁判所之判决也。

　　民法上之责任，大臣对于民法上之不法行为，须服民事裁判所之判决也。

官吏法上之责任，大臣虽不适用一般官吏法上之责任，而君主有罪免之权则，与一般官吏之受惩戒处分相同。

宪法上之责任，此为大臣法律上特别之责任，各国宪法于大臣特殊之不法行为，有以议会之一院弹劾之者，有各院均可以弹劾之者，有特别之政治裁判所为之审查，是为宪法上之责任。此制度发达于英国，各国继效之，至于今日政策又稍变矣，议会弹劾之不用复杂手续，惟决议大臣之不能信任，或奏请君主罢免大臣，或大臣自行连带辞职，只因实行宪法上之责任，又渐移而至于政治上之责任矣。

二、政治上之责任，此为立宪国大臣责任之最重要者，所谓对议会负责任是也。大臣对于议会之质问而自负其结果，其负如何责任乃事实上之问题；而议会有质问其责任之权能，又为法律上之问题。可见政治上之责任与法律上之责任亦有关系者也，所不同者，其质问之结果一属于事实之问题，一属于法律之问题已耳。

从命题角度看，刑法、行政法和法制意文考查的是对基本制度和概念的认识、理解。正当防卫是刑法中的法律概念，对其限度条件的把握是理解此概念的关键，题目通过详述其意并举例说明的方式，考查学员对此概念的理解和应用。行政法的考题考查的是学员对世界各主要国家文官制度的了解。法制意文的考题从理解国务大臣责任的角度切入，考查学员对立宪政体的理解。这两个考题很切合贵胄法政学堂的培养方向。

国朝掌故考题的出题角度与科举考试策论类似，考查学员对现实问题的看法。从作答情况来看，经过学习，学员对近代法政知识有不同程度的掌握，拓宽了知识面，在一定意义上可谓"学有所成"。

正科普通学甲班科目一：周礼。
题目：说明大胥之职掌并解释其意义。
学生答卷：启瑞；评分：100分。

三代之治，周为最盛，周之治理也，周公治之也，周公传成王，治礼作乐，灿然明备，而言治之书，首载《周礼》。兹观春官大胥之设，则周公治礼之大意，亦可见一般矣。夫大胥掌学士之版，以待致诸子。春入学，舍采，合舞；秋颁学，合声诸事。以大胥名官者，言大有才智之官也，而其职掌之意义，案学士即诸子，谓公、卿、大夫、士之庶子；版，籍；致，征也。诸子既入学，释之繁以礼先师，至秋颁诸学士肄业于各舍，然当其始教学时，系众人分教，声容或有不同，故必复会集之，齐其屈伸俯仰、清浊高下之节也。总之，大胥掌国之官，观其职掌，可见周公置官之善，无怪周之济济多士也。

正科普通学甲班科目二：中史。
题目：隋文帝治内驭外之略若何；贞观之初唐太宗之设施若何。
学生答卷：钦承；评分：95分。

文帝即位，刑法官制多有更定，内修政治，轻减赋税，惟禁工商不得仕进，狃于重农抑末之说，未为达政，此内治之略也。外驭四夷，和战互用，此驭外之略也。

太宗即位，延揽文学，以杜如晦、房玄龄执朝政，魏征、王珪等备顾问，李勣、李靖等掌军事。畏义好贤，屈己从谏，国威外耀，政治克修，其他制度无不备此，太宗设施之大概也。

正科普通学甲班科目三：西史。
题目：论亚历山大；蒙古在欧洲之势力。
学生答卷：启瑞；评分：100分。

亚历山大者，马其顿之贤王也，少师阿里斯多德研究哲学，尤喜攻文学。及腓立波被弑，亚历山大即位，年才二十，英武有大略，克承先志，先镇定内乱并留兵备希腊，以免内顾之忧。于是，遂起远征之师，由波斯渡小亚细亚，转战各地，所向克捷。又转军侵入埃及，至于尼罗河口，开亚历山大港；然后复进兵波斯，陷其都，逐其王于帕米尔高原之西；更进兵于印度，时士卒皆思归，王亦以悬军涉远，苦于客乡，乃于印度河口，分军为二，自从陆路还巴比伦，以他将率余军行波斯湾而归，方欲跨东西洋建一大帝国，乃不幸半途罹疾而殂，时年方三十二年。

嗟乎！王诚千古之英君，不然何其功之伟若斯也？设天假之年，跨欧亚两洲建一绝大帝国意事也，乃竟伊兰高原之风云变色，而世界之伟人烟消，不□良可悲哉。

西欧诸国是时方盛行国家主义，如法、英、西独诸国其尤著者也。而东欧各国吞噬攻略，纷纷不已，始而因禁止偶像，促东西教会之分裂。东罗马国运既衰，诸蛮族乘机崛起，土耳其列起于小亚细亚，侵蚀帝国之东边，日耳曼则踞伊大利以窥帝国之西部，互相鱼肉，各逞干戈，而蒙古人遂于是时而侵入欧洲。朔元太祖既□西夏灭金，更转旆西征，略定中央亚细亚、撒马尔罕，又命将征服南方露西亚各地。未几太祖崩，太宗窝阔台继位，以拔都为总督，征服亚西亚及东欧之地，于是占有匈牙利、波兰等地，而拔都遂建钦察汗国于乌拉山、里海、多瑙河之间。□其他太祖之孙旭烈兀建伊尔汗国于西方亚细亚、叙利亚、小亚细亚之间，察合台汗国亦建于中央亚细亚。当时蒙古在欧洲之势力，□有钦察汗国雄□于乌拉山以西，其伊尔、察合台□在亚洲。呜呼，盛矣！乃竟不数十年间，三汗互相攻伐，同归于尽，致使露西亚乘机复国，而我族遂不能有欧西一片之土，良可为可惜哉，良可惜哉！

根据学堂章程规定，正科习普通学两年进行修业考试。甲堂学员基础较其他班学员要好。从以上试卷可见，这些学堂中最优秀的学生，在中国文史及西方历史等学科均有良好的素养。

结　语

20世纪初，清政府为了挽救其衰微的统治，在政治、经济、军事、文化等各方面进行改革，其统治核心集团——满蒙权贵也在新政改革中益发坚定其族群意识。贵胄学堂既是新式教育发展的直观体现，又是满蒙贵族集团在改革中攫取权力的工具，其建立是时代的必然。

在教育方面，传统的八旗教育积弊甚重，不利于新式人才培养。在教育改革的大背景下，清廷把原有的宗室、觉罗、八旗等官学改为学堂，并且设立专门培养武备人才的陆军贵胄学堂和培养法政通才的贵胄法政学堂。之所以优先成立这两所贵胄学堂，也与新政时期的军事和政治背景直接相关。军事上，清朝统治者依赖的主力军队八旗、绿营早已不堪驱策，而新式军队又大部分掌握在汉族手里。满蒙权贵在军队中权势衰微，满汉矛盾非常尖锐。为了抓军权、保皇室，在借鉴外国经验的基础上，清政府设立了陆军贵胄学堂。政治上，清末呼吁立宪政治之声高涨，但真正掌握宪政知识的贵胄并不多。为了在政治体制改革中继续抓牢核心权力，贵胄法政学堂应运而生。

贵胄学堂在招生资格上，只招收满、蒙、汉贵族及子弟；在教师的延聘上，注重教师的学识修养，把一批学有专长的人请到学堂；在经费使用上，与同时期的同类学校相比，得到了政府更大的支持；在课程设置上，根据具体培养目标，分阶段分层次进行教学，设置的课程基本符合时代需要。

辛亥革命爆发后，清廷面临存亡危机。考虑到当时的情况，学堂宣告暂时放假。1912年中华民国成立，5月，教育部宣布陆军贵胄学堂和贵胄法政学堂立即废止，贵胄学堂正式结束。从创立到宣布废止，陆军贵胄学堂共开设两期，毕业一期；贵胄法政学堂仅开设一期，正科尚未毕业。即便如此，在清末最后几年兴办的贵胄学堂仍具有一定的历史作用。

第一，贵胄学堂的建立开阔了满洲贵族的视野，促进了满洲贵族思想的变化，使其更容易接受新事物。

贵胄学堂所招收的学生均为满汉亲贵，他们的思想立根于中国传统。在或自愿或被迫地进入贵胄学堂学习后，至少一部分人的思想发生了变化。

载沣为陆军贵胄学堂第一期听讲班成员，他每天在马队的护卫下，准时到校，风雨无阻。即便是在1907年奉旨在军机大臣上学习行走，每日上午入值，下午仍然按时去听讲。他坐在教室第一排正中，听讲十分认真，每种课程他都记有详细笔记。据载沣的儿子溥任后来回忆："他在两年内所用本册就有一书箱之多，尤其对于天文、地理两课最感兴趣。他在家中购置有：星球仪、地球仪、三球仪、天文镜、望远镜及天文、地理挂图、书籍多种。他经常观测天文星座及日、月蚀等。他在日记中还记载有关'哈雷'彗星的情况。"① 及至晚年，他有时还会向子女讲述天为什么会有打雷、打闪等自然现象。由此可见，贵胄学堂所学的知识对其日常生活的影响。

不仅如此，在对国家大事进行决策时，贵胄学堂的经历对载沣的影响也很大。1909年，身为摄政王的载沣在制定禁卫军章程时，提拔曾在贵胄学堂为其讲解军事学的兵学教员田献章为其助手，并担任军咨官。据报道，田献章"讲解兵学异常完善，并于各国兵制详细推阐。摄政王对于该教员讲释禁军之组织尤为注意，至编练禁卫军之始，王特招该教员饬令编订禁卫一切章程，告成之后王极赞其完全，刻已派定田教员为军咨官，遇事仍不时咨访，说者谓此次禁卫军成立之原因，皆田教员鼓吹之力"。②

同为听讲班成员的毓朗学习也同样认真。前文提到，毓朗当时办公地在海淀公所，上课地在东城煤渣胡同。尽管公务繁忙，他依然坚持两地往返，在陆军贵胄学堂听讲，并且乐此不疲。他还评价学堂教员："教习王子山讲西洋历史最佳，曹灿三讲算学、英文皆精。"③

有的学生在学堂学得津津有味，于是产生了把所学的知识传授给别人的

---

① 溥任：《陆军贵胄学堂》，《紫禁城》1988年第5期。
② 《摄政王倚畀军咨官》，《大公报》1909年8月15日。
③ 毓盈：《述德笔记》，中国社会科学院近代史研究所近代史资料编辑部编：《近代史资料》（总79号），中国社会科学出版社1991年版，第115页。

想法。"贵胄学堂听讲员载君绍舫于算学一门颇有心得,现拟于史家胡同设立研究所一区研究算学专科,日内即出示招生矣。"①宗室中也有一些人因为不能进入贵胄学堂,而发起组织另一个学习科学知识的学堂:"有宗室某君因贵胄学堂限定之岁数须在十八以上二十五以下而学额又不多,且有二品以上大员之子弟随同肄业,故宗室之中有志科学者不免有向隅之憾。兹由某君发起纠合同志组织一宗室学堂,以备立宪后贵族院之人才。"报道这一新闻的记者也称赞其"洵文明之举动,执笔人深望其速成也"。②

陆军贵胄学堂第一期毕业生中,还有人发起留学运动:"有数人发起,拟联合各同学自备资斧,赴欧洲各国学习海陆军,以期深造。"③这也反映出学堂学生的新思想、新风尚。

蓄辫是清朝男子的标志。可是在1910年,全都为满汉亲贵子弟的陆军贵胄学堂学生却剃掉了发辫,这一举动令时人震惊。"1909年(宣统二年)冬,官方传出消息,德国皇太子拟于1910年春季来中国游历……陆军贵胄学堂势必列入参观之内……学术科和清洁整齐等方面,用不着特别准备,唯独当时每人脑后都垂着一条发辫,不仅非常的不受看,而且妨碍操作,甚至外人称之为猪尾奴,当时在出操和作业等时,就要把它盘在帽内,可是因此帽子戴的又不合要求,仍然是不受看。一般学生都有不如把它剪掉的意思,得知德国皇太子要来参观的消息,为了免得外人看不起,大多数学生表示愿自动剪去,学堂的当局也认为有此必要,当时监督张绍曾即将发辫剪去,暗示提倡之意,于是绝大多数学生很快自行剪掉。但有一部分思想顽固者,无论怎样说服,坚决不赞成,最后学生自动组织了一个剪辫团,秘密于夜间分赴不愿剪的同学宿舍,乘其熟睡之际,突然硬给剪掉。经过这一强迫行动,最后只剩二、三人,在不得已的情况下,也就不能不剪去。全堂自监督以下,所有军官和学生,于1909年冬都将发辫剪去。"④在当时留学生和革命党人流行剪掉发辫,被清廷视为大逆不道。陆军贵胄学堂学生的这种行动从一个侧面说

---

① 《设立算学所》,《大公报》1906年9月20日。
② 《宗室学堂之组织》,《大公报》1906年8月11日。
③ 《贵胄中之发奋者》,《大公报》1909年11月3日。
④ 韩世儒:《清末陆军贵胄学堂第二期的回忆》,《湖北文史资料》1990年第3辑(总第32辑),第46—47页。

明，随着对新知识的不断学习，清末满洲贵族中的一部分人思想上发生了很大的变化，比较容易接受新事物，甚至"敢为天下先"。

第二，贵胄学堂成为清政府展示其统治核心集团趋新向学风貌的一个窗口。

贵胄学堂在当时非常引人关注，经常有人前来参观。如上文所述，1911年德国太子计划来中国游历，贵胄学堂就是他指定参观的机构。1910年9月，美国陆军大将狄金生访华，在七天的行程中，有半天是去参观陆军贵胄学堂。①1910年6月，学堂还特意邀请军机大臣、各部尚书等官员亲贵前来参观，除了安排他们参观课堂和制式教练外，还命学堂学生进行战斗教练，表演射击、劈刺、体操等课目。而在当时的社会舆论中，尽管也有不少批评贵胄学堂的声音，但总的来看，时人对于满蒙权贵集团思想和行动的趋新，还是抱有乐见其成的心态的。

清政府试图通过设立贵胄学堂来培养文武人才，但是这些学堂并没能阻止清王朝的覆亡，在清廷覆亡后它们自身也难以为继。作为一所旨在培养高级将领和官员的贵族学校，贵胄学堂的最大缺陷在于招收学员侧重于满洲亲贵。这不仅导致其选材范围极为狭小，难以优中选优，更由于学堂对汉族大臣子弟或明或暗的排斥，直接暴露了掌权者的私心。在"排满"言论日益弥漫的清朝末年，贵胄学堂的设立进一步激化了满汉矛盾，这反而不利于满洲亲贵稳固其统治，与设立学堂的目标背道而驰。贵胄学堂学生身上，彰显出部分满洲贵族的革新精神，但大清王朝这个时候已经病入膏肓，统治者自身发起的改革为时已经太迟了。

---

① 《大公报》1910年9月23日有美国大将到京的日程安排。

参考文献

一、史料

[1] 中国第一历史档案馆藏：总理练兵处档案、兵部—陆军部档案、练兵处档案、会议政务处咨文、学部档案、责任内阁档案、军机处录副奏折。

[2]《大公报》

[3]《东方杂志》

[4]《申报》

[5]《盛京时报》

[6]《武备杂志》

[7]《新民丛报》

[8]《学部官报》

[9]《陆军贵胄学堂同学录》

[10]《宪政编查馆奏遵设贵胄法政学堂拟定章程折》

[11]《奏定陆军贵胄学堂章程》

[12] 北京大学校史研究室编：《北京大学史料·第一卷：1898—1911》，北京大学出版社1993年版。

[13] 北京市政协文史资料委员会编：《辛亥革命后的北京满族》，北京出版社2002年版。

[14] 卞孝萱、唐文权编：《辛亥人物碑传集》，凤凰出版社2011年版。

[15] 陈学恂主编：《中国近代教育史教学参考资料》，人民教育出版社1986年版。

[16] 故宫博物院明清档案部编：《清末筹备立宪档案史料》，中华书局1979年版。

［17］广东省社会科学院历史研究室等合编:《孙中山全集》,中华书局1981年版。

［18］广东省哲学社会科学研究所历史研究室编:《朱执信集》,中华书局1979年版。

［19］韩世儒:《清末陆军贵胄学堂第二期的回忆》,《湖北文史资料》1990年第3辑（总第32辑）。

［20］胡宝华:《陆军贵胄学堂观操纪实》,《文史资料存稿选编》（军事机构下）,中国文史出版社2002年版。

［21］胡思敬:《国闻备乘》,中华书局2007年版。

［22］黄濬著,李吉奎整理:《花随人圣庵摭忆》,中华书局2008年版。

［23］黄摩西主编:《普通百科新大辞典》,上海国学扶轮社1911年版。

［24］康有为撰,姜义华、张荣华编校:《康有为全集》,中国人民大学出版社2007年版。

［25］李启成点校:《资政院议场会议速记录——晚清预备国会论辩实录》,上海三联书店2011年版。

［26］梁启超著,汤志钧、汤仁泽编:《梁启超全集》（第六集,论著六）,中国人民大学出版社2018年版。

［27］梁启超著,朱维铮校注:《梁启超论清学史二种》,复旦大学出版社1985年版。

［28］刘锦藻撰:《清朝续文献通考》,浙江古籍出版社1988年版。

［29］清华大学图书馆科技史暨古文献研究所编:《清代缙绅录集成》,大象出版社2008年版。

［30］璩鑫圭、唐良炎编:《中国近代教育史资料汇编：学制演变》,上海教育出版社2007年版。

［31］上海商务印书馆编译所编著:《大清光绪新法令》,上海商务印书馆1910年版。

［32］上海商务印书馆编译所编著:《大清教育新法令》,上海商务印书馆1910年版。

［33］上海商务印书馆编译所编著:《大清宣统新法令》,上海商务印书馆

1910—1911年版。

[34] 苏舆编:《翼教丛编》,上海书店出版社2002年版。

[35] 孙宝瑄:《忘山庐日记》,上海古籍出版社1984年版。

[36] 孙应祥、皮后锋编:《〈严复集〉补编》,福建人民出版社2004年版。

[37] 谭嗣同撰,何执编:《谭嗣同集》,岳麓书社2012年版。

[38] 汪征鲁、方宝川、马勇主编:《严复全集》(第10卷),福建教育出版社2014年版。

[39] 王蘧常:《严几道年谱》,商务印书馆1936年版。

[40] 王栻主编:《严复集》,中华书局1986年版。

[41] 王学珍、张万仓主编:《北京高等教育文献资料选编:1861—1948》,首都师范大学出版社2004年版。

[42] 谢维扬、房鑫亮主编:《王国维全集》,浙江教育出版社、广东教育出版社2009年版。

[43] 谢兴尧整理、点校、注释:《荣庆日记》,西北大学出版社1986年版。

[44] 徐珂:《清稗类钞》,中华书局1984年版。

[45] 学部编订名词馆编:《辨学名词对照表》,宣统年间刻本。

[46] 学部编订名词馆编:《数学名词对照表》,宣统年间刻本。

[47] 学部编订名词馆编:《外国地名中英对照表》,宣统年间刻本。

[48] 学部编订名词馆编:《心理学名词对照表》,宣统年间刻本。

[49] 学部编订名词馆编:《植物名词中英对照表》,宣统年间稿本。

[50] 颜惠庆著,姚崧龄译:《颜惠庆自传》,台湾传记文学出版社1973年版。

[51] 颜惠庆主编:《英华大辞典》,商务印书馆1935年版。

[52] 严昌洪、何广编:《中国近代思想家文库·杨毓麟、陈天华、邹容卷》,中国人民大学出版社2014年版。

[53] 严修自订,高凌雯补,严仁曾增编:《严修年谱》,齐鲁书社1990年版。

[54] 毓盈:《述德笔记》,中国社会科学院近代史研究所近代史资料编辑部编:《近代史资料》(总79号),中国社会科学出版社1991年版。

[55] 恽毓鼎著,史晓风整理:《恽毓鼎澄斋日记》,浙江古籍出版社2004年版。

[56] 张静庐辑注:《中国近现代出版史料:近代初编》,上海书店出版社2003

年版。

[57] 张绍程:《清末的陆军贵胄学堂》,《文史资料存稿选编》(军事机构下),中国文史出版社 2002 年版。

[58] 张枬、王忍之编:《辛亥革命前十年间时论选集》(第二卷),生活·读书·新知三联书店 1977 年版。

[59] 赵德馨主编:《张之洞全集》,武汉出版社 2008 年版。

[60] 朱士嘉:《官书局书目汇编》,中华图书馆协会 1933 年版。

[61] 朱寿朋编:《光绪朝东华录》,中华书局 1958 年版。

[62] 朱羲胄撰:《林琴南先生学行谱记四种》,世界书局 1965 年版。

[63] 朱有瓛主编:《中国近代学制史料》(第二辑下册),华东师范大学出版社 1989 年版。

[64] [日]服部宇之吉著,张宗平,吕永和译:《清末北京志资料》,北京燕山出版社 1994 年版。

[65] [澳]骆惠敏编:《清末民初政情内幕——〈泰晤士报〉驻北京记者、袁世凯政治顾问乔·厄·莫理循书信集》,知识出版社 1986 年版。

二、著作

[1] 白文刚:《应变与困境:清末新政时期的意识形态控制》,中国传媒大学出版社 2008 年版。

[2] 陈建华:《"革命"的现代性:中国革命话语考论》,上海古籍出版社 2000 年版。

[3] 陈力卫:《东往东来:近代中日之间的语词概念》,社会科学文献出版社 2019 年版。

[4] 陈平原、米列娜主编:《近代中国的百科辞书》,北京大学出版社 2007 年版。

[5] 陈旭麓:《近代中国社会的新陈代谢》,上海人民出版社 1992 年版。

[6] 陈翊林:《最近三十年中国教育史》,上海太平洋书店 1931 年版。

［7］方维规:《什么是概念史》,生活·读书·新知三联书店2020年版。

［8］冯天瑜:《新语探源:中西日文化互动与近代汉字术语生成》,中华书局2004年版。

［9］葛兆光:《中国思想史》(第二卷),复旦大学出版社2013年版。

［10］关晓红:《晚清学部研究》,广东教育出版社2000年版。

［11］郭卫东、牛大勇主编:《中西融通:严复论集》,宗教文化出版社2009年版。

［12］侯宜杰:《二十世纪初中国政治改革风潮——清末立宪运动史》,人民出版社1993年版。

［13］胡绳:《帝国主义与中国政治》,生活书店1948年版。

［14］胡祥雨主编:《百年清史研究史:海外研究卷》,中国人民大学出版社2021年版。

［15］黄克武:《惟适之安:严复与近代中国的文化转型》,台北联经出版事业股份有限公司2010年版。

［16］黄克武:《自由的所以然:严复对约翰弥尔自由思想的认识与批判》,上海书店出版社2000年版。

［17］黄兴涛:《文化史的追寻——以近世中国为视域》,中国人民大学出版社2011年版。

［18］黄兴涛主编:《新史学(第三卷):文化史研究的再出发》,中华书局2009年版。

［19］蒋廷黻:《中国近代史》,艺文研究会1938年版。

［20］李剑农:《最近三十年中国政治史》,太平洋书店1930年版。

［21］刘禾著,宋伟杰等译:《跨语际实践:文学,民族文化与被译介的现代性(中国,1900—1937)》,生活·读书·新知三联书店2008年版。

［22］刘禾:《语际书写——现代思想史写作批判纲要》,上海三联书店1999年版。

［23］罗荣渠:《现代化新论——世界与中国的现代化进程》,北京大学出版社1993年版。

［24］罗志田:《国家与学术:清季民初关于"国学"的思想论争》,生活·读

书·新知三联书店 2003 年版。

［25］吕思勉:《中国近代史八种》,上海古籍出版社 2008 年版。

［26］冒荣:《科学的播火者:中国科学社述评》,南京大学出版社 2002 年版。

［27］彭剑:《清季宪政编查馆研究》,北京大学出版社 2011 年版。

［28］皮后锋:《严复大传》,福建人民出版社 2003 年版、2013 年版。

［29］桑兵:《晚清学堂学生与社会变迁》,广西师范大学出版社 2007 年版。

［30］商务印书馆编辑部编:《论严复与严译名著》,商务印书馆 1982 年版。

［31］沈国威编:《近代英華華英辞典解题》,日本关西大学出版部 2011 年版。

［32］沈国威:《近代中日词汇交流研究:汉字新词的创制、容受和共享》,中华书局 2010 年版。

［33］沈国威:《一名之立 旬月踟蹰:严复译词研究》,社会科学文献出版社 2019 年版。

［34］孙江主编:《新史学(第二卷):概念·文本·方法》,中华书局 2008 年版。

［35］孙应祥:《严复年谱》,福建人民出版社 2003 年版。

［36］汪晖:《现代中国思想的兴起》,生活·读书·新知三联书店 2008 年版。

［37］王尔敏:《今典释词》,广西师范大学出版社 2008 年版。

［38］王汎森:《中国近代思想与学术的系谱》,吉林出版集团有限责任公司 2011 年版。

［39］王力:《汉语史稿》,科学出版社 1957—1958 年版。

［40］王奇生:《中国留学生的历史轨迹:1872—1949》,湖北教育出版社 1992 年版。

［41］王奇生主编:《新史学(第七卷):20 世纪中国革命的再阐释》,中华书局 2013 年版。

［42］王栻:《严复传》,上海人民出版社 1957 年版。

［43］王宪明:《语言、翻译与政治:严复译〈社会通诠〉研究》,北京大学出版社 2005 年版。

［44］魏野畴:《中国近世史》,开明书店 1932 年版。

［45］温昌斌:《民国科技译名统一工作实践与理论》,商务印书馆 2011 年版。

[46] 熊月之:《西学东渐与晚清社会》,上海人民出版社1994年版。

[47] 张德泽编著:《清代国家机关考略》,中国人民大学出版社1981年版。

[48] 张朋园:《立宪派与辛亥革命》,"中央研究院"近代史研究所1983年版。

[49] 张运君:《晚清书报检查制度研究》,社会科学文献出版社2011年版。

[50] 郑匡民:《西学的中介:清末民初的中日文化交流》,四川人民出版社2008年版。

[51] 钟少华:《中国近代新词语谈薮》,外语教学与研究出版社2006年版。

[52] 周增光:《宗室王公与清末新政》,华夏出版社2017年版。

[53] 左玉河:《从四部之学到七科之学:学术分科与近代中国知识系统之创建》,上海书店出版社2004年版。

[54] [美]鲍威尔:《1895—1912年中国军事力量的兴起》,中国社会科学出版社1993年版。

[55] [德]朗宓榭、[德]阿梅龙、[德]顾有信编著,赵兴胜等译:《新词语新概念:西学译介与晚清汉语词汇之变迁》,山东画报出版社2012年版。

[56] [美]任达著,李仲贤译:《新政革命与日本:中国,1898—1912》,江苏人民出版社2006年版。

[57] [美]史华兹:《寻求富强:严复与西方》,江苏人民出版社2010年版。

[58] [日]实藤惠秀著,谭汝谦、林启彦译:《中国人留学日本史》,生活·读书·新知三联书店1983年版。

[59] [意]马西尼著,黄河清译:《现代汉语词汇的形成:十九世纪汉语外来词研究》,汉语大词典出版社1997年版。

[60] Meribeth E. Cameron, *The Reform Movement in China*, 1898–1912, New York: Octogan Books, INC, 1963.

[61] Norbert Meienberger, *The Emergence of Constitutional Government in China (1905-1908), The Concept Sanctioned by the Empress Dowager Tz'u-His*, Bern: Peter Lang, 1980.

[62] Marianne Bastid, *Educational Reform in Early 20th-Century China*, University of Michigan, Center for Chinese Studies, 1988.

三、论文

[1] 白新良:《论清代八期教育在乾隆时期的转变》,《南开学报》(哲学社会科学版)2001 年第 4 期。

[2] 毕苑:《汉译日本教科书与中国近代新教育的建立(1890—1915)》,《南京大学学报》(哲学·人文科学·社会科学)2008 年第 3 期。

[3] 常晓辉:《清初的皇族教育》,《满族研究》1999 年第 2 期。

[4] 陈平原:《晚清辞书视野中的"文学"——以黄人的编纂活动为中心》,《北京大学学报》(哲学社会科学版)2007 年第 2 期。

[5] 程学峰:《贵胄学堂与清末贵族》,北京师范大学硕士研究生学位论文,2005 年。

[6] 崔志海:《国外清末新政研究专著述评》,《近代史研究》2003 年第 4 期。

[7] 崔志海:《建国以来的国内清末新政史研究》,《清史研究》2014 年第 3 期。

[8] 崔志海:《近十年来的国内晚清政治史研究》,《兰州学刊》2020 年第 5 期。

[9] 丁好:《清末陆军贵胄学堂》,《中国档案》2016 年第 7 期。

[10] 杜良:《编订名词馆与〈数学中英名词对照表〉的编订》,《中国科技语》2016 年第 3 期。

[11] 方维规:《论近现代中国"文明"、"文化"观的嬗变》,《史林》1999 年第 4 期。

[12] 冯天瑜:《近代国人对外来新语汇的"迎"与"拒"》,《河北学刊》2009 年第 5 期。

[13] 冯天瑜:《清末民初国人对新语入华的反应》,《江西社会科学》2004 年第 8 期。

[14] 冯天瑜、邓新华:《中、西、日语汇的互动与近代新术语的形成》,《浙江社会科学》2002 年第 4 期。

[15] 冯月然:《陆军贵胄学堂研究》,中央民族大学硕士研究生学位论文,2010 年。

[16] 韩大梅:《清代八旗子弟的学校教育》,《辽宁师范大学学报》(社会科学

版）1996 年第 2 期。
[17] 韩大梅：《清代八旗子弟的家庭教育》，《辽宁师范大学学报》（社会科学版）1997 年第 1 期。
[18] 何思源：《清末编订名词馆的历史考察》，《韩山师范学院学报》2014 年第 4 期。
[19] 何思源：《严复的东学观与清末统一译名活动》，《北京社会科学》2015 年第 8 期。
[20] 黄河清：《"逻辑"译名源流考》，《词库建设通讯》1994 年第 5 期。
[21] 黄克武：《新名词之战：清末严复译语与和制汉语的竞赛》，《"中央研究院"近代史研究所集刊》2008 年总第 62 期。
[22] 黄克武：《走向翻译之路：北洋水师学堂时期的严复》，《"中央研究院"近代史研究所集刊》2005 年总第 49 期。
[23] 黄立波、朱志瑜：《晚清时期关于翻译政策的讨论》，《中国翻译》2012 年第 3 期。
[24] 黄令坦、郑大华：《严复的性格变迁——兼论其对仕途的影响》，《学术界》2018 年第 3 期。
[25] 黄湘金：《贵胄女学堂考论》，《北京社会科学》2009 年第 3 期。
[26] 黄兴涛：《"话语"分析与中国近代思想文化史研究》，《历史研究》2007 年第 2 期。
[27] 黄兴涛：《近代中国新名词的思想史意义发微——兼谈对于"一般思想史"之认识》，《开放时代》2003 年第 4 期。
[28] 黄兴涛：《近代中国新名词的研究与词汇传统的变革问题——以输入日本新名词为中心的讨论》，《日本学研究》2003 年第 3 期。
[29] 黄兴涛：《清末民初新名词新概念的"现代性"问题——兼论"思想现代性"与现代性"社会"概念的中国认同》，《天津社会科学》2005 年第 4 期。
[30] 黄兴涛：《晚清民初现代"文明"和"文化"概念的形成及其历史实践》，《近代史研究》2009 年第 6 期。
[31] 黄兴涛：《新发现严复手批"编订名词馆"一部原稿本》，《光明日报》

2013年2月7日,第11版。

[32] 蒋骁华:《大声不入里耳——严译新词未流行原因研究》,《外国语文研究》2015年第3期。

[33] 李细珠:《清末政治史研究的宏观检讨》,《史学月刊》2013年第2期。

[34] 林浩彬:《丞参选任与清末部院用人专门化问题》,《清史研究》2021年第4期。

[35] 刘晓琴:《严复与晚清留学生归国考试研究》,《南开学报》(哲学社会科学版)2014年第1期。

[36] 柳岳武:《清末"开蒙智"探微——以代表性蒙旗为中心》,《史学月刊》2015年第3期。

[37] 罗志田:《抵制东瀛文体:清季围绕语言文字的思想论争》,《历史研究》2001年第6期。

[38] 罗志田:《革命的形成:清季十年的转折》(上),《近代史研究》2012年第3期。

[39] 欧阳哲生:《辛亥革命时期严复的思想演变及其抉择》,《北京大学学报》(哲学社会科学版)2011年第5期。

[40] 彭雷霆:《张之洞与编订名词馆》,《湖北大学学报》(哲学社会科学版)2010年第1期。

[41] 彭雷霆、谷秀青:《清末编订名词馆与近代逻辑学术语的厘定》,《郑州大学学报》(哲学社会科学版)2013年第4期。

[42] 屈文生:《和制汉语法律新名词在近代中国的翻译与传播——以清末民初若干法律辞书收录的词条为例》,《学术研究》2012年第11期。

[43] 桑兵:《晚清民国知识人的知识》,《学术研究》2020年第1期。

[44] 尚小明:《民元北大校长严复去职内幕》,《北京大学教育评论》2014年第4期。

[45] 孙晓娅:《如何为新词命名?——论民国初年的"翻译名义"之争》,《文艺研究》2015年第9期。

[46] 王栋亮:《清末贵胄学堂述略》,《历史档案》2008年第4期。

[47] 王会伟、张德让:《近三十年严复译名研究述评》,《浙江理工大学学报》

（社会科学版）2018年第2期。

[48] 王亮:《学部编订名词馆时期的严复与王国维》,《中国典籍与文化》2014年第4期。

[49] 王树槐:《清末翻译名词的统一问题》,《"中央研究院"近代史研究所集刊》1969年总第1期。

[50] 王秀丽:《晚清贵胄留学述论》,北京师范大学硕士研究生学位论文,2004年。

[51] 王秀丽:《晚清贵胄留学兴起原因探析》,《青岛大学师范学院学报》,2008年第1期。

[52] 王中江:《中日文化关系的一个侧面——从严译术语到日译术语的转换及其缘由》,《近代史研究》1995年第4期。

[53] 王冰:《中国早期物理学名词的审定与统一》,《自然科学史研究》1997年第3期。

[54] 温昌斌:《中国近代的科学名词审查活动:1928—1949》,《自然辩证法通讯》2006年第2期。

[55] 谢曼:《晚清宗室教育研究》,烟台大学硕士研究生学位论文,2021年。

[56] 杨猛:《少壮亲贵与宣统政局》,北京师范大学博士研究生学位论文,2018年。

[57] 张海荣:《清末三次教育统计图表与"学部三折"》,《近代史研究》2018年第2期。

[58] 张剑:《近代科学名词术语审定统一中的合作、冲突与科学发展》,《史林》2007年第2期。

[59] 张剑虹:《清末贵胄法政学堂研究——基于清朝军机处、内阁、宗人府档案的考察》,《延安大学学报》（社会科学版）2020年第6期。

[60] 张景华:《论清末民初的译名统一及其学术意义》,《上海翻译》2014年第1期。

[61] 张龙平:《益智书会与晚清时期的译名统一工作》,《历史教学》2011年第10期。

[62] 张胜前:《从〈辨学名词对照表〉看逻辑术语的变迁》,《华北水利水电大

学学报》(社会科学版)2017年第6期。

［63］张运君:《京师大学堂与近代教科书的审定》,《历史档案》2009年第1期。

［64］张运君:《晚清学部与近代教科书的审定》,《历史档案》2011年第1期。

［65］张运君:《严复与近代教科书的发展》,《历史教学问题》2009年第6期。

［66］张仲民:《"文以载政":清末民初的"新名词"论述》,《学术月刊》2018年第2期。

［67］钟少华:《百科方法:人类知识脉络的启示》,《清华大学学报》(哲学社会科学版)2001年第3期。

［68］朱文哲:《清末十年满洲权贵统治策略的调整》,北京师范大学博士研究生学位论文,2013年。

附录一：编订名词馆所编各科名词对照表内容[1]

辨学名词对照表

辨学名词对照表例言

一、表中名词取诸穆勒 *System of logic*、耶芳 *Element lesson in logic* 二书，而以耶氏书为多。

一、外国文名词专列英文。其英文所有，而今日仍通用拉丁语者，英拉并列；英无而拉有者，专列拉丁。

一、中文译语主用严译《穆勒名学》，但严书仅成半部，故除自行撰定外，参用日译。

辨学名词对照表

辨学 Logic　旧译辨学，新译名学，考此字语源与此学实际，似译名学为尤合。但《奏定学堂章程》沿用旧译，相仍已久，今从之。

学 Science　亦译科学。

---

[1] 本附录主要收录了辨学、心理学、数学名词对照表三种。原表分"定名""西文原名""定名理由"三栏，今不采表格形式，径按上述三栏顺序录表中内容。在本次收录时，笔者对原表中出现的中英文书写错误尽量予以核改。当时译名选字有与现行语言文字规范不符处，有些做了修改，有些则予以保留，以期读者得窥文献原貌。外国地名和植物名词对照表两表，因其内容过多，且与本文研究相关度较低，故仅录其凡例。

术 Art

概念 Concept

名 Name

端 Term　此字之义与名同，以在一句中之两端 Terminus，故谓之端。原音亦与端字不期而合。

词主 Subject　亦译主语。

所谓 Predicate　亦译宾语。

缀系 Copula　或译系语。

带用语 Syncategorematic term

独用语 Categorematic term

杂名 Mixed term

公名 General term

专名 Individual or singular term

总名 Collective term

察名 Concrete term　案 Concrete 者，有形或具体之意，故译察。察，著也。

玄名[①] Abstract term　案 Abstract 义为抽、为悬，又 Abstract term 较察名更为玄远，故译玄。

正名 Positive term

负名 Negative term

缺憾之名 Privative term

对待之名 Relative term

独立之名 Absolute term

有涵之名 Connotatic term

不涵之名 Non-connotatic term

定称之名 Denominative term

一义之名 Univocal term

歧义之名 Equivocal term

---

① 原书以"伆"字代"玄"。"伆"与"玄"意思相同，今已不用。

引喻之名 Analogical or metaphorical term

伦 Relation

伦基 Fundamentum relations

十畴 Categories or predicament　严译十伦，然十伦中之子目 Relatio 亦译作伦，殊嫌纲目相混，故改译畴。畴有区分之意。

质 Substantia

量 Quantitas

德 Qualitas

伦 Relatio

感 Actio

应 Passio

位 Ubi

时 Quando

形 Situs

习 Habitus

外举 Extention

内函 Intention

指示 Denotation

兼示 Connotation

通概 Generalization

微析① Specialization

别义 Desynonymization

殊化 Differentiation

明了之知识 Clear knowledge

暧昧之知识 Obscure knowledge

皙画之知识 Distinct knowledge

棼乱之知识 Confused knowledge

---

① 原书译为"散析"。"散"与"微"意思相同，今已不用。

完足之知识 Adequate knowledge

不完足之知识 Inadequate knowledge

接知之知识 Intuitive knowledge

符号之知识 Symbolical knowledge

辞 Proposition

正式辞 Positive proposition

负式辞 Negative proposition

全举辞 Universal proposition

偏举辞 Particular proposition

浑举辞 Indefinite proposition

独举辞 Singular proposition

专指辞 Exclutive proposition

例外辞 Exceptive proposition

明示辞 Explicative proposition

扩张辞 Ampliative proposition

分析辞 Analytic proposition

综合辞 Synthetic proposition

形状辞 Modal proposition

繁孕辞 Complex proposition

简称辞 Simple proposition

无待辞 Categorical proposition

有待辞 Hypothetical proposition

取一辞 Disjunctive proposition

申义辞 Proposition merely verbal

真辞 Real proposition

尽物 To be distributed

反对 Contraries

互灭 Contradiction

次反对 Subcontraries

从属 Subalterns

辞之转换 Conversion of proposition

已转之辞 Converse

被转之辞 Convertend

限转 Conversion by limitation or per accidents

负转 Conversion by negation

对转 Conversion by contraposition

单转 Simple conversion

径推 Immediate inference

由反语之径推 Immediate inference by privative conception

由加语之径推 Immediate inference by added determination

由复语之径推 Immediate inference by complex conception

五旌 Predicables

类 Genus

别（种）① Species

差（较）Difference

撰 Property　亦译副性。严译撰；撰，具也，物所具之德也。

寓 Accident　亦译偶性。严译寓；寓，偶也。

最高之类 Summum genus

最低之别 Lowest species or infima species

最近之别 Proximate species

辨学区分 Logical division

分基 Fundamentum divisionis

错综之区分 Cross division

充类区分 Exhaustive division

形下区分 Physical division

形上区分 Metaphysical division

---

① 括号为笔者所加。括号中字原书以小字印刷，表示两种译名皆可。下同。

两剖术 Dichotomy

界说 Definition

思想律 Laws of thought

元同律 Law of identity

互灭律 Law of contradiction

不容中立律 Law of excluded middle

足理律 Law of sufficient reason

连珠 Syllogism

条令 Canon

论素 Axiom　旧译公理。

前提 Premises　Premises 有大小二种，Major premise 严译例，Minor premise 严言案，而 Premises 则译原辞，以与委对。今依东译作前提，合言则云前提，分言则一例一案。

例 Major premise

案 Minor premise

判 Conclusion

大端 Major term　或云大名。

中端 Middle term　或云中名。

小端 Minor term

全曲公论 Dictum de omni et nullo

语式 Figure of speech

欧拉氏语式 Enlers figure

还元法 Reduction

不整连珠 Irregular syllogism

繁连珠 Compound syllogism

单提连珠 Enthymene

援证连珠 Epicheirema

论辨 Argument

前见 Antecedent

后从 Consequent

有待连珠 Hypothetical syllogism

建设有待连珠 Constructive hypothetical syllogism

破坏有待连珠 Destructive hypothetical syllogism

析取连珠 Disjunctive syllogism

双引辞式 Dilemma

双引辞角 Horns of dilemma

建设双引辞 Constructive dilemma

破坏双引辞 Destructive dilemma

眢辞 Fallacy

辨学眢辞 Logical fallacy

实质眢辞 Material fallacy

半辨学眢辞 Semilogical fallacy

纯辨学眢辞 Pure logical fallacy

四端眢辞 Fallacy of four terms or quaternio terminorum

中端不尽物眢辞 Fallacy of undistributed middle

大端不合法眢辞 Fallacy of illicit process of the major term

小端不合法眢辞 Fallacy of illicit process of the minor term

例案皆负眢辞 Fallacy of negative premises

中端歧惑眢辞 Fallacy of ambiguous middle

名词歧惑之眢辞 Fallacy of equivocation

辞意歧惑之眢辞 Fallacy of amphibology

关于综合之眢辞 Fallacy of composition

关于区分之眢辞 Fallacy of division

关于读法之眢辞 Fallacy of accent or fallacia prosodia

关于辞式之眢辞 Fallacy of figure of speech

关于寓德之眢辞 Fallacy of accident or a dicto simplicter ad dictum secumdum quid

寓德之转对眢辞 Converse fallacy of accident or fallacia a dicto secumdum quid ad dictum simpliciter

    不相应判语 Irrelevant conclusion

    丐问瞀辞 Petitio principii

    转推虚妄瞀辞 Fallacy of consequent or non sequitur

    理由虚妄瞀辞 Fallacy of false cause or non causa pro causa

    杂问瞀辞 Fallacy of many question or fallacia plurium interrogationum

    驳证貤遁瞀辞 Ignoratio elenchi

    对待个人之论证 Argumentum ad hominem

    对待庸众之论证 Argumentum ad populum

    循环证明 Circulus in probando

    方法 Method

    发明法 Method of discovery

    施教法 Method of instruction

    分析法 Method of analysis

    综合法 Method of synthesis

    内籀 Induction

    外籀 Deduction

    先事 A priori

    后事 A posteriori

    完全内籀 Perfect induction

    内籀连珠 Inductive syllogism

    不完全内籀 Imperfect induction

    形学之内籀 Geometrical induction

    数学之内籀 Mathematical induction

    演证 Demonstrative induction

    比例推 Analogy

    经验 Experience

    察观 Observation

    实验 Experiment

自然律 Laws of nature

自然统一律 Principle of uniformity of nature

因果律 Law of causation

符合法 Method of agreement

差别法 Method of difference

符合兼差别法 Joint method of agreement and difference

消息法 Method of concomitant variation

归余法 Method of residues

实验法 Empirical method

外籀法 Deductive method　此系内籀之一法，故别译。

合并法 Combined method

完全法 Complete method

说明 Explanation

趋向 Tendency

理说 Theory

事实 Fact

叙写学语 Descriptive terminology

术学名词 Nomenclature

心理学名词对照表

心理学名词表引　附伦理名词表

正名之事难矣，而在今日则尤难。世界大通，学术灌输，见前人未见之事物焉，发前人未发之道理焉，即前人已见之事物，已知之道理，或因学术进步而古今之解释不同，或因地势悬隔而东西之视点各异。于是以古人之语用诸今日，或以此土之语施诸彼土，如方圆之形不能相掩，瓶罍之水不能相倾，此在形下且然，而况于形上者乎！顾鲸鲵兽类而谓之海大鱼，磁针北向而谓之指南针，名虽未协，而实则无亏，盖有物之可征，斯称名而易晓。若夫反观之所得，方寸之所呈，迎之不见其首，从之不见其尾，其来也易逝，其去也莫征。故有一物而赋以数名，或一名而施诸数物，虽复二人生于一国，二书著于同时，人自为名，不相统一，古今一辙，东西皆然。盖有象者易举，而无形者难窥，故正名之难，极于今日。而正今日之名，尤极于心理诸学，况以他国之语翻诸此国，欲求其意义相符不差累黍，范围适合无愆分寸，其道无由，故元奘有五不翻之说，仪徵有窆堵坡之喻，昔人有言，非欺我也。

心理学之成一科学，在欧洲近数十年间。顾其为学问也虽新，而其为事实也甚古。人类肇生，虚灵毕具，有生不能无欲，有欲不能无求，官物相接而有知觉，利害相感而生忧娱。近取诸身皆可观察，百代文学多载其事实，三古哲人或阐其理论，周秦经典、印度律论具穷心性之微，不乏参稽之料。然古人之言大抵有为而发，或傅哲学之色彩，或带宗教之臭味，或因一人而施教，或为一时而立言，与近世科学区以别矣。以例言之，如 Reason 一语，以儒家之语译之则当为理，Sensation 一语以佛家之语译之则当为尘。今览理字不无崇敬之情，睹尘字便有鄙夷之意。然二者皆心中之事实，无美恶之可言。望文生义，差以千里，举此一端，余可三反。然使务去陈言，悉资新造，则东西言语本异渊源，彼此范围各有广狭，上文所论已尽其概，故在今日有可攻之学，而无尽善之名，盖可识矣。

窃愿今之为学者，毋以其名为也，求其实焉可矣。夫名者实之宾也，表者衷之旗也。苟徇名而遗其实，得表而弃其衷，则虽有尽善之名，极精之表，只虚车耳，曷足贵乎？若能内观灵府之奥，外察同类之情，精研人群之现象，周知四国之典籍，则得鱼有忘筌之乐，扣盘无扪日之疑。实既了然，名斯无惑，以此为学，则学日新，以此定名，则名日善，此则学者之责矣。

心理、伦理学名词对照表例言

一、心理学名词半出入于哲学、知识论、名学、伦理学、美学，半出入于生理学、社会学。其关于名学、伦理学、生理学者，本馆别有专书；其关于哲学、知识论者又在奏定本馆编订名词之程度范围外，故皆阙之。又此编所订以关于心之现象者为限，其涉此学之理论者亦属哲学，而不属科学之心理学，故亦从阙。

一、此编所订名词限于心理现象之最著者，及各家心理学书所最多见者，其为一二人所独用者亦阙之。

一、伦理学名词如父子兄弟等名，世所习用，不容更定，故不复列其意义。稍繁复如国家、人群等名，本馆所编法律名词表有之，故亦不赘。至伦理名词之关于哲学者尤费斟酌，且在奏定范围之外，将来哲学名词必需别为一书，故亦从阙如。

心理学名词对照表

心理学 Psychology 希腊语 Psyche 本训灵魂，即训心，而 Logos 训学，故直译之当云心学，然易与中国旧理学中之心学混，故从日本译名作心理学。旧译心灵学，若作人心之灵解，则灵字为赘旒；若作灵魂解，则近世心理学已废灵魂之说，故从今名。理字虽赘，然得对物理学言之。

心 Mind

内主 Subject 日译主观，然与形容词之 Subjective 不易别，故易此名。下外物一名仿此。

主观 Subjective

外物 Object

客观 Objective

我 Ego

非我 Non-ego

心之现象 Mental or psychical phenomena

心之事变 Mental or psychical events

心之事实 Mental or psychical facts

心之状态 Mental or psychical states

心之行程 Mental or psychical processes

心之操作 Mental or psychical operation

心之生活 Mental or psychical life

心之功用 Mental or psychical function

心之能力 Mental or psychical faculties

心之原质 Mental or psychical elements

心之撰结 Mental or psychical elaboration

心之常态 Normal states of mind

心之非常态 Abnormal states of mind

群心 Collective or social mind

群觉 Social consciousness

觉 Consciousness　旧译意识，然识义颇深，Consciousness之义足以该识，而识不足以该Consciousness，故译觉。

阴觉 Subconsciousness

无觉 Unconsciousness

自觉 Self-consciousness

觉阈 Threshold of consciousness

反观 Introspection

主观观察 Subjective observation

反省 Reflection

自省 Self-observation

间接观察 Indirect observation

外界观察 External observation

客观观察 Objective observation

幼儿心理学 Infant psychology

心病学 Mental pathology

民族心理学 Folk psychology

动物心理学 Animal psychology

比较心理学 Comparative psychology

主观分析法 Subjective analysis

内籀法 Inductive method　日译归纳法，然 Induct 一语出于拉丁语之 Inducire, in 训内，而 ducire 则训导，故从上译，下外籀法仿此。

综合法 Synthesis

生成法 Genetic method

外籀法 Deductive method

生理学法 Physiological method

实验法 Experimental method

精神物理学 Psycho-physics

气质 Temperament

浮性 Sanguine temperament

冷性 Phlegmatic temperament

热性 Choleric temperament

郁性 Melancholic temperament

知 Cognition

知性 Intellect

觉度 Sensibility

觉性 Sensibility

官觉 Sensation　旧译感觉，今译官觉，似与物觉 Perception 较易区别。

官觉之强度 Intensity of sensation

官觉之品德 Quality of sensation

官觉之广度 Extensity of sensation

官觉之位置 Local distinction of sensation

官觉之久度 Duration of sensation

一般官觉 General sensation

特别官觉 Special sensation

体觉 Organic sensation

味觉 Sensation of taste

嗅觉 Sensation of smell

触觉 Tactual sensation

肤觉 Skin sensation

温觉 Thermal sensation

听觉 Auditory sensation

视觉 Visual sensation

光觉 Light sensation

色觉 Colour sensation

媵理学 Muscular sensation

受动官觉 Passive sensation

自动官觉 Active sensation

会觉 Sensation-complex

部位记号 Local sign

刺激物 Stimulus

刺激 Stimulation

激动 Excitation

专注 Attention

疏忽 Inattention

不自由专注 Involuntary attention

自由专注 Voluntary attention

预期专注 Expectant attention

兴味 Interest

宿留 Retention

微别 Differentiation

辨别 Discrimination

类化 Assimilation

积合 Integration

合观 Apperception

认识 Recognition

引合 Association

起念 Reproduction

呈象 Presentation

印象 Impression

复象 Representation

物觉 Perception

物觉象 Percept

象 Image

后象 After-image

积极后象 Positive after-image

消极后象 Negative after-image

记忆象 Memory-image

记忆后象 Memory-after-image

梦象 Dream-image

官病 Hallucination

妄尘 Illusion

观念 Idea

造念 Ideation

纯念 Simple idea

复念 Complex idea

个念 Individual idea

察念 Concrete idea

观念相引 Association of ideas

接近例 Law of contiguity

类似例 Law of Similarity

反对例 Law of contrariety

因果例 Law of causality

微及 Suggestion

单简之微及 Simple suggestion

复杂之微及 Complex suggestion

分张之微及 Divergent suggestion

汇萃之微及 Convergent suggestion

记忆 Memory

期望 Expectation

回忆 Recollection

自由记忆 Voluntary memory

不自由记忆 Involuntary memory

遗忘 Obliviscence

想像 Imagination

复起想像 Reproductive imagination

自造想像 Productive imagination

构设想像 Constructive imagination

自动想像 Active imagination

受动想像 Passive imagination

接受想像 Receptive imagination

创造想像 Creative imagination

知力上之想像 Intellectual imagination

实践上之想像 Practical imagination

计略 Contrivance

美术上之想像 Aesthetic imagination

思惟 Thinking

思想 Thought

悬想 Abstraction

比较 Comparison

概念 General idea or concept

悬念（玄念）① Abstract idea

总念 Notion

通观 Conception

判断 Judgment

接知 Intuition

谟知 Inference

推论 Reasoning

信 Belief

感情 Feeling

中立感情 Neutral feeling

乐 Pleasure

苦 Pain

所合 Agreement

所不合 Disagreement

疲劳 Fatigue

陈壹 Monotony

厌倦 Tedium or ennui

顽顿 Dulled feeling

变化例 Law of change

对待例 Law of relativity

官感 Sense-feeling

心感 Emotion

感受 Affection

深情 Passion

喜悦 Joy

---

① 原书译作"乡念"。

悲哀 Grief or sorrow

希望 Hope

恐怖 Fear

空乏之感 Feeling of want

满志 Gratification

失望 Disappointment

爱 Love

眷恋 Attachment

憎恶 Hate or hatred

嫉妒 Envy

忿怒 Anger

羞耻 Shame

尤悔 Remorse

矜情 Pride

同情 Sympathy

反情 Antipathy

神情 Sentiment

利己之情 Egoistic feeling

利人之情 Altruistic feeling

友谊 Fellow feeling

博爱 Feeling of humanity

智情 Intellectual feeling

骇怪 Surprise of wonder

疑惑 Doubt

好奇（好事）Curiosity

美情 Aesthetic feeling

美感 Feeling of beauty

壮感 Feeling of sublime

滑稽之情 Feeling of ludicrous

裁趣 Taste

德情 Moral sentiment

良心 Conscience

自动觉力 Active consciousness

作意 Volition

努力 Conation

意志 Will

兴动 Impulse

体欲 Appetite

运动 Movement

自发运动 Automatic movement

无定运动 Random movement

奋兴运动 Impulsive movement

感应运动 Sensori-motor movement

有觉反射 Conscious reflex

反射运动 Reflex movement

本能运动 Instinctive movement

自由运动 Voluntary movement

不自由运动 Involuntary movement

本能 Instinct

肇意 Initiation

执行 Performance

嗜欲 Desire

动机 Motive

动机观念 Motive idea

嫌忌 Aversion

权力之觉 Consciousness of power

习惯 Habit

正鹄（蕲向）End

涂术 Means

动作 Action

行为 Conduct

禁制 Inhibition

斟酌 Deliberation

选择 Choice

决择 Decision

断行 Resolution

品性 Character

品质 Disposition

反射时间 Reflex time

生理时间 Physiological time

辨别时间 Discrimination time

物觉时间 Perception time

记忆时间 Memory time

引合时间 Association time

意志时间 Will time

伦理学名词对照表

伦理学 Ethics

道德哲学 Moral philosophy

判断 Judgment

善 Good

恶 Bad

是 Right

非 Wrong

标准 Standard

道德 Morality

道德律 Moral law

道德官 Moral sense

道德之制裁 Moral sanction

明命 Categorical imperative

他律 Heteronomy

自律 Autonomy

然喜 Approbation

否恶 Disapprobation

品格 Value or worth

德性 Virtue

知德 Intellectual virtue

行德 Moral virtue

达德 Cardinal virtue

为己之德 Virtue of self-regarding

为人之德 Virtue of other-regarding

自制 Self-control

自重 Self-respect

制节 Temperance

勇 Courage

勤 Industry

俭 Thrift

义 Justice

仁 Benevolence

孝敬 Filial piety

公谊 Public spirit

爱国 Patriotism

博爱 Philanthropy or humanity

礼让 politeness

忠恳 Loyalty

信实 Veracity

宽容 Toleration

明豫 Prudence

义务 Duty or obligation

责任 Responsibility

快乐 Pleasure

福祉 Happiness

自诚 Self-realization

自慊 Self-satisfaction

自胜 Self-conquest

理想 Ideal

至善 Summum bonum

理 Reason

欲 Desire

快乐论派 Hedonism

个人快乐论派 Individual hedonism

普遍快乐论派 Universalistic hedonism

功利论派 Utilitarianism

进化快乐论派 Evolutionary hedonism

福祉论派 Eudaemonism

直觉论派 Intuitionalism

严肃论派 Rigorism

势力论派 Energism

苦行论派 Asceticism

个人论派 Individualism

普遍论派 Universalism

动机论派 Motivism

形式论派 Formalism

结果论派 Consequentism

实在论派 Realism

厌世论派 Pessimism

乐天论派 Optimism

数学名词对照表

算学、代数名词对照表例言

一、本编所列名词，系照原议，备中学堂以下之用。

一、本编名词多从旧有算书，如《数理精蕴》《算经十书》及徐、李、梅、戴诸家著作采辑，遇有后出名词，乃行译补。

一、代数学名词与算学名词相同者多，无取重复，今仅列其异者。

算学名词对照表

算学 Arithmetic

数 Number

几何 Quantity

单位 Unit

名数（或曰著数）Concrete Number

不名数（或曰玄数）① Abstract Number

指码 Digits

---

① 原书译作"夳数"。

十进法 Denary Scale

整数 Whole Number

读数法 Numeration

记数法 Notation

阿剌伯码 Arabian Numerals

罗马码 Roman Numerals

四法 Four Simple Rules

加法 Addition

和 Sum or Total

加于 Plus

等于 Equals

减法 Subtraction

较（或曰差）Difference

减数 Subtrahend

被减数 Minuend

余 Remainder

减去 Minus

括号 Brackets or Vinculum

乘法 multiplication

乘数 Multiplier

被乘数 Multiplicand

积 Product

乘以（×）Into or Multiplied by

连乘积 Continued Product

除法 Division

除数 Divisor

被除数 Dividend

商 Quotient[①]

[①] 此下原有"余 Remainder"，与上文重复，今删。

除以（÷）Divided by

奇数 Odd Number

偶数 Even Number

元数 Prime Number

合数 Composite Number

约数 Factor

倍数 Multiple

公约数 Common Factor

最高公约数 Highest Common Factor

公倍数 Common Multiple

最低公倍数 Lowest Common Multiple

分数 Fractions　旧曰命分、残分，按西文原名 Fraction、拉丁文 Fractio（a breaking in pieces），即破单位而言，旧名残分原与西名义恰合，今从意常用。

命分 Denominator　通曰分母，按西文原名 Denominator、拉丁 Denominare（denoting a number），即于一整数之中命之为几分之数，故定命分。

举分 Numerator　通曰分子，按西文原名 Numerator、拉丁 Numerare，即举所命之分多寡而言，故定举分。

正分数 Proper Fraction

不正分数 Improper Fraction

简分数 Simple Fraction

繁分数 Compound Fraction

带整分数 Mixed Number

通分法 Reduce to Equivalent Fractions with Common Denominator

分数加法 Addition of Fractions

分数减法 Subtraction of Fractions

分数乘法 Multiplication of Fractions

分数除法 Division of Fractions

小数 Decimals

整数部分 Integral Parts

小数部分 Decimal Parts

小数点 Decimal Points

小数记法 Notation of Decimal Fractions

小数读法 Numeration of Decimal Fraction

小数加法 Addition of Decimals

小数减法 Subtraction of Decimals

小数乘法 Multiplication of Decimals

小数除法 Division of Decimals

循环小数 Circulating Decimals or Recurring Decimals

纯循环小数 Pure Recurring Decimals

杂循环小数 Compound Recurring Decimals

循环点 Recurring Points

指数 Index

自乘法（或曰升权数）Involution

权 Power

一次权（或曰本数）1st Power

二次权（或曰自乘数）2nd Power

平方（即二次权）Square

立方（即三次权）Cube

四次权 Fourth Power

求根术 Evolution

根 Root

开方 Extraction a Square Root

开立方 Extracting a Cube Root

天之甲次权（或曰升天元为甲次权）Raise X to the Nth Power

天之甲次根 Nth Root of X

平方根 Square Root

立方根 Cube Root

通约法 Reduction

度 Measurement

称 Weight

量 Capacity

名数 Concrete or Denominate Number

单名数 Simple Denominate Number

复名数 Complex Denominate Number

本位单数 Standard Unit

辅位单数 Auxiliary Unit

线度（或曰度法）Linear Measure or Measure of Length

平方数（或曰见方）Square Measure

幂法 Superficial Measure or Measure of Surface

立方数（或曰嘉量法）Capacial Measure or Measure of Capacity

衡法 Measure of Weight

时间量 Measure of Time

角度 Measure of Angle

热度 Measure of Temperature

复名通约法 Reduction to the Same Unit

复名加法 Addition of Complex Denominate Numbers

复名减法 Subtraction of Complex Denominate Numbers

复名乘法 Multiplication of Complex Denominate Numbers

复名除法 Division of Complex Denominate Numbers

率 Rate

项 Terms

首项 First Term

末项 Last Term

正率 Direct Ratio

反率 Inverse Ratio

连率 Continued Ratio

单率 Simple Ratio

复率 Compound Ratio

二次权率 Duplicate Ratio

三次权率 Triplicate Ratio

首率 First Ratio

末率 Last Ratio

前项 Antecedent

后项 Consequent

比例 Proportion

正比例 Direct Proportion

反比例 Inverse Proportion

连比例 Continued Proportion

比例分 Proportional Parts

中项 Means

外项 Extremes

比例几何 Proportional Quantities

中比例几何 Mean Proportional

比例第三项 Third Proportional

百分法 Percentage

赚赔术 Profit and Loss

赚 Profit

赔 Loss

本 Principal

利 Interest

利率 Rate of Interest

中用 Brokerage

总数 Amount

月利率 Monthly Rate

年利率 Annual Rate

单利 Simple Interest

复利 Compound Interest

年金 Annuities

见价 Present Worth

贴兑 Discount

代数学名词对照表

代数学 Algebra

已知之几何 Known Quantity

未知之几何 Unknown Quantity

见数 Numerical Figure

所与数 Datum

符号 Signs

积 Product

系数（或曰系率）Co-efficient

见系 Numerical Co-efficient

平方 Square

指数 Exponents

平方根 Square Root

立方根 Cube Root

带根数 Surd

根 Radix

代数式 Algebraical Expression

同项 Like Terms

异项 Unlike Terms

单项式 Monomial Expression

多项式 Multinomial Expression

双项式 Binomial Expression

三项式 Trinomial Expression

括弧 Bracket

括线 Vinculum

正数 Positive Quantity

负数 Negative Quantity

代数差 Algebraical Difference

加减号例 Law of Signs

递降权 Descending power

递升权 Ascending power

乘次 Dimension

二次项 A term of two Dimensions

三次项 A term of three Dimensions

二次式 An Expression of the 2nd degree or Quadratic Expression

三次式 An Expression of the 3rd degree

等次式 Homogeneous Expression

双项定理 Binomial Theorem

商余定理 Remainder Theorem

方程 Equations

一次方程 Simple Equations

同元方程 Identical Equations

公式 Formula

同式 Identity

方程根 Root of the Equations

移项 Transposed Terms

求作题 Problems

联立方程 Simultaneous Equations

一次方程 Equations of the 1st degree

二次方程 Equations of the 2nd degree or Quadratic Equations

消元术 Elimination

加法消 Elimination by Addition

减法消 Elimination by Subtraction

代入消 Elimination by Substitution

等数消 Elimination Equality

整式 Integral Expression

有理式 Rational Expression

复分数 Complex Fraction

联立一次方程 Simultaneous Simple Equations

正指数 Positive Indices

联立二次方程 Simultaneous Quadratic Equations

指数理 Theory of Indices

整指数 Integral Index

根号 Radical Signs

负指数 Negative Indices

单简带根数 Elementary Surds

无理数 Irrational Quantity

有理数 Rational Quantity

二次带根数 Quadratic Surds

单带根数 Simple Surds

复带根数 Compound Surds

同类带根数 Like Surds

异类带根数 Unlike Surds

连耦带根数 Conjugate Surds

有公约之数 Commensurable Quantities

无公约之数 Incommensurable Quantities

对待变法 Variation

对待正变 to vary directly

对待反变 to vary inversely

因乘变 to vary jointly

不变 Constant

等差级数 Arithmetical Progression

公差 Common Difference

等差中级数 Arithmetical Mean

中项 Middle Terms

等率级数 Geometrical Progression

公乘率 Common Ratio

等率中级数 Geometric Mean

连续项 Consecutive Terms

无穷 Infinity

调和级数 Harmonical Progression

调和中级数 Harmonic Means

二次方程式之理 Theory of Quadratic Equations

实 Real

虚 Imaginary

有理 Rational

无理 Irrational

杂式方程 Miscellaneous Equations

排列法 Permutations

集合法 Combinations

公项 General Terms

系数 Co-efficients

对数 Logarithm

对数底 Logarithmic Base

常用对数 Common Logarithm

对数指标 Characteristic

对数小余 Mantissa

讷白尔对数 Napier's Logarithms

底准 Modulus

进数法 Scale of Notation

常用纪数法 Common Scale of Notation

十进法 Denary Scale of Notation

进数根 Radix（of the Scale）

二进法 Binary Scale of Notation

三进法 Ternary Scale of Notation

四进法 Quaternary Scale of Notation

五进法 Quinary Scale of Notation

六进法 Senary Scale of Notation

七进法 Septenary Scale of Notation

八进法 Octonary Scale of Notation

九进法 Nonary Scale of Notation

十进法 Denary Scale of Notation

十一进法 Undenary Scale of Notation

十二进法 Duodenary Scale of Notation

非十进数之分数 Radix-Fractions

非十进数之小数点 Radix-Point

形学名词对照表例言

一、形学分纯净形学、解析形学两科，而纯净形学又分欧几里得形学、射影形学两门。本表所列形学名词以欧几里得形学应有者为断。

一、欧几里得形学自十七世纪以来，屡经改易，计近日欧美通行之本，约分两派，一派称欧几里得者乃合《几何原本》之前六卷及第十一、十二两卷而增删者也，一派称形学者则合平面、立体、浑员面三部而编次者也。第一派范围较狭，本表所据者乃第二派。

一、吾国形学之译，以徐文定之《几何原本》为最早，美人狄考文之《形学备旨》次之。本表定名多选自以上两种，遇有原定之名义欠切合或后出之名为原书所未载者，则搜索古义，依据新说而酌订之。

一、本表名词编辑次序各以类从，先之以总论，继之以点、线、面、体，而以浑员面终焉，其范围则以近日通行之形学为准，其《几何原本》之旧译与近世形学之新名，而非通行本所应有者，则不备载，识者鉴之。

形学名词对照表

形学 Geometry　近日通称几何学，不知所本。按吾国斯学之译，以《几何原本》为最早，而徐、利两序中皆无几何学一名。咸丰中叶，海宁李氏与英国伟烈氏续译其后九卷，伟烈氏序中有"几何之学不知托始何国"一语。近日之所谓几何学者，其或滥觞于此乎？顾考其实，则伟烈氏几何之学云云，亦殊欠协。盖几何一字，在英文为 Quantity，而几何学一字在英文为 Geometry。几何者，物之大小多寡之谓也。论之者不专属 Geometry，下而算学，上而微积，皆为论几何之书。而 Geometry 之所论者，不过几何之一种耳，乌得以全体之名名其一部分之学？考 Geometry 一字，乃由 Geo、metre 相合而成。Geo 者，地也；metre 者，测量也。是其初义，乃专指测地。顾测地则不能无形，而测山陵丘壑又不能无体，故其界说曰 Geometry 者，论点线面体之本德、状态及其度量也。而点线面体之总称，在英谓之 Figure，在我则为形，故定名形学。

纯净形学 Pure Geometry

解析形学 Analytical Geometry　此形学之两大类也。纯净形学旧无译名，今补订。解析形学旧有代几何、代形合参、经纬几何诸名，今皆不取。

初等形学 Elementary Geometry　亦仅称形学 Geometry。

欧几里得形学 Euclidean Geometry　此谓欧几里得派之形学也。至欧几里得所著之形学，则称《几何原本》*The Elements*，或称《欧几里得几何原本》*Euclid's Elements*。

平面形学 Plane Geometry

立体形学 Solid Geometry

求积形学 Stereometry

浑员面形学 Spherical Geometry　通作球面形学。按"球"字本义为美玉，《书》："球琳琅玕。"或借作"捄"。《广雅》："捄，法也。"《诗·商颂》："受小球大球。"今之以员物为捄，的系俗解，断不可用。

界说 Definition　旧译作界说，近译作定义。今从旧译，以其名义适与西文恰合故也。

几何 Quantity or Magnitude　Magnitude 者，大小长短之谓也，近或译作度字。Quantity 者，多寡轻重之谓也，近或译作数字、量字。但二者亦有可通用之处，而寻常言 Quantity，则 Magnitude 之义已在其中。考英字 Quantity 有普通、专门两义，以普通之义言，其最初者只谓物之大小、长短、多寡、轻重也，嗣推广其义，凡物之可增减、可度量者，如点线面体以及时间、角度之类，亦谓之几何。算学、形学所论之几何，皆此类之几何也。以专门之义言，数目之数谓之几何，代数之号谓之几何，代号所成之项、代项合成之式，及凡数学研究之所能及，与夫方法之所能到者，亦莫不谓之几何。故其为几何也，有已知者 Known Quantity，有未知者 Unknown Quantity，有真实者 Real Quantity，有虚幻者 Imaginery quantity，有不变者 Constant Quantity，有可变者 Variable Quantity，有有理者 Rational Quantity，有无理者 Irrational Quantity。近以数量等字译之，只可得其一义，可作为专译，而笼统包括之名，仍应从古，订作几何。

么匿几何 Unit Quantity

么匿 Unit　几何之为大为小、为多为寡未定者也，必择一定几何立为标准而比较之。其大小多寡乃见此所择之定几何，英文谓之 Unit Quantity，或简称 Unit。亦译作单位，此正如几何之译作数量者，皆掣取其一义而言之，非统括之名也。惟形学不言数名，义宜统括。今从转音，订作么匿几何，简言么匿。么本含单义也。

量（度）Measure

位 Position

形式 Form

点 Point

线 Line

面 Surface or Superficies

体 Solid

形 Figure

有法之形 Geometrical Figure

有法之体 Geometrical Solid　旧作几何形、几何体。今既改几何学为形学，若云形学形、形学体则极为不词，故改称有法之形、有法之体，以济其穷。盖形学所论形体，未始非有法者也。

亘 Dimension　旧译作度，或作量。按英文原名，谓一方向之长短也。故线之 Dimension 有一，曰自左至右，即长也；面之 Dimension 有二，曰自上至下、自左至右，即长、宽也；体之 Dimension 有三，曰自上至下、自左至右、自前至后，即长、宽、厚也。其义实与度量无涉。今择取自某至某之义，极意搜索，得一亙字，即隶变亘字。《说文·木部》："桓，竟也。"桓，古文亘。段若膺注云："今字用亘不用桓，从舟在二之间，绝流而竟，会意也。"又《吴都赋》注："亘，引也。"《西都赋》注："亘，径度也。"皆与原文意合。

长 Length

宽 Breadth

厚 Thickness

面积（幂）Area

体积 Volume

容量 Capacity

本德 Property　东译作性质。按英文性作 Nature，质作 Substance，皆就物之本体而言。Property 者，物之所具而可见者，非物之本体也，不得以性质论。今从英文 Special Attribute 之义，译作本德。德者，得也，如直线之直，平面之平，皆线面之所得也。古称玉德、水德，是物未尝不可言德之明证。加一本字者，犹言直线之直、平面之平，皆直线与平面所有之德，他线与他面则不能有此德也。

说 Statement

题 Proposition

求证题 Theorem

定理 Theorem　定理与求证题两名在英文无别，其意则微有不同。如形学，正文中之所谓 Theorem 者，系指推定之理而言，且可引用以证他 Theorem 者也。其练习中之所谓 Theorem 者，不过示与 Problem 有别，且不可引用以证他 Theorem 者也。以汉文言之，若仅称定理，则不待练习；若径称求证题，则二项求证题 Binomial Theorem、剩余求证题 Remainder Theorem 诸名又不可通，故译定两名。

公理 Axiom　旧作公论。按 Axiom 亦定理之一种，不过浅显已极，西语云 Self obvious，译云自明，无待考证，乃理而非论也，故改译公理。

求作题 Problem

成术 Problem　成术者，前人所已推得之术，如作垂线、平行线之类。此名在英文与求作题无别，今为便于行文起见，译订两名，说见前定理名下理由。

准作 Postulate　旧译可作今本 let it be granted 之意，改定准作。

题解 General enunciation

题文 Prtionlar[①] enunciation

构造 Construction　按此名亦可译作图，或仅译一法字，要视其所居之职如何。至其名之本义，则只有构造一说。

证 Proof

系 Corollary

旁案 Scholium

讨论 Discussion

证法 Proof or Method of proving theorems

解法 Solution or Method of solving problems

综合法 Synthetic Method

解析法 Analytic Method

正推法 Direct Method

---

① 此处疑误，但缺少文献佐证，今保持原貌。

穷谬术 Indirect Method or Method of reductio ad absurdum

设事 Hypothesis

断语 Conclusion

限格 Condition　东译作条件，殊不可取。按形学中凡求作题，必有所限定之程格，与所求作之事项。如求作等边三角形一题，等边乃限定之程格，三角形乃求作之图形。今本此义立名。

所求 Requirement

正论之定理 Typical theorem

对论之定理 Opposite theorem

驳论之定理 Contradictory theorem

互论之定理 Converse theorem

不变几何 Constant or constant Quantity

可变几何 Variable or variable Quantity　亦作常数、变数，惟形学系专论几何之书，数虽为几何之一种，但不足括几何之全。又变字上若不加可字，则为已变、变后之数。故改今名。

渐增几何 Increasing Variable

渐减几何 Decreasing Variable　西文原名作渐增可变几何、渐减可变几何。按渐增、渐减已含可变之意，似不必特为提出，故译名从简。

轨迹 Locus

限 Limit

最大限 Maximum

最小限 Minimum

无量大 Infinity

无量小 Zero

几何之量 Measure of a Quantity

倍数 Multiple

分数 Sub-multiple

有公度之几何 Commensurable Quantities

无公度之几何 Incommensurable Quantities

率（音律）Ratio 《几何原本》作比例，其于英文 Proportion 字则称同理比例，但遇比例上加区别字时，则又略去同理二字，如和数比例、较数比例之类，是 Ratio 与 proportion 两名之义混矣。今以率字译 Ratio，以比例译 proportion，使两名判然为二，以便引用。

有公度之率 Commensurable Ratios

无公度之率 Incommensurable Ratios

项 Term　旧作率，按两几何对待谓之率，独几何似不应称率，故改。

前项 Antecedent

后项 Consequent

等项率 Ratio of equality

不等项率 Ratio of inequality

盈率 Ratio of greater inequality　西文原义作较大不等项率，今译盈率。盈者，此大于彼之谓，即是较大之意。既曰较大，则前后项之不等又可知矣。故从简作盈率。

朒率 Ratio of less inequality　理由与盈率名同。

反率 Reciprocal Ratio

单率 Simple Ratio

复律 Compound Ratio

二次权率 Duplicate Ratio

三次权率 Triplicate Ratio

四次权率 Quadruplicate Ratio

二次根率 Sub-duplicate Ratio

三次根率 Sub-triplicate Ratio

四次根率 Sub-quadruplicate Ratio

比例 Proportion　旧作同理比例，今改，说见率名理由。

外项 Extremes

中项 Means

正比例 Direct proportion

反比例 Inverse proportion or Reciprocal proportion

连比例 Continued proportion

单比例 Simple proportion

复比例 Compound proportion

比例几何 Proportionals or Proportional quantities　四几何对待成相等之两率，英文谓之 Proportionals 或称 proportional quantities。今直译比例几何，但中西文法不同，四字名词中文每生窒碍，故旧译形学凡遇难定名词，多以常语代之。今虽译订此名，至于行文，仍可随时变化，如旧所谓有比例之几何，及四几何成比例之类，神而明之是在用者。

中比例几何 Mean proportional

第三比例几何 Third proportional

第四比例几何 Fourth proportional

反率定理 Invertendo　旧译反理。按此系比例各定理之一，谓两正率相等而成比例，则其反率亦相等而成比例也，故改今名。

互位定理 Alternando　旧译属理，今取两中项互易其位，或两外项互易其位之意，改译今名。

和项定理 Componendo　旧译合理，今改。

较项定理 Dividendo　旧译分理、分字，名义不符，故改。

和较定理 Componendo and dividendo　旧无译名，今合和项、较项两定理之名而译订之。

等加定理 Addendo　旧无译名，按此定理言，设有若干相等之率，则任举一率，皆等于其余各率前项之和以比其后项之和也，故译等加。

连乘定理 ex equali　此谓有若干比例而连乘之，其积数仍为比例也。旧无译名，今取其义定之。

交点 Point of intersection

切点 Point of Contact

中点 Middle point

中分点 Bisecting point

交汇点 Point of concurrence

定点 Fixed point

动点 Moving point

相当点 Homologous points

相对点 Symmetrical points

直线 Straight or right line

曲线 Curve line or curve

折线 Broken line

有限线 Definite line

无限线 Indefinite line

天垂线 Vertical line

地平线 Horizontal line

平行线 Parallel lines

垂线 Perpendicular

斜线 Oblique line

切线 Tangent

渐近线 Asymptote

相当线 Homologous lines

相对线 Symmetrical lines

界线 Bounding line

缀线 Connecting line

展线 Generating line　旧作母线，今取展线成面之意，改译展线。

初线 Initial line

相交线 Intersecting lines

交汇线 Concurrent lines

距 Distance

垂距 Perpendicular distance

全线 Whole line

线段 Segment of a line　谓全线之一段也。旧作线分，分亦段也，在线译段较妥，故改。

角 Angle

角之边 Sides of an angle

角肢 Arms of an angle　角肢即角之边，一线而二名者也。角之边最通用。

角端（角顶）Vertex of an angle　他处亦可译尖点。

角点 Angular point

直线角 Rectilinear angle

曲线角 Curvilinear angle

平面角 Plane angle

平面直线角 Plane rectilinear angle

平面曲线角 Plane curvilinear angle

夹角 Included angle or Contained angle

邻角 Adjacent angle

对角 Opposite angle

对顶角 Vertically opposite angles　旧作对角，即英文亦有作 opposite angles 者。近年新出教科书始有此别，缘对角之名义太泛，凡两角之地位相对者，皆可谓之对角。至对顶角则专指两直线十字交加所成之对角而言。今从新说，增订此名。

直角（矩）Right angle　直角名义殊未协，今以积重难返不改，但在他处或以译矩为便，故并存之。

斜角 Oblique angle

钝角 Obtuse angle

锐角 Acute angle

平角 Straight angle　按英文原义，应译直角。前既以直角作 Right angle，故今改译平角。

折角 Reflex angle　旧无译名，今照英文原义，译作折角。

周角 Perigon　旧无译名，今取周天三百六十度之意，译作周角。

直余角（矩余）Complementary angle　旧作余角、补角，今取余角并加一直字，以明余之所属。或作矩余，亦便用，故并存之。

平余角（准余）Supplementary angle　见直余角名。

周余角（规余）Conjugate angle　见直余角名。

外角 Exterior angle

内角 Interior angle

外对角 Exterior opposite angles

内对角 Interior opposite angles

互角 Alternate angles

外互角 Alternate exterior angles

内互角 Alternate interior angles

面 Surface

平面 Plane surface or Plane

曲面 Curved surface

锥曲面 Conical surface

柱曲面 Cylindrical surface

平行面 Parallel planes

平面形 Plane figure

平面直线形 Plane rectilinear figure

平面曲线形 Plane curvilinear figure

边 Side

周边 Perimeter

三边形 Trigon

四边形 Quadrilateral

多边形 Polygon

相似形 Similar figures

相等形 Equivalent figures

相合形 Congruent figures

等周形 Isoperimetric figures　谓周边相等之形也，今缩作等周形。

相当边 Homologous sides

相当角 Homologous angles

类似率 Ratio of similitude

相对形 Symmetrical figures

相对之轴 Axis of symmetry

三角形 Triangle

底 Base

肢 Legs　按三角形以在下之边为底，其余二边英文谓之 Legs，此译肢。

垂高 Altitude or Perpendicular height

直三角形（勾股形）Right triangle or Right-angled triangle

对矩（弦）Hypotenuse

等边三角形 Equilateral triangle

不等边三角形 Scalene triangle

等腰三角形 Isosceles triangle

钝三角形 Obtuse-angled triangle or Obtuse triangle

锐三角形 Acute triangle or Acute-angled triangle

顶角 Vertical angle

中线 Median

中分线 Bisector

平行四边形 Parallelogram

对角线 Diagonal

方形 Square　旧作正方形、平方形，今从简称方形。

斜方形 Rhombus

长方形 Rectangle

斜长方形 Rhomboid

对平四边形 Trapezoid　对平四边形者，犹言两边相对而平行之四边形也，如其余两边亦相对而平行，则为平行四边形矣。旧作梯形，梯字未协，故改。

等腰四边形 Isosceles trapezoid

不整齐四边形 Trapezium　不整齐四边形者，谓形之四边既不两两相等，亦不两两平行也，不整齐名义见下整齐多边形理由。

等边多边形 Equilateral polygon

等角多边形 Equiangular polygon

整齐多边形 Regular polygon

不整齐多边形 Irregular polygon　旧作有法、无法。按英文 regular 与 irregular 两字，乃整齐与不整齐之谓，系专就形之式样而言，至其面积仍可用法求之，实非无法。故改今名。

（五边形、整齐五边形……十五边形、整齐十五边形从略。）

凸多边形 Convex polygon

凹多边形 Concave polygon

外突角 Salient angle

内陷角 Re-entrant angle

圜 Circle　亦作圆形，今拟以圜作名物字，以圆作区别字，故改。

圜周 Circumference

圜心 Centre

圜径 Diameter

圜半径 Radius

切圜 Tangential circles

同心圜 Concentric circles

公切线 Common tangent

互交公切线 Transverse common tangents　谓公切线而交于两圜之间者也，故以互交二字为区别。

对峙公切线 Direct common tangents　谓公切线而不交于两圜之间者也，英文原义谓直接，今译对峙，犹言分立于两圜之左右也。

内公切线 Internal common tangent

外公切线 External common tangent

相交圜 Intersecting circles

正交圜 Orthogonal circles

正交 To cut orthogonally

内切 To touch internally

外切 To touch externally

半圜角 Semi-circumference

弧 Arc

大弧 Major arc

小弧 Minor arc

互足弧 Conjugate arcs　此谓两弧相足而成一周，故称互足，若对正弧而名，其所余之一亦可译周余弧。

割线 Secant or Secant line

弦 Chord

弧弦形 Segment of a circle　古作弧矢形，矢字非形学所应有名词。《几何原本》作圜分，圜分之义，应视上下文而定，若单独言之，则多歧义。因象限辐间诸形皆可以圜分括之故也。今仿弧矢形之意，改译作弧弦形。

弧弦形之底 Base of the segment of a circle

全圜 Whole circle

半圜 Semi-circle

象限 Quadrant

辐间 Sector　旧作分圜形、圜心角形，意义俱欠明确。今改辐间，言辐而弧存焉，且未有居两辐之间而非 Sector 者也。

背弧角 Angle inscribed in the segment of a circle or Angle at circumference

乘弧角 Angle subtended by an arc

当心乘弧角 Angle at a centre subtended by an arc　亦简称当心角。

当周乘弧角 Angle at circumference subtended by an arc　亦简称当周角。

内容多边形 Inscribed polygon

周营圜 Circumscribed circle　旧作外包圜，颇嫌不词。今从英文原义改译今名。

内切圜 Inscribed circle

外切多边形 Circumscribed polygon

多边形之内切圜心 In-centre of a polygon

多边形之周营圜心 Circum-centre of a polygon

整齐多边形心 Centre of a regular polygon

三角形之旁切圜 Escribed circle of a triangle

三角形之旁切圜心 Ex-centres of a triangle

射影 Projection

垂线足 Foot of perpendicular

正影 Orthogonal projection

斜影 Oblique projection

射影面 Projecting plane

受影面 Primitive plane

倚角 Inclined angle or angle of inclination

浑角 Solid angle

浑角面 Faces of a solid angle

浑角棱 Edges of a solid angle

浑角顶 Vertex of a solid angle

廉角 Dihedral angle　旧译二面立体角，今改。

（对顶、相邻、直、斜、锐、钝、平、直余、平余廉角从略。）

隅角 Trihedral angle　旧译三面立体角，今改。

隅面角 Face angle of a trihedral angle　此谓两棱所交之角也。两棱所括之面为隅角之面，故其所交之角即称为隅角之面角。

两等面隅角 Isosceles trihedral angle

单矩隅角 Rectangular trihedral angle　隅之面角，有一为直角者，下类推。

双矩隅角 Bi-rectangular trihedral angle

三矩隅角（真余角）Tri-rectangular trihedral angle

多面角 Polyhedral angle　简称觚。

割平 Secant plane

割界 Section

凸多面角 Convex polyhedral angle　简称凸觚。

凹多面角 Concave polyhedral angle　简称凹觚。

体 Solid or Solid figure

界面 Bounding plane

棱 Edge

面 Face

尖点 Vertex

棱柱 Prism　旧作三棱体，按此系以棱名体之总称，不应以三示别。

（三、四、五、正、斜、整齐、类似、斜截棱柱从略。）

正交割界 Right section

斜交割界 Oblique section

棱柱两端 Bases of prism

旁棱 Lateral edges

旁面 Lateral faces

垂高 Altitude

旁面积（旁幂）Lateral area

全面积（全幂）Total area

体积 Volume

平行体 Parallelepiped　此乃整齐四棱柱之一种也。惟此柱重在六面两两平行，而整齐四棱柱其旁面未必平行，故别立此名。

正平行体 Right parallelepiped

斜平行体 Oblique parallelepiped

长方平行体 Rectangular parallelepiped

立方 Cube

圆柱 Cylinder

展线 Generatrix

导线 Directrix

元线 Element　东译作素线，今改元线，因素字经理化学用作原质之意，而此线则非质也。

正圆柱 Right cylinder

斜圆柱 Oblique cylinder

旋成圆柱 Cylinders of revolution

相似旋成圆柱 Similar cylinders of revolution

共轭旋成圆柱 Conjugate cylinders of revolution　此谓以长方形之纵横边递为轴之旋成圆柱也，旧无译名，今补订。

内容棱柱 Inscribed prism

周营圆柱 Circumscribed cylinder

外切棱柱 Circumscribed prism

内切圆柱 Inscribed cylinder

圆锥 Cone

棱锥 Pyramid

棱锥尖点 Vertex of pyramid

斜高 Slant height

（三、四、五、整齐、正截 Frustrum、斜截 Truncated 棱锥从略。）

对顶锥曲面 Conical surface of two nappes　此谓共顶而展线同一之锥面也。旧无译名，今取 Vertically opposite 之意译作对顶。

上锥曲面 Upper nappe

下锥曲面 Lower nappe

（正锥、斜锥、旋成圆锥、相似旋成圆锥、共轭旋成圆锥、正截圆锥、斜截圆锥、内切圆锥、外切棱锥、周营圆锥、内容棱锥从略。）

多面体 Polyhedron

（多面体之面、棱、角、整齐多面体、整齐四面体从略。）

整齐六面体 Regular hexahedron　亦称立方体。

（整齐八面体、整齐十二面体、整齐二十面体从略。）

浑圆 Sphere

内切浑圆 Inscribed sphere

外切多面体 Circumscribed polyhedron

内容多面体 Inscribed polyhedron

周营浑圆 Circumscribed sphere

（浑圆心、浑圆径、浑圆半径、浑圆面从略。）

浑圆割圜 Circle of sphere

大圜 Great circle

小圜 Small circle

浑圆轴 Axis of sphere

浑圆极 Pole of sphere

带 Zone

带界 Bases of zone

单界带 Zone of one base

带体 Segment of sphere　旧作球分，义界欠清，今改。

带体两端 Bases of spherical segment

单端带体 Spherical segment of one base

浑圆瓣 Spherical wedge　东译作月形体、弓月体、球楔体、蹄状体等名，既欠统一，亦欠恰当，故改。

新月形 Lune

浑圆锥 Spherical pyramid

浑圆辐间 Spherical sector　东译作扇形体，义不明确，故改。

新月形之角 Angle of a lune

浑圆面形（弧线形）Spherical figure

弧三角形 Spherical triangle

弧多边形 Spherical polygon

极距 Polar distance

极三角 Polar triangle

准余三角形 Supplemental triangle

相对弧三角 Symmetrical spherical triangles

单矩弧三角 Right spherical triangle

双矩弧三角 Bi-rectangular spherical triangle

三矩弧三角 Tri-rectangular spherical triangle

钝弧三角 Obtuse spherical triangle

锐弧三角 Acute spherical triangle

等腰弧三角 Isosceles spherical triangle

不等边弧三角 Scalene spherical triangle

等边弧三角 Equilateral spherical triangle

弧三角之和溢 Spherical excess of a triangle

平、弧三角名词对照表例言

一、三角法以形学为根本，间用代数，故此编名词，其已见于二科者不复赘。学者自可检寻。

一、编辑次序，先总名，次测角法、三角率，次各率真数造法，其去取范围以近日适用之三角教科书为准。

一、本编名词多从旧有算书，如《三角数理》《八线备旨》及诸名家著作中采辑，遇后出者则为补译，尚恐遗漏，容再续订。

平三角名词对照表

三角学 Trigonometry　按英文原名 Trigonometry 乃从希腊之 Triangle 三角形与 Measure 测量二字缀合，为数学之一部分。

初等三角学 Elementary trigonometry

高等三角学 Higher trigonometry

平面三角学 Plane trigonometry　简称平三角。

弧三角学 Spherical trigonometry　简称弧三角。

解析三角学 Analytical trigonometry

旋转线 Revolving line

始初线 Initial line

元点 Origin

角 Angle

正角 Positive angle

负角 Negative angle

角之量法 Measurement of angles

六十分量法 Sexagesimal measure

百分量法 Centesimal measure

弧度量法 Circular measure or Radian measure

率 Ratio

三角率 Trigonometrical ratio　旧作割员八线，其实八者皆两线之比，古人画员，以一为半径，于是即线得率，而弦、切、割、矢等名生焉。今定为三角率者，嫌线字之或误初学也。

正弦 Sine

余弦 Co-sine

正切 Tangent

余切 Co-tangent

正割 Secant

余割 Co-Secant

正矢 Versed sine

余矢 Coversed sine

公式 Formula

函数（或曰函）Functions

圆函数 Circular functions

偶函数 Even functions

奇函数 Odd functions

复角 Compound angles

复角函数 Functions of compound angles

倍角 Multiples of angles

倍角函数 Functions of multiple angles

矩余之三角率 Trigonometrical ratios of Complementary angles

准余之三角率 Trigonometrical ratios of Supplementary angles

同界角 Coterminal angles

仰角（或曰仰视角）Angles of elevation

俯角（或曰俯视角）Angles of depression

倾角（或曰下垂角）Dip

地平差 Dip of the horizon

三角形本德 Properties of triangles

三角解法 Solution of triangles

直角三角形解法 Solution of right angled triangles

斜角三角形解法 Solution of oblique-angled triangles

几何术解法 Geometrical solution

歧式 Ambiguous case

假设角 Subsidiary angles

高 Heights

距 Distances

方程 Equations

三角方程 Trigonometrical equations

级数 Series

有限级数 Finite series

无线级数 Infinite series

整数 Integer

指数方程 Exponential equation

真函数 Natural functions

三角真函数 Natural trigonometrical functions

对函数 Logarithmic functions

三角逆函数 Inverse circular functions

分角函数 Functions of submultiple angles

不等量 Inequalities

互式 Alternating expressions

对称式 Symmetrical expressions

正等式 Identities

三角率之值 Value of the Trigonometrical ratios

正弦真数 Natural sine

余弦真数 Natural cosine

（正切、余切、正割、余割、正矢真数从略。）

表列对数 Tabular logarithm

弧三角名词对照表

弧三角学 Spherical trigonometry

圜 Circle

圜径 Diameter of a circle

浑圆径 Diameter of the sphere

圜弧 Circular arc

大圜弧 Arc of the great circle

小圜弧 Arc of the small circle

交圜弧 Arc of the intersecting circles

廉角 The angle between two planes

圜轴 Axis of the circle

圜极 Poles of the circle

起算圜 Primary circles

次立圜 Secondary circles

圜面 Planes of the circles

弧三角形解法 Solution of the spherical triangle

浑员面曲线 Spherical curves

原三角形 Original triangles or Primitive triangles

纳白尔周形五部法 Circular parts of Napier

赤道 The equator

赤道弧 Arc of the equator

地面子午线 Meridians on the earth's surface

经度 Longitude

纬度 Latitude

解析形学名词对照表例言

一、解析形学向分平面、立体两部，但其深造非借微积分不能明。故编辑家多分二等，曰初等解析形学，以备高中学堂之用；曰高等解析形学（或称超越解析形学 Transcendental Analytic Geometry），以备大学之用。本表所定名词以初等解析形学应有者为断。

一、吾国初等解析形学之译，以海宁李氏及英国伟烈氏合译之《代微积拾级》为最早，山阴谢君及美国潘君合译之《代形合参》次之。两书同出于美国罗密士之手，而后者较详。本表所选名词，即依据后者。

一、本表名词凡选自旧有者，皆不标明出处。如为所新定或改定者，则必注明理由。至理由中所谓旧译作某某，系指《代微积拾级》及《代形合参》两书之名词而言；近译作某某或东译作某某则指新译之各解析形学及日本名词而言。

解析形学名词对照表

解析形学 Analytical geometry　旧译作代数几何、代形合参。近译作解析几何、经纬几何。按 Analysis 之译解析最妥，Geometry 之不可译几何，其说已见形学名词对照表，故改今名。

狄嘉尔形学 Cartesian geometry　按解析形学创自法人狄嘉尔，故尝称狄嘉尔形学，以著其派，且以别于欧几里得形学云。（狄嘉尔旧译作代加德，不甚通行，近译作笛卡尔，字面嫌俗，故改今名。）

平面解析形学 Plane analytical geometry

立体解析形学 Solid analytical geometry　按 Solid 之译立体，系对 Plane 之译平面而言。但立体两字实含有物质之意，而英文 Solid 亦不免此病。故近日学者有谓与其称 Solid，毋宁称 Volume 较为稳妥。又有谓立体形学宜改称空间形学

Geometry of space，或称三亘形学 Geometry of three dimensions，惜都未通行耳。

初等解析形学 Elementary analytical geometry

圆锥曲线学 / 圆锥曲线（割锥）Conics or Conic sections　此平面解析形学之一部分也。平面解析形学不专论圆锥曲线，但此曲线为普通及预备学校所必修，故著作家多辑专书（英文无初等解析形学，只有圆锥曲线学），名之曰 Conic sections，以汉文译之，若只称圆锥曲线，则书与线无从区别，故分译两名，以圆锥曲线学名书，以圆锥曲线名线。

又案圆锥曲线若以割圜八线之名例之，亦可译作割锥七界或简作割锥。今以圆锥曲线为四字名词，微嫌繁重，故并存之。（圆锥曲线旧作圜锥曲线，前于形学名词对照表中曾经规定，以圜作名物字，以圆作区别字，故改圜为圆。）

经纬 Co-ordinates　即所用以表一点之方位者也。旧译作纵横线，义嫌太泛。近译作坐标，亦觉不词，故改译今名。

定位法 System of Co-ordinates　近译作坐标法，本表既不取坐标一名，自不便用，故改今名。

经纬定位法 Rectilinear system of Co-ordinates

经纬轴 Axis of Co-ordinates

经轴 Axis of ordinate

Y 轴 Axis of y

纬轴 Axis of abscissa

X 轴 Axis of x

直交轴 Rectangular axes

直经纬 Rectangular Co-ordinates

斜交轴 Oblique axes

斜经纬 Oblique Co-ordinates

元点 Origin

经距 Ordinate

纬距 Abscissa　旧作纵线、横线，义嫌太泛。近译作纵坐标、横坐标，与原文不协。今改纵距、横距，距者，点与轴之距离也。

角距定位法 Polar system of Co-ordinates　旧译作极角距，不成名词。近译作极坐标法，亦颇费解。今取旧译而去极字，下缀定位法三字，使与前定之经纬定位法名一律。

角距 Polar Co-ordinates

极点 Pole

定轴 Polar axis　旧作原线，近作极轴，都不甚合。今以此轴系对 Radius vector 而言，原有一静一动之分，故改译定轴。

向角 Direction angle or Vectorial angle　旧译角，嫌太泛，近译变角，又嫌与 Variable angle 溷。今取 Direction angle 一名，改译向角。

辐距 Radius vector　旧作带径，今按此名系用以表一点之位，故援前例译距。曰辐距者，取其有轮辐之意，且以别于经纬距云。

几何 Quantity　近译作量，或作数量。按 Quantity 系从拉丁文 Quantitas 而来，英译曰 How much，此译作几何似最妥协。

又按英字 Quantity 有普通、专门两义。以普通之义言，其最初者只谓物之多寡也，嗣推广其义，凡物之可增减、可度量者，如点、线、面、体以及时间、角度之类，亦谓之几何。算学、形学所论之几何，皆此类之几何也。以专门之义言，数目之数谓之几何，代数之号谓之几何，代号所成之项 Term、多项合成之式 Expression 及凡数学研究之所能及，与夫方法之所能到者，亦莫不谓之几何。故其为几何也，有已知者 Known quantity，有未知者 Unknown quantity，有真实者 Real quantity，有虚幻者 Imaginary quantity，有不变者 Constant quantity，有可变者 Variable quantity，有有理者 Rational quantity，有无理者 Irrational quantity。是故旧以数量等字译 Quantity，则其义界反因之而狭，笼统包括似无有愈于几何一名者也。

不变几何 Constant quantity　旧作常数，义界嫌狭，且形学不言数，译 Quantity 为数，尤觉不便，故改今名。

可变几何 Variable quantity　旧作变数，按变字单用有已变、变后之意，而此之所谓变，乃对不变而言，故改今名。

不变 Constants　此不变几何之简称也。中西文法不同，有时在西文可仅称不变，而在中文必须言不变几何方能醒豁。行文家宜随地而变，勿以辞害意可也。

原定之不变 Absolute constants

臆定之不变 Arbitrary constants　Absolute 东译作绝对，即我所称之无匹也。近译从之者颇多。顾在此处极不合用，按英文 Absolute 与 Arbitrary 用于 Constants 之前，成为对待名词。前者谓几何之不变乃其本然之不变，后者谓几何之不变非本然之不变，乃以己意而认其为不变也。以己意认其为不变，可译作臆定之不变，则其本然之不变似可译作原定之不变，使相对待。故改其名。

可变 Variables　此可变几何之简称也。说见不变名下之定名理由。

自变几何 Independent variables

因变几何 Dependent variables　旧译作自变数、因变数。按数之不可用且不必用，其理由俱见前，故改译今名。

正 Positive

负 Negative

正几何 Positive quantity

负几何 Negative quantity

记号（号）Sign

正号 Positive sign

负号 Negative sign

同号 Like sign

异号 Unlike sign

轨迹 Locus

方程 Equation　通作方程式。今去式字，说见代数学中英名词对照表。

点之轨迹 Locus of a point

线之方程 Equation of a line

轨迹之方程 Equation of a locus

方程之轨迹 Locus of an equation

轨迹之绘法 Construction of loci

方程之讨论 Discussion of an equation

轨迹之交点 Intersection of loci

方程之解法 Solution of an equation

一次方程 Simple equation or equation of the 1st degree

二次方程 Quadratic equation or equation of the 2nd degree

一级轨迹 Locus of the 1st order

二级轨迹 Locus of the 2nd order

直线 Straight line

直线方程 Equation of a straight line

截轴 Intercept　近译作截片，片字未安，或作截线，亦嫌太泛。按此名在解析形学中系指直线所截之轴而言，故有 Intercept on axis of x, Intercept on axis of y 两名，似不如译作截轴为妥。

截横轴 Intercept on axis of x

截纵轴 Intercept on axis of y

坡切 Slope　近译作坡线，殊不协。按此名在解析形学中系指直线与 X 轴交角之正切而言，乃三角率之值也，非线也。今作坡切，以坡言其势，以切举其值。

经纬直方程（直方程）Rectangular equation or equation referred to rectangular axes

经纬斜方程（斜方程）Oblique equation or equation referred to oblique axes

角距方程 Polar equation　一线之方程常视定位之法而异其式，定位分经纬、角距两法，而经纬定位法之轴又分直交与斜交两门，故一线之方程可分三式，属于直交之经纬轴者，今译作经纬直方程，或简称直方程；属于斜交之经纬轴者，今译作经纬斜方程，或简称斜方程；属于角距定位法者，即称角距方程。

直线之直方程 Rectangular equation of a st.line

直线之角距方程 Polar equation of a st.line

直线之截轴方程 Symmetrical equation of a straight line

直线之垂距方程 Normal equation of a straight line　直线方程不独因定位之法而异，其式又因所用之不变几何而异，其名以纵横截轴为不变几何者，谓之直线之截轴方程，近译作配合方程，似欠妥协；以自元点之垂距为不变几何者，谓之直线之垂距方程，近译作法线方程，嫌与 Equation of the normal to a curve 混，故都不取。

圜 Circle

平圜方程 Equation of a circle

平圜之直方程 Rectangular equation of a circle

平圜之角距方程 Polar equation of a circle

圜心 Centre of a circle

圜周 Circumference of a circle

圜径 Diameter of a circle

圜半径 Radius of a circle 或云圜辐。

圜之割线 Secant of a circle

圜之割线方程 Equation to the secant of a circle

圜之切线 Tangent to a circle

圜之切线方程 Equation of the tangent to a circle

切点 Point of contact

圜之法线 Normal to a circle 旧译法线之法字，不知所本。今以沿用已久且无较佳之名可立，拟不改。

圜之法线方程 Equation of the normal to a circle

圜之影切线 Subtangent to a circle

圜之影法线 Subnormal to a circle 旧译作次切线、次法线，两次字似无所取义。按此两线之对于切线与法线，若以射影言之，即是切线与法线之影。今本此义定名。

圜之影切线方程 Equation of the subtangent to a circle

圜之影法线方程 Equation of the subnormal to a circle

弦 Chord

圜径之弦 Chord of the diameter

圜径方程 Equation of the diameter of a circle

切点之缀弦 Chord of contact

切点之缀弦方程 Equation of the chord of contact

圜之枢点 Pole of a circle

圜之纽线 Polar of a circle　此谓任取一点，或在圜内，或居圜周，或在圜外，自此点作割线或弦，以达圜周，就所遇于圜周之两点各作切线，其切线交点之轨迹，英文谓之 Polar，所取之点则谓之 Pole。新旧各刻都无译名。按 Pole 为割线制动之主，故译枢点。Polar 为切线交点之轨迹，若缩作切交轨迹，则与枢点无关，且失西人命名之初意。按《说文》"纽，系也"，陆明德《庄子音义》引崔注云"系而行之曰纽"，恰与交点之轨迹之义相合，且与枢点相维系，故译作纽线。

等切轴 Radical axis　此谓两圜等切线交点之轨迹也。近译作根轴，乃就字翻译，似欠明显。今取其意译等切轴。

等切心 Radical centre　此谓三圜等切线之交汇点也，两圜等切线之交点之轨迹，谓之等切轴，三圜之等切线两两举之，得等切轴三，是三者之交汇点。英文谓之 Radical centre，近译作根心，似甚费解，今援等切轴译名之例，改译等切心。

毕弗 Parabola　新旧译都作抛物线。按此线虽为抛物所必循之路，若即以抛物名之，则窒碍甚多。例如 Parabolic Mirror 一名，若译作抛物镜或抛物线镜，则不可通矣。按《诗·小雅》："觱沸槛泉。"觱沸，泉涌出貌。凡泉水涌出，布濩四垂，未有不成 Parabola 者。又《玉篇》："觱作潷。"今用潷沸以传其义，而简作毕弗以便书写。故改今名。

毕弗方程 Equation of a parabola

毕弗之直方程 Rectangular equation of a parabola

毕弗之角距方程 Polar equation of a parabola

毕弗之轴 Axis of a parabola

轴足 Foot of axis

毕弗之导线 Directrix of a parabola　旧译作准线。按此名在立体形学中已译作导线，故仍之。

毕弗之勺点 Focus of a parabola　旧译作定点，义嫌太泛。东译作焦点，虽与原文尚合，但椭圆之 Focus 则不便称焦。近或译作曲心，而毕弗又为无心曲线。鄙意此名若只取一义译定，将来用之于他处，窒碍必多，似以凭空为妥。考《说文》"勺，挹取也，象形中有实"，恰与 Focus 所处之境及所司之职相合，故改译今名。

毕弗之顶点 Vertex of a parabola

毕弗之弦 Chord of a parabola

毕弗之勺弦 Focal chord of a parabola

勺辐 Focal radius　此谓毕弗上任一点与勺点之距离也，旧作带径，今不取。

毕弗之通弦 Latus rectum or parameter of a parabola　旧译作首通径，按此为勺弦之一，不应称径，而此弦之所以别于他勺弦者，则以其直垂毕弗之轴也，故首字无所指，今删首字而改径为弦。

（毕弗之径、径之方程、切线、切线方程、法线、法线方程、影切线、影法线、枢点、纽线从略。）

枢点之纽线 Polar of the pole

枢点之纽线方程 Equation of the polar of the pole

椭圜 Ellipse

椭圜方程 Equation of an ellipse

椭圜之勺点 Foci of an ellipse

椭率 Eccentricity

椭圜之长轴 Transverse or major axis　亦译作横轴，但不如长轴为妥。盖既称横，则椭圜必平卧。若椭圜直立，则横而纵矣。

椭圜之短轴 Conjugate or minor axis　或译作属轴，此名在 Hyperbola 中当别译，但在椭圜中似以长短对待为妥。

椭圜之心 Centre of an ellipse

椭圜之顶点 Vertices of an ellipse

椭圜之通弦 Latus rectum or parameter of an ellipse

副圜 Auxiliary circle　旧无译名。《代形合参》称外切圜，嫌与英文 Circumscribing circle 混，今从原义译作副圜。

小副圜 Minor auxiliary circle　《代形合参》作内切圜，今改，说见上。

椭角 Eccentric angle　近译作离心角。按 Eccentric 在他处或可译离心，但在椭圜则不可，因副圜、椭圜、小副圜皆 Concentric 者也。或云椭圜之形可以两异心圜旋转而成，是则此角乃以两圜心之距离为一臂，以较大圜之某定径为一臂所成之角，顾因此即译作离心，终觉未安。今无以名之，名之曰椭角。

（椭圜之切线、影切线、法线、影法线从略。）

椭圜之导圜 Director circle of an ellipse　此谓椭圜直交切线之交点之轨迹也，旧无译名，今援前 Directrix 译导线之例，译作导圜。

（椭圜之枢点、纽线、径、径之方程从略。）

交俪径 Conjugate diameters　单言之则称俪径。

交俪半径 Semi-conjugate diameters

椭圜之弦 Chord of an ellipse

交俪弦 Supplemental chords　近译作补弦。按 Supplemental 之译补，虽与原文尚合，但用之于弦字之上，在中文则费解矣。今以径之与此二弦平行者，既称为交俪径，则弦之与交俪径平行者自可称交俪弦，以示连络。故改今名。

椭圜之导线 Directrix of an ellipse

勺点之纽线 Polar of a focus　按此二而一者也。Directrix 前已定作导线，故今仍之。英文旧书论椭圜，多注重导线，而新刻则多取任一点之两勺距之和为不变几何。盖椭圜之定解有六，以前说为最古，以椭率为最新，故新出教科书多不载 Directrix 之名，或仅举为勺点之纽线之别称而已。

椭圜之直方程 Rectangular equation of an ellipse

椭圜之角距方程 Polar equation of an ellipse

拨弨 Hyperbola　旧译作双曲线。按凡名词上加单双字样，总以原名所固有者为妥。若为原名所无，而以己意加之，则将来遇原名上加单双字时必生窒碍。例如此名之译双曲线，则 Hyperboloid 当译双曲线体，而 Double hyperboloid 一名若译双双曲线体，则费解矣。又曲线为 Curve 之通译，双曲线一名若转为英文，则有 Double curve 之讹。故鄙意终以此译为不可用。按此线如两弓反背，《说文》："址，足剌址也，读若拨。"今即以拨字代之。弨，反弓也。以拨字存两支相背之意，以弨字象其形，故改今名。

拨弨方程 Equation of an hyperbola

拨弨之勺点 Foci of an hyperbola

拨弤之顶点 Vertices of an hyperbola

拨弤之弦 Chord of an hyperbola

拨弤之勺弦 Focal chord of an hyperbola

拨弤之通弦 Latus-rectum or parameter of an hyperbola

拨弤之左支 Left-hand branch of an hyperbola

拨弤之右支 Right-hand branch of an hyperbola

拨弤之心 Centre of an hyperbola

拨弤之横轴 Transverse axis of an hyperbola

拨弤之属轴 Conjugate axis of an hyperbola　此名若对横轴言亦可称纵轴，惟以纵轴为横轴之拨弤，为本拨弤之属拨弤。（合言之亦称相属拨弤。）故称其轴为本轴之属轴。

属拨弤 Conjugate hyperbola

相属拨弤 Conjugate hyperbolas

等势拨弤 Equilateral hyperbola

矩形拨弤 Rectangular hyperbola　此谓横轴与属轴相等之拨弤也。旧作等边拨弤，嫌边字无所指，故改边为势。凡此种拨弤，其渐近线必互垂，故亦称矩形拨弤。

渐近线 Asymptote

（拨弤之切线、切线方程、影切线、法线、法线方程、影法线、导圜、导圜方程、导线、径、径之方程、交俪径从略。）

二次方程之判决式 Discriminate of an equation of the second degree　二次方程或表直线，或表平圜、椭圜，或表毕弗、拨弤，于何决之？于其系数之代式决之。故此式为判决方程所表何线之所据，今名之为判决式。

曲线之心 Centre of a curve

有心曲线 Central curve

无心曲线 Non-central curve

平面曲线 Plane curve

代数曲线 Algebraic curve　此谓代数方程所能表之曲线也。

超越曲线 Transcendental curve　此谓非代数方程所能表之曲线也。

初等平面曲线 Elementary plane curve　此谓代数曲线之表以二次方程者。

高等平面曲线 Higher plane curve　此谓三级以上之代数曲线及所有之超越曲线也。

戴俄克利斯曲线／挂藤曲线 Cissoid of Diocles　此线系希腊数学家戴俄克利斯所创，取名 Cissoid 者，犹谓此曲线如藤萝之缘墙而上也，故英译谓之 Ivy-shaped curve。今译两名，一专一公，曰戴俄克利斯曲线以著其所出，曰挂藤曲线以示其所似。以下曲线之译两名者皆准此例。

尼柯米地斯曲线／蚌甲曲线 Conchoid of Nicomedes　Nicomedes，希腊数学家，约生于西历纪元前二百年。Conchoid 英译作 Shell-shaped curve，犹言如蚌蛤之甲也。

三分角度法 Trisection of an angle　此为希腊数学家所殚心研究之形学题也。

二倍立方法 Duplication of a cube　此亦希腊数学家所最重视之形学题也。戴俄克利斯及尼柯米地斯两氏之曲线皆因研究二倍立方法及三分角度法而得，故附定其名于此。

贝鲁利曲线／合纽曲线 Lemniscate of Bernoulli　希腊字 Lemniscate 之本义谓如带之结纽也，其形则如亚剌伯号码之 8 也。此线系希腊数学家欧达各萨斯 Eudoxus 所发明，而英人则属之于瑞士数学家贝鲁利。案 Cissoid 奈端亦有所发明，而英人属之于戴俄克利斯，以著其本。Lemniscate 为降生前四百年之人所发明，而英人则属之于近二百年之人贝鲁利，其命名者之偶误耶？抑贝鲁利之 Lemniscate 有所别于欧达各萨斯者耶？存以待考。

阿烈细曲线 Witch of Agnesi　阿烈细系义大利之女数学家，命名 Witch 之义不可考，故公名从阙。按英文 Witch 谓女巫也，取以名曲线甚奇。

鹿独曲线 Cycloid or trochoid　旧译作摆线，云能显摆条及重物向地心之理。按此曲线关于物理学之要德有二，一使一物循此线而斜下，则坠落极速，故英人或称之为 Line of quickest descent；二使重锤循此线而摆，则无论摆程之大小，其往返之时间必平均，故英人又称之为 Tautochronous curve。是物必循此线而行，方有极速、均时之效，译作摆线颇嫌反果为因，且此线有 Prolate、curtate 两种，皆与摆锤无涉，统名摆线则费解矣。今以此曲线为圜转所成，而圜转颇似鹿独，故取以名之。按此曲线相传为义大利人格力里罗 Galileo 所发明，但不可据，故专名从阙。

鹿独曲线之底线 Base of cycloid

鹿独曲线之展圜 Generating circle of cycloid

鹿独曲线之展点 Generating point of cycloid

外鹿独曲线 Curtate cycloid

内鹿独曲线 Prolate cycloid　鹿独曲线以展点所居之位而异其形，展点居展圜之周者为 Trochoid，或称 Common Cycloid。今不另译。居其外者为 Curtate cycloid，居其内者为 Prolate cycloid，故以内外别之。

对数曲线 Logarithmic curve

螺线 Spiral

一匝螺线 Spire

度圜 Measuring circle

亚奇默德螺线 / 等距螺线 Spiral of Archimedes　此线系亚奇默德所发明，而异于他螺线之处，则在两匝之距离平均，故译两名。

毕弗螺线 Parabolic spiral

拨弨螺线 Hyperbolic spiral　亦称反螺线 Reciprocal spiral，则取其径距与向角成反待之率也。今不译以螺线之形，皆定于径距与向角之率，他螺线俱不以率名此，亦未便独异，故只译拨弨一名。

卜杖螺线 Lituus spiral or lituus　近译作利窦螺线，误以 Lituus 为人名，似欠考据。按 Lituus 为古罗马卜官所执之杖，上端蜷曲。英人柯慈 Cotes 取以名此线，象其形也。

对数螺线 Logarithmic spiral

外国地名中英对照表

外国地名对照表例言

一、本编所集地名依原议，先为对照表，义取简明，以敷中学堂以下之用，但恐所遗尚多，后当续补。

一、本编备由西名以检汉音，故按西文字母次序，先列西名，次载转音，次列简明注释。

一、中国文字用六书，而余国文字用字母拼切，其二者性质本绝不相侔。且中文一字一音，有清浊平仄，而西文则一名数音，有有声无音之拼法，故自有转译以来，求其吻合邈无其事。夫既必不可合如此，而或强为其合，一名所用多者或七八九字，以此令幼学生徒勉为记忆，大费脑力。本编定例，凡地名转音至多不得过五字，其间或用译义，或用摄音，所求便事易记忆而已。

一、各书所转译地名，往往音义相乱，如西字在西班牙、墨西哥、法兰西等名则为音，而西鞑靼、西勿吉尼阿等字则又为义。他若大小山海等字莫不皆然，益增纷乱。本编为统一起见，定例，凡东西南北大中小内外新旧以至山川河海诸字皆别求他字，不复用以译音，专供译义之用。但有通行日久、人人所熟、势不可变者，则亦听之。

一、名有通行日久、虽人人所熟而实极不便者，则如西班牙一名，盖西字本非译义，已犯前条之例，一也。而中国行文称辞利趋简便，如英吉利则云英国，德意志、俄罗斯、法兰西则称德国、俄国、法国之类，今西班牙必不可以称西国，即约章改称日斯巴尼亚，若竟呼日国，亦嫌与日本相贸，二也。又凡专名转音，不欲以无义之音译为有义而无谓者，则如葡萄牙一名是已。《原富》译本遇此名皆转作波陀牙则亦为此。

一、名有同一拼切，在甲国呼读则为某音，而在乙国其呼读之音又相绝异，有时同在一国而读名之变音不同，但浅学之人未与深考，往往即以本音转之，闻者或不知何指。本编名从主人，所转之音多从本国或从其最通行者，见者勿讶其异也。

一、中国各省土音繁异，故同一名往往粤闽人所转与吴楚所转者大异绝殊，尤难划一。本编所定概从京音。

一、专名虽无涵义可言，然古代相传其中亦多义意。如 Burg 者，邑也；Ton 者，镇也；Rio 者，水也，河也；Monte 者，山也；Sk 者，俄言省也；Stan 者，西域之言国也；Daria, kul, nor 者，西域之言水也，湖也，泊也。夫其义意既同，则所转之音应从一律。本编遇 Burg 皆转作堡，不从不尔尼等之累译，如圣彼得堡、威尔颠堡之属。遇 Ton 皆转作敦，遇 Sk 皆转作斯科，他若斯坦、达里雅、库勒、淖尔之类，皆煞费斟酌。其他如圣字及由教徒之名而以名其地，皆有会通，不从纷乱。

一、本编于旧转之音，相传已久，虽与今音不甚相合，大抵不复更动。其有过不雅驯，则仍酌改。

植物名词中英对照表

凡例

一、本编所订名词，其为中国所素有者，悉从其旧。余则或为中国旧译之名，或为日本所译之名，其出处详载定名理由。

一、本编订名时所用参考诸书，为日本松村任三所著之《本草辞典》《植物名汇》及日本积文社发行之《理科辞典》，及英国皆而司氏所译之《华英文康熙字典》诸书。

一、编中植物俗名采自俄人披雷氏所著之《铅椠汇存》。（严改：编中植物俗名系采用法人帛黎氏所汇集者，见《铅椠汇存》。）

一、本编名词虽不甚多，然中小学各教科书应有名词，必能函盖而（严删"而"字）有余。将来编纂词典，再行广为搜集。

一、同一草木之名，有前后数见者，则因西国之（严删"国之"二字）名有异（严添"之"字）故也（严删"也"字），兹编悉采用之，以免得此失彼之憾。

（严复贴条评语：此编每以中国一名当西国之数名，致满纸重复，殊非洁净体裁，鄙意宜行复勘。其一名者，悉列于下第二格中方合。又西国一物而中国数名者亦应刊诸第一格中，为或体，庶与他科编法一律。）

附录二：黄摩西主编《普通百科新大辞典》相关学科词条

名学：十伦、三段论法（连珠）、内籀（归纳）、内函外举（内包外延）、公名专名（普通名、特别名）、玄名察名、五旌、正名负名、卡忒考雷、外籀（演绎）、因明、合名（统合名、总名）、命题、坚白异同之辩、演绎法、论理学（名学）。

伦理学：人道、直觉说、伦理学、良心。

心理学：一般感觉、二重人格、幻觉、心理学、印象、印象继续、先天、多血质、朴素之实在论、同情、志向（意向）、判断、知觉、直觉（直观）、抽象、注意、味觉、思想之原理、客观、骨相学、迷信、记忆、气质、常识、粘液质、理性、情操、情绪、统觉、意志、意识、感觉、感情、想像、催眠术（感灵术、心电）、认识、精神、联想、类推（比论）、观念（表象、写象）、主观。

算学：二乘方、九九、九去法、十进法、十一去法、小数、分数、分母、引算（减法）、比、比例、比例配分、不名数、反比例、内折扣、公差、公倍数、公约数、正比例、可约性、四舍五入、四则、平方、立方、立方根、外折扣、外项、合资算、有理数、有限小数、交换之法则、交换定则、同名数、百分算、自然数、名数、材积、材积生长量、决疑数学、完全平方、完全商、完数、利息算、亚拉伯数字、法则（定则）、奇数、近似值、名数法、省略算、秒、计算尺、倍数、约数、约分、除法（割算）、按分比例、海里（浬）、部分分数（散分数）、级数、乘法（挂算）、记数法、纯小数、逆数（倒数、反商）、连锁法、带小数、密度、偶数、混合法（均中比例）、通分、基数、基本单位、减法（引算）、单比例、单比、单位、单利法、无限小数、无理数（不尽数）、结合之法则、开平九九、开平方、开立九九、算筹、算术、算盘、误差、复比、复比例、复利法（繁利法、重利法）、整数、诸等数、诸等通法（诸等命法）、根数、调和级数、输数、繁分数、归一法、丰数、罗马数字、验算、方阵、四率比例（三率法、今有术）、平方比（二乘比）、连比例、最大公约数（最高公因数）、最小公倍数（最低公倍数）、变分学。

几何：二等边三角形、二面角、九点圆、弓形、大圆、六分仪、六十分法、分度器、切线、比例线、不合理、尤拉之定理、中末比例、中线、中心对称（点对称）、内接形（内切形）、内公切线、内二等分线、内切形、内心、内错角、内对角、公法、公切线、公通弦（公弦）、正三角形、正多角形、正多面体、正方形、四元法、平角、平行四边形、平行直线、平面角、平行六面体、母线、立体、立方体、代数几何学、代加德坐标、外接形（外切形）、外中分割、外分、外中比、外角、外公切线、外共通切线、外二等分线、外错角、外心、西阀之定理、西姆生线、共点性、共线性、交截四边形、多面角、同轴圆、同位角、同一法、曲线、曲面、曲面体、劣角（朒角）、劣弧（朒弧）、劣弓形、抛物线、抛物线体、求积、角锥、作圆题、作法、坐标、坐标轴、完全四边形、折线、弦、直角、直圆锥、直圆柱、直射影（正射影）、直线形、直线坐标、直角坐标、直角三角形（勾股形）、定列式（定准数、行引式）、近世几何学、柱形曲面、相似直线形、相似三角形、轨迹、垂线、真数表（八线表）、短形、逆定理、球、球面、斜角坐标、梯形、普通公理、极坐标、割线、几何学、几何学公理、最短线、视角、视方器、距离、解析几何学、圆、圆周率、圆锥曲线（二次曲线）、圆锥曲面、圆柱曲面（圆墙曲面）、对角线、对称、渐近线、调和列点、锐角、锐角三角形、椭圆、锥形曲面、余角、点、纵坐标、优角（盈角）、双曲线、二等边梯形、三面角、小圆（距等圈）、凹多角形、凹角、平面、初等几何学、直角锥（正角锥）、直角体（直角平行六面体）、直角柱、直向弧、直向线、直联点、垂直角、垂直面、垂直二等分线、垂心、垂趾三角形（垂足三角形）、旁面积（傍面积）、旁切圆（傍切圆）、旁心、扇形、闭曲线（围绕线）、闭曲面（围绕面）、球带、连续定则、毕达哥拉士定理、旋转体、最近几何学、对应、对称三角形、调和束线、调和共轭点。

代数：一次方程式、一元二次方程式、二项定理、二次代方程式、分配之法则、分数方程式、分数式、分离系数法、方程式、比较消去法、不定方程式（未定方程式）、不能方程式、不可能方程式、不等式（偏程）、不尽根、不定级数、不定形（不定记号、隐分数）、不同类项、中间级数（不定级数、动摇级数）、公式、公比、公项、公差、正数、未定乘数法（皮若德之法）、未知数、皮若德之法、平方根、代数学、代数式、代数函数（代函数）、代数差、代入消去法、因数、有理式、交代式、多元一次方程式、多项式、同类项、收敛级数、函数、函数论、负数、括弧、恒等式、指数之法则、指标、系数、连分数、虚数、常用对数（常对数）、讷白尔氏对数、理论对数、混虚数、排列法（组合、排列变换法、排列不同法）、极限、绝对值、单项式、答、无理式、无理方程式、顺列、等差级数（算学级数）、循环小数、项、对称式、对数、对数表、整式、联立方程式、幂、初等代数学、阶乘（逐乘）、逐差法（差之法）、超越方程式。

三角：三角法、三角法圆、三角法比（圆函数）、三角函数、三角形、三角形之解法、三角测量、公度、正割、正切、角柱（角墙）、角之单位、球面三角形、钝角、钝角三角形、测远机、测量、测链、测杆、测高器、测容器、圆函数（三角法比、三角法数）、余割、余弦。

微积：不定积分、定积分、无限大（无穷大）、最小二乘法、微分、积分。

附录三：陆军速成学堂员司职守[①]

一、总办节制全堂员司，综理一切事宜，凡得失利弊悉心考查，遇有应行损益改革事件，随时禀承陆军部办理。

二、正副监督总司全堂教育，凡核定功课，考查员生及申明约束，传发号令并准驳假期等事，皆其专责。

三、正副提调总司全堂庶务，凡清厘账目，约束夫役，购办器具，查验库储等事皆其专责。

四、科长听监督指挥，督率本科教员、队官、排官整理内堂外场各教务，分教兵学，并应训育兼施，以尽责任。

五、教员专司教授功课，务在有以振作其精神，激发其志气，使诸生乐而忘倦。凡学生优劣，立册记录，每月汇呈监督转呈总办查核，其每日所授课程签明功课簿内以备考查。

六、队官督率本队排官、学长，使之各尽职守，并随时激励各生以坚其向学之志，讲堂功课亦应分教兵学一二项，以补教员之不足，至操练各法皆其专责，遇有应行损益改革事件商承监督办理。

七、排官补助队官管辖教导本排学生，使各守纪律，遇事商承队官办理，并将各生品格随时记录以便拟定分数。

八、学长帮同排官，专司稽查本排学生举止动作、寝兴疾病、衣履被服，并带领进堂上操请假等事，斋室内外亦归稽查，有联合同学劝善规过之责，务须恳挚和平，不可侮慢追胁。倘各生有争执怙过情事，不能开导者随时报知值日排官办理。

[①] 刘锦藻撰：《清朝续文献通考》（二），浙江古籍出版社1988年版，第8688—8689页。

九、医官专司医治各员生疾病，兼授卫生功课，考查医院药科并食物等事，学生因病请假，须诊明真伪，不得一味宽纵致旷功课。或量给假期，或只给操假，均须按病情酌定，填注病表，存验病单，由队官核准转报监督。倘无学长带领复诊，概不准假。

十、马医查验马匹，疗治病马，兼教马学功课。

十一、管马委员经管夫马草料及厩内一切事宜，凡关于军马卫生诸务，须会商马医妥善料理，在厩马匹应编立号簿，分定马步炮工辎重相宜匹数，以别种类。如有重要事件，须请监督核定办理。

十二、书记官专司堂内往来文牍及会议时记录等事。

十三、收支委员专司出纳款项，凡额支各项呈明提调照章颁发，活支各项禀请提调详细筹议，呈总办核定方准动支。各项账目须按月按年造报四柱清册，堂内员生夫役人等薪工等项，均不准徇情借支，如有私自预借，经提调查出，即责成该员照数赔补。

十四、支应司事专管厨房膳食购办物件等事，应购诸物预具清单由委员呈请提调办理。

十五、管库司事专司收存一切新旧器械、书籍、军衣靴帽等件，收发日期、新旧件数均须造册登记，每季送呈提调查验一次，并宜随时饬令夫役晾晒擦拭，以免损伤污朽。如有应修理之件，禀知提调办理。

十六、管药司事专管药房病院及药料器具事宜，并帮助医官调和药剂，所有药料造册登记，按月呈报一次，如有应行添购之件，禀请提调办理。

十七、司书生归书记官管辖，专任抄录等事。

附录四：贵胄游学章程[①]

奏外务部折请派贵胄出洋游学由臣奕劻等跪奏，为请派贵胄出洋游学以振教育，而固本根，恭折具陈仰祈圣鉴事。窃维东西各国所由驯致富强，在于无人不学，往往贵为储贰以及近支皇族，咸使游学异国，与寻常学生无异，其肄习军学者，尤厕身伍籍，甘苦备尝，是岂直传为美谈哉？欲振国民之教育，必自贵而率以精神，欲固皇室之本根，必于公族宏贯造就，其所计至深远也。迩者我国设立贵胄学堂，于贵胄就学之事已有端倪，然仅习陆军一门，且见闻只囿于本国，所学终隘而不广。近怵时局，远揽成规，亲贵子弟出洋游学之举诚不可缓。惟学以致用，当务为先，亲贵子弟所急于肄习者，陆军之外，厥惟法政，查德国陆军甲于环球，英美两国政治法律极臻美备，既派贵胄游学，自以分往英、美、德三国为宜。现在朝廷举行宪政，整顿陆军，数年以来官私费出洋学生毕业回国，往为衙门调用，渐有成效，亲贵子弟士民视为模范，风气待以转移，若能使之悉心研究，学成而归，异日者出贵近而履戎行，进懿亲而谋国是，其提倡较为有力，其效验自必异常。兹谨拟就贵胄游学章程十二条缮呈御览，如蒙俞允，即请饬下度支部妥筹的款，其贵胄学生既归出使大臣稽查，一切游学事宜自应由臣部妥为经理，所有请派贵胄出洋游学缘由，谨缮折具陈，伏乞皇太后、皇上圣鉴训示。再此系外务部主稿，会同宪政编查馆、学部、陆军部办理，合并声明，谨奏。

光绪三十三年十一月初一日
硃批依议钦此

[①] 军机处录副奏折，卷537号。

谨将拟就贵胄游学章程缮单恭呈御览

第一条　贵胄游学生系由王公子弟及贵胄学堂高才生中选取，使之游学英、美、德三国，研究专门学科。

第二条　应习之学科分为二种，一政法，一陆军。

第三条　贵胄游学生游学年期均定以三年。

第四条　贵胄游学生每人给川资七百两，月给经费三百两，整装费五百两。

第五条　每班派通洋文者一人充译员，精汉文者一人充经史教员，均与贵胄游学生同时前往。

第六条　译员每人月给薪水三百两，教员每人月给薪水二百两，整装费均三百两，川资均五百两。

第七条　贵胄游学生如带仆役，只准以一人为限。

第八条　贵胄游学生应听本国出使大臣选定学堂上课肄习，平日由本国出使大臣稽查，每届学期按其功课品行造册报告外务部，其译员、教员统归本国出使大臣节制。

第九条　贵胄游学生如有品行不端、学业无望者，由本国出使大臣随时报告外务部调回，其尤甚者，并请从严惩戒。

第十条　贵胄游学生如能始终勤奋，学业有成期满回国时，即予擢用，其尤为优异者，破格超擢。

第十一条　译员、教员如能克尽厥职，三年期满，由外务部照异常劳绩保奖一次；其有不能称职者，随时由本国出使大臣电告外务部撤回，另行派员前往接替。

第十二条　本章程如有未尽之处，随时斟酌损益，电告本国出使大臣办理。

附录五：陆军贵胄学堂第一期毕业生毕业去向表[1]

序号	姓名	考列等次	原职衔	毕业后去向
1	成全	上等	世袭二等子爵	大门二等侍卫
2	恩厚	上等	世袭二等男爵，二等侍卫	升头等侍卫
3	福荫	上等	世袭二等子爵兼世管察哈尔佐领	大门二等侍卫
4	祥楸	上等	世袭一等男爵	大门二等侍卫
5	富克锦	上等	和硕额驸，品级二等侍卫，世袭恩骑尉	升头等侍卫
6	郭则涑	上等	主事衔	补授陆军副军校
7	张璈	上等	主事衔	补授陆军副军校
8	荣华	上等	宗室	补授陆军副军校
9	希敬	上等	宗室	补授陆军副军校
10	毓庄	上等	宗室	补授陆军副军校
11	萨佑	上等	宗室	补授陆军副军校
12	继质	上等	宗室	补授陆军副军校
13	颐庆	上等	宗室	补授陆军副军校
14	玉辉	上等	宗室	补授陆军副军校
15	齐敏	上等	法部候补笔帖式	补授陆军副军校
16	铜锟	上等	宗室	补授陆军副军校

---

[1] 资料来源：《陆军贵胄学堂同学录》，北京大学图书馆藏。
中国第一历史档案馆编：《光绪宣统两朝上谕档》，广西师范大学出版社1996年版。
《清实录·宣统政纪》，中华书局1987年版。
《申报》1909年11月29日、1910年5月21日、1910年6月21日、1910年7月26日、1910年9月9日、1911年4月25日。

续表

序号	姓名	考列等次	原职衔	毕业后去向
17	忠旭	上等		补授陆军副军校
18	毓翰	上等	宗室	补授陆军副军校
19	荣良	上等	宗室	补授陆军副军校
20	麟涯	上等	宗室	补授陆军副军校
21	锡泉	上等	宗室	补授陆军副军校
22	文林	上等	宗室	补授陆军副军校
23	溥经	上等	宗室	补授陆军副军校
24	连通	上等	宗室	补授陆军副军校
25	存昌	上等	宗室	补授陆军副军校
26	谦顺	上等	宗室	以陆军部主事学习
27	玉崑	上等	宗室	以陆军部主事学习
28	柏崑	上等	宗室	以陆军部主事学习
29	长缜	上等	宗室	以陆军部主事学习
30	世昌	上等	宗室	以陆军部主事学习
31	毓蘖	上等	宗室	以陆军部主事学习
32	徐传元	上等		以陆军部主事学习
33	贵筠	上等		以陆军部主事学习
34	国源	上等	选用笔帖式	以陆军部主事学习知县用
35	恒绪	上等	候选七品笔帖式	以陆军部主事学习
36	盛格	上等	陆军部笔帖式,选用知县	陆军部主事尽先补用
37	陈昌毂	上等	分省试用知府	以道员分省补用
38	魁瀛	上等	法部候补主事	以三等侍卫用
39	钱承懋	上等	度支部学习主事	以三等侍卫用
40	志清	上等	大理院学习六品推事,宗室	以三等侍卫用
41	厚良	上等	吏部学习主事,宗室	以三等侍卫用
42	立贤	上等	内务府即补郎中	以三等侍卫用
43	常贵	上等	宗人府候补笔帖式,宗室	以四等侍卫用
44	松生	上等	法部八品录事,宗室	以四等侍卫用

续表

序号	姓名	考列等次	原职衔	毕业后去向
45	胡同林	上等	同知衔候选通判	以四等侍卫用
46	继馥	上等	候选通判	以四等侍卫用
47	成荫	上等	礼部学习笔帖式	以蓝翎侍卫用
48	李晋祥	上等	知县	以蓝翎侍卫用
49	丰申	上等	宗室	以主事分部学习分省试用
50	崇勋	上等	骁骑校	以印务章京尽先升用
51	顾思范	上等	安徽试用县丞	以陆军部七品小京官补用
52	宝文	上等	选用理事官，宗室	以陆军部郎中补用，俟补缺后在任以应升之阶尽先升用
53	庆格	上等	陆军部候补主事	以陆军部员外郎尽先补用
54	济昌	上等	陆军部学习主事，宗室	以陆军部员外郎尽先补用
55	钟麟	上等	陆军部学习主事	以陆军部员外郎尽先补用
56	刘朝望	上等	候选道法部即补郎中	以陆军部郎中补用，俟补缺后以应升之阶尽先升用
57	文厚	上等	陆军部候补员外郎	以陆军部郎中尽先补用
58	克兴额	上等	邮传部学习郎中	以陆军部郎中学习，俟补缺后在任以应升之阶尽先升用
59	光泰	上等	定陵礼部郎中	以陆军部郎中尽先补用，俟补缺后以应升之缺升用
60	常麟	上等	二品荫生	以陆军部员外郎补用，以三等侍卫用
61	锡昌	上等	二品荫生，宗室	以陆军正军校用
62	松耆	上等	一品荫生	以陆军部郎中补用，以三等侍卫用
63	刘祖兰	上等	法部候补主事	以陆军部员外郎用，以三等侍卫用，以陆军正军校用
64	陈绳	上等		以蓝翎侍卫用，以陆军部主事学习，补授陆军副军校
65	徐迪祥	上等	一品荫生，度支部员外郎	

续表

序号	姓名	考列等次	原职衔	毕业后去向
66	世纲	上等	宗室	以三等侍卫用,以陆军副军校补用,以陆军部主事补用
67	麟钰	上等	一等男爵	以二等侍卫用
68	卫献玫	上等	附贡生	补授陆军副军校,以蓝翎侍卫用,以陆军部主事学习
69	吴保锴	上等		
70	郑乃鉴	上等	二品荫生	
71	恒埒	中等	宗室	补授陆军协军校
72	龚齐坊	中等		补授陆军协军校
73	奉纯	中等		补授陆军协军校
74	德玉	中等		补授陆军协军校
75	德通	中等	宗室	补授陆军协军校
76	溥露	中等	宗人府候补七品笔帖式,宗室	补授陆军协军校
77	毓英	中等	宗室	补授陆军协军校
78	麟昭	中等		补授陆军协军校
79	恒寅	中等	宗室	补授陆军协军校
80	乐钦	中等	宗室	补授陆军协军校
81	志庚	中等	宗人府候补笔帖式,宗室	以陆军部笔帖式尽先补用
82	麟济	中等	补用骁骑校	仍以骁骑校尽先补用
83	璧瑜	中等	选用知州	以陆军部员外郎学习
84	姜兆璜	中等	候选知县	以陆军部七品小京官补用
85	贤麟	中等	同知职衔	以陆军部七品笔帖式学习
86	耆年	中等	陆军部学习郎中	仍以郎中归陆军部尽先补用
87	良豫	中等	步军统领衙门学习员外郎	仍以员外郎归步军统领衙门尽先著补
88	煜贵	中等	世袭二等男爵	大门三等侍卫
89	善铎	中等	三品顶戴,应封将军,宗室	大门三等侍卫
90	锡明	中等	委散秩大臣、分献大臣,世袭一等信勇公兼勋旧佐领	挑乾清门侍卫

续表

序号	姓名	考列等次	原职衔	毕业后去向
91	溥琳	中等	三品顶戴，应封将军	大门三等侍卫
92	毓逊	中等	奉国将军	大门三等侍卫
93	松年	中等	三等侍卫	以二等侍卫记名
94	光瀛	中等	昌陵礼部郎中	在任以应升之阶升用
95	承启	中等	二品荫生	以陆军部员外郎用，以三等侍卫用，以陆军部主事用
96	尚久恩	中等	世袭恩骑尉	以蓝翎侍卫用，以陆军协军校补用，以陆军部七品小京官补用
97	续良	中等		

附录六：陆军贵胄学堂第一期毕业生同学录[①]

听讲王公世爵

监国摄政王载沣

和硕恭亲王溥伟

科尔沁扎萨克和硕博多勒噶台亲王阿穆尔灵圭

多罗顺承郡王讷勒赫

海军大臣郡王衔多罗贝勒载洵

军咨处大臣郡王衔多罗贝勒载涛

军咨处大臣多罗贝勒毓朗

奉恩镇国公溥佶

奉恩镇国公毓璋

奉恩镇国公全荣

奉恩辅国公溥钊

奉恩辅国公意普

奉恩辅国公溥葵

不入八分辅国公宪章

不入八分辅国公宪德

固伦额驸品级一等诚嘉毅勇公麟光

三等承恩公兴安

不入八分辅国公衔镇国将军载摟

[①]《陆军贵胄学堂同学录》，北京大学图书馆藏。

公衔头等台吉祺诚武

镇国将军载勃

镇国将军乐泰

镇国将军安龄

辅国将军溥荃

头品顶戴应封宗室宪平

男爵良揆

男爵麟寿

男爵兼一云骑尉张绳祖

奉恩将军兴瑞

郡君额驸德恒

奉恩将军庆恕

奉恩将军松瑞

奉恩将军朴厚

听讲员

序号	姓名	出生年月	身份	三代情况
1	宗室载武	咸丰癸丑年四月	正红旗庆恕近支第四族佐领下人，宗人府经历	曾祖：永度；祖：绵兴，道光戊子举人；父：奕联，副都统衔，头等侍卫
2	宗室岫林	咸丰己未年十一月	正红旗头族庆恕佐领下人，二等侍卫充领班	曾祖：宗敬；祖：常松，原任本族族长；父：凤辉，原任宗人府笔帖式
3	宗室文铭	同治乙丑年闰五月	镶蓝旗第四族果勒明阿佐领下人，宗人府笔帖式	曾祖：德安；祖：富丰；父：崇宽，同治甲子举人，光绪庚辰进士，翰林院庶吉士，盛京礼部侍郎兼署盛京户部侍郎，钦命牛马税监督

续表

序号	姓名	出生年月	身份	三代情况
4	宗室常纪	同治乙丑年六月	镶白旗第一族常瑞佐领下人，花翎，宗人府经历	曾祖：诚山；祖：恒芬；父：丰烈，原任盛京兵部侍郎
5	宗室瑞麟	同治乙丑年十月	正红旗第一族宗室庆恕佐领下人，三等侍卫	曾祖：伦庆；祖：蕴德；父：常纶
6	宗室文桐	同治丙寅年七月	镶蓝旗第五族松海佐领下人，分部主事	曾祖：明善；祖：英宝，道光壬辰举人，乙未进士，工部员外郎；父：兵琪，咸丰壬子举人，乙丑进士，二品衔，原任通政使司通政使
7	宗室德祜	同治庚午年五月	正蓝旗第五族广裕佐领下人，花翎，三品顶戴，仍以知府记名简放，截取繁缺知府，俟得知府后，在任以道员候补并加二品衔，礼部员外郎	曾祖：禄康，原任东阁大学士；祖：耆英，原任文渊阁大学士；父：庆贤，原任宗人府理事官
8	宗室文濂	同治壬申年五月	正红旗头族宗室庆恕佐领下人，吏部员外郎	曾祖：春英，原任凉州副都统；祖：谦禧，原任热河都统；父：灵熙，现任永陵守护大臣，兴京副都统
9	宗室庆愈	同治壬申年八月	正红旗头族庆恕佐领下人，光绪己丑恩科举人，二品荫生，吏部即补主事	曾祖：恒昌，多罗顺承慎郡王；祖：伦柱，多罗顺承简郡王；父：春岱，奉恩将军，花翎，军功赏加副都统衔，卓异，记名副都统，原任保定府城守尉
10	宗室松溥	同治癸酉年五月	镶白旗二族常瑞佐领下人，癸巳举人，甲午进士，花翎，四品衔，京察一等，宗人府理事官	曾祖：恒尧；祖：英绥；父：常瑞，光绪丙子举人，现任掌湖南道监察御史公中佐领
11	宗室桂樑	同治癸酉年九月	正蓝旗第十二族桂芳佐领下人，花翎，宗人府候补主事	曾祖：连普，宗人府笔帖式；祖：杰光，原任刑部郎中；父：吉而哈春，花翎，三品顶戴，候补五品京堂，现任宗人府副理事官

续表

序号	姓名	出生年月	身份	三代情况
12	博禹特氏都林	同治甲戌年三月	镶蓝旗蒙古麟昌佐领下人，二等侍卫	曾祖：庆昌；祖：吉恒；父：苏噜岱，花翎都统衔，现任正蓝旗满洲副都统
13	完颜氏象贤	同治甲戌年十月	内务府镶黄旗满洲连荣佐领下人，花翎，二品顶戴，直隶补用道	曾祖：麟庆，原任江南河道总督；祖：崇厚，原任都察院左都御史；父：衡平，江苏补用道
14	佟佳氏荣厚	同治甲戌年十一月	正白旗满洲桂钧佐领下人，花翎，二品衔，候补丞参，吏部验封司掌印郎中	曾祖：乌凌阿，原任昭西陵礼部正郎；祖：廉明，原任吏部副郎；父：恭寿，原任成都将军兼署四川总督
15	宗室麟昌	光绪乙亥年二月	正白旗满洲承全佐领下人，宗人府候补笔帖式	曾祖：额勒春，原任掌广东道监察御史；祖：阿洪阿，三品卿衔，原任掌云南道监察御史；父：瑞贤，光绪乙酉举人，己丑进士，现任掌安徽道监察御史
16	宗室毓平	光绪丙子年闰五月	镶红旗近支定寿佐领下人，宗人府笔帖式	曾祖：奕经，原任协办大学士，吏部尚书；祖：载铿，道光甲辰举人，丁未进士，原任刑部主事；父：溥峩，同治癸酉举人，光绪丁丑进士，原任宗人府主事
17	宗室毓简	光绪丙子年十月	镶红旗右翼近支头族定寿佐领下人，四品宗室	曾祖：奕绘，多罗贝勒；祖：载钧，固山贝子；父：溥楣
18	瓜尔佳氏铨林	光绪丙子年十一月	正白旗满洲锡龄佐领下人，记名简放副都统	曾祖：萨炳阿；祖：常志；父：奎俊，现任正白旗蒙古都统，总管内务府大臣
19	周氏承荫	光绪丁丑年四月	内务府镶黄旗汉军椿寿佐领下人，圆明园笔帖式	曾祖：德克金；祖：庆连，原任内务府郎中，杭州织造；父：锡昌，武备院卿衔，尽先即选知府，原任内务府员外郎，汤泉总管

续表

序号	姓名	出生年月	身份	三代情况
20	佟佳氏光裕	光绪丁丑年五月	正白旗满洲长寿佐领下人，花翎，三品衔，即选知府，邮传部员外郎	曾祖：丰陞阿，世袭男爵；祖：德成，专用道，原任直隶广平府知府；父：松寿，现任闽浙总督
21	佟佳氏荣桂	光绪丁丑年九月	正白旗满洲桂钧佐领下人，度支部员外郎	曾祖：乌凌阿，原任昭西陵礼部郎中；祖：廉明，原任礼部员外郎；父：恭寿，原任成都将军兼署四川总督
22	宗室奕元	光绪戊寅年正月	镶白旗常瑞佐领下人，二品荫生，花翎，宗人府副理事官	曾祖：弘善，辅国将军，原任广州将军；祖：永良，奉国将军；父：绵文，原任礼部右侍郎
23	管氏世贤	光绪戊寅年八月	镶黄旗汉军世管佐领下人	曾祖：德桂，原任副都统衔头等侍卫兼世管佐领；祖：长林，原任广东黄冈协副将兼世管佐领；父：奎光，原任花翎四川夔州协副将兼世管佐领
24	宗室桂英	光绪己卯年五月	正蓝旗第十二族桂芳佐领下人，花翎，宗人府候补主事	曾祖：连普，原任宗人府笔帖式；祖：杰光，原任刑部郎中；父：吉而哈春，花翎，三品顶戴，候补五品京堂，现任宗人府副理事官
25	乌齐格里氏衡玖	光绪己卯年十一月	正红旗蒙古文翰佐领下人，法部员外郎	曾祖：文成，前河南右翼防御，晋赠文渊阁大学士；祖：倭仁，道光辛巳恩科举人，己丑进士，翰林院编修，原任文华殿大学士，赠太保，谥文端，入祀贤良祠；父：福裕，头品顶戴，原任奉天府尹，世袭骑都尉
26	瓜尔佳氏文丰	光绪庚辰年正月	正白旗满洲绩德佐领下人，理藩部候补主事	曾祖：保亮；祖：明林；父：德瑞，二品衔，记名副都统，现任右翼翼尉

续表

序号	姓名	出生年月	身份	三代情况
27	朱尔车特氏文锜	光绪庚辰年三月	正黄旗蒙古恩杰佐领下人，四品衔，三等侍卫委侍卫班领	曾祖：莫德里，翻译举人，世袭二等子爵兼世管察哈尔佐领；祖：希朗阿，世袭二等子爵兼世管察哈尔佐领，世袭骑都尉；父：恩祐，世袭二等子爵兼世管察哈尔佐领，太子少保衔，花翎，头品顶戴，原任镶蓝旗蒙古都统
28	杭阿坦氏柏桢	光绪庚辰年四月	镶白旗蒙古特克慎佐领下人	曾祖：奇德布；祖：恒善；父：奎焕，现任乌里雅苏台参赞大臣
29	宗室志瀚	光绪庚辰年七月	正黄旗第二族山林佐领下人，二品荫生，花翎，度支部通阜司员外郎	曾祖：庆宽，原任理藩院郎中；祖：文华，原任光禄寺正卿；父：祥霖，原任泰宁镇总兵兼总管内务府大臣
30	宗室恒敬	光绪辛巳年八月	镶蓝旗第五族宗室松海佐领下人，理藩部主事	曾祖：爱仁，辅国将军，晋封郑亲王；祖：廉至，奉国将军，原任察哈尔都统；父：耆徵，奉恩将军，前吉林副都统
31	杭阿坦氏柏增	光绪辛巳年十月	镶白旗蒙古特克慎佐领下人，花翎，度支部候补员外郎	曾祖：奇德布；祖：恒善；父：奎焕，现任乌里雅苏台参赞大臣
32	沈觐辰	光绪壬午年二月	福建福州府侯官县人，记名御史内阁中书	曾祖：葆桢，世袭一等轻车都尉，原任太子太保，两江总督，予谥文肃；祖：玮庆，世袭一等轻车都尉，恩赏举人；父：翊清，世袭一等轻车都尉，记名陆军部丞参，赠内阁学士
33	额勒德特氏华堪	光绪壬午年五月	镶黄旗蒙古恩绵佐领下人，民政部候补员外郎	曾祖：璧昌，原任两江总督；祖：同福，候选郎中；父：锡珍，原任吏部尚书
34	叶河那氏延年	光绪壬午年九月	正白旗满洲柏连佐领下人，花翎，同知衔，法部主事	曾祖：那清安，原任兵部尚书，予谥文勤；祖：全庆，原任体仁阁大学士，予谥文恪；父：麟祥，吏部郎中

续表

序号	姓名	出生年月	身份	三代情况
35	宗室麟瑞	光绪癸未年十一月	正红旗头族庆恕佐领下人，花翎，宗人府笔帖式	曾祖：伦柱，顺承郡王，予谥曰简；祖：春佑，镇国将军，原任理藩院尚书，予谥诚恪；父：谦光，辅国将军，乾清门侍卫，原任镶白旗蒙古副都统
36	宗室毓年	光绪癸未年十一月	正蓝旗满洲溥彩佐领下人，民政部员外郎	曾祖：奕亨，多罗贝勒；祖：载崇，原任刑部右侍郎；父：溥良，现任礼部尚书
37	完颜氏衡光	光绪甲申年正月	内务府镶黄旗满洲连荣佐领下人，花翎，二品衔，候补三院卿，内务府候补郎中	曾祖：延鏴，原任山东泰安府知府；祖：麟庆，嘉庆戊辰恩科举人，己巳进士，赏戴花翎，原任江南河道总督；父：崇实，道光癸卯举人，庚戌翰林，原任刑部尚书署盛京将军，追赠太子少保，予谥文勤。本生父：崇厚，道光甲辰恩科副榜，己酉举人，太子少保，赏戴双眼花翎，原任都察院左都御史
38	王庆甲	光绪乙酉年正月	浙江杭州府仁和县人，花翎，二品顶戴，农工商部郎中，特用道	曾祖：骥；祖：又沂；父：文韶，原任武英殿大学士，予谥文勤
39	朱尔车特氏文镜	光绪丙戌年二月	正黄旗蒙古恩杰佐领下人，大门侍卫	曾祖：莫德里，翻译举人，世袭二等子爵兼世管察哈尔佐领；祖：希朗阿，世袭二等子爵兼世管察哈尔佐领，世袭骑都尉；父：恩祐，世袭二等子爵兼世管察哈尔佐领，太子少保衔，花翎，头品顶戴，原任镶蓝旗蒙古都统
40	乌雅氏钟仑	光绪丙戌年七月	镶黄旗满洲明喜佐领下人，花翎，三品衔，以应升之缺升用吏部郎中	曾祖：庆福，原任国子监博士；祖：锡恩，候选员外郎；父：贻毅，前绥远城将军
41	张荣骥	光绪丁亥年正月	镶黄旗汉军文龄佐领下人，花翎，四品衔，候选通判	曾祖：百亮；祖：恩常；父：德彝，前出使英、意、比国大臣，钦差专使西班牙国大臣，现任镶蓝旗蒙古都统

续表

序号	姓名	出生年月	身份	三代情况
42	宗室广朴	光绪丁亥年二月	正黄旗满洲麟山佐领下人，一品荫生	曾祖：玉贵；祖：万义，原任开原城守尉；父：明启，现任镶蓝旗汉军都统
43	杨焕宸	光绪戊子年八月	正红旗汉军全志佐领下人，花翎，二品顶戴，候选道	曾祖：书绩，原任云南恩安县知县；祖：能格，道光乙未恩科乡魁，丙申恩科进士，翰林院编修，原任江宁布政使司布政使；父：儒，同治丁卯举人，原任户部左侍郎
44	宗室毓彩	光绪戊子年十月	镶红旗定寿佐领下人，大理院六品推事	曾祖：奕纪，原任御前大臣，户部尚书；祖：载铙；父：溥颋，现任农工商部尚书
45	尚久勤	光绪己丑年十月	镶蓝旗汉军尚其沣佐领下人，郡主额驸，候选知府	曾祖：宗轼，世袭三等轻车都尉，署贵州提督，原任镇远镇总兵；祖：昌本，原任广东佛冈同知；父：其亨，头品顶戴，前出使考查政治大臣，现任福建布政使司布政使
46	宗室广勤	同治乙丑年十月	三等侍卫兼镶蓝旗第六族宗室佐领	曾祖：罗而忏，二品荫生；祖：广恩，头等侍卫；父：恩海，原任本族族长

学员

序号	姓名	出生年月	身份	三代情况
1	崔佳氏盛格	光绪己卯年十月	镶红旗满洲包衣锡光佐领下人，候选知县，陆军部笔帖式	曾祖：阿保泰；祖：联元，咸丰戊午举人，同治戊辰进士，翰林院检讨，原任内阁学士兼礼部侍郎衔，总理各国事务衙门大臣，予谥文直；父：椿寿，现任醇贤亲王园寝礼部主事

续表

序号	姓名	出生年月	身份	三代情况
2	栋鄂氏成全	光绪辛巳年闰七月	正黄旗满洲三甲喇恩林佐领下人，世袭二等子爵	曾祖：音德布，世袭二等子爵；祖：双喜，世袭二等子爵；父：多隆武，世袭二等子爵
3	沙济富察氏文厚	光绪壬午年四月	镶黄旗满洲凤山佐领下人，一品荫生，陆军部候补员外郎	曾祖：吉拉章阿，甘肃参将；祖：景昌，空衔，花翎；父：德贵，司礼长，世袭襄勇侯；存兴之族侄
4	宗室锡泉	光绪壬午年四月	镶蓝旗第七族果勒明阿佐领下人，四品宗室	曾祖：扬森，奉恩将军，原任城守尉；祖：廷志，奉恩将军；父：英文
5	宗室乐钦	光绪壬午年六月	镶蓝旗第六族广勤佐领下人，四品宗室	曾祖：敏克，奉恩将军，原任宗人府理事官；祖：桂岑，奉恩将军，原任宗人府理事官；父：锡寿，原任二等侍卫
6	宗室溥琳	光绪壬午年六月	正蓝旗近支二族溥彩佐领下人，应封宗室	曾祖：绵椿，奉恩辅国公；祖：奕协，奉恩辅国公；父：载帛，奉恩辅国公
7	郑乃鉴	光绪壬午年六月	安徽庐州府合肥县人，二品荫生，前光禄寺署正	曾祖：秀楹；祖：国俊，原任浙江处州镇总兵，记名提督，国史馆立传；兼祧祖：国魁，前署天津镇总兵，记名提督，国史馆立传，立功省份建立专祠；父：光杰，升用知府，直隶候补知县
8	完颜氏崇勋	光绪壬午年七月	镶红旗满洲四甲喇联英佐领下人，骁骑校	曾祖：兴安，世袭三等男爵兼世管佐领；祖：喜林，世袭三等男爵兼世管佐领；父：联英，世袭三等男爵兼世管佐领
9	索绰络氏璧瑜	光绪壬午年十一月	镶白旗满洲世勋佐领下人，候选知州	曾祖：恒静，乾隆丁未翻译举人；祖：麟魁，道光壬午举人，癸未进士，丙戌传胪，原任兵部尚书，陕甘总督，协办大学士，予谥文端；父：恩寿，恩赐举人，同治甲戌进士，现任陕西巡抚

续表

序号	姓名	出生年月	身份	三代情况
10	姜兆璜	光绪癸未年二月	安徽颍州府亳州人，附生，候选知县	曾祖：永茂；祖：桂题，现任直隶提督；父：瑞云，补用都司
11	苏完呢瓜尔佳氏锡明	光绪癸未年四月	镶黄旗满洲二甲喇本身佐领下人，委散秩大臣，分献大臣，世袭一等信勇公爵兼勋旧佐领	曾祖：盛桂，黑龙江将军，一等信勇公爵兼勋旧佐领；祖：联绶，头等侍卫，一等信勇公爵兼勋旧佐领；本生祖：联康，二等侍卫，侍卫什长，一品荫生；父：定昌，委散秩大臣，一等信勇公爵兼勋旧佐领，正蓝旗满洲副都统，镶蓝旗护军统领；本生父：景祺，一品荫生，二等侍卫，侍卫班领
12	宗室毓麟	光绪癸未年五月	镶蓝旗近支二族毓英署佐领下人，四品宗室	曾祖：奕棠，花翎，右翼宗学总管；祖：载雅，四品衔，候选主事；父：溥侑，升用主事，宗人府笔帖式
13	龚齐坊	光绪癸未年八月	浙江杭州府仁和县人	曾祖：守正，嘉庆庚申举人，壬戌进士，太子太保，经筵讲官，原任礼部尚书，予谥文恭；祖：自闳，道光癸卯举人，甲辰进士，原任工部侍郎；父：家尚，四品衔，法部郎中
14	刘朝望	光绪癸未年九月	安徽庐州府合肥县人，光绪丁酉举人，花翎，三品衔，候选道，法部郎中	曾祖：惠；祖：铭传，原任直隶提督，福建、台湾巡抚，一等男爵，晋赠太子太保，予谥壮肃，国史馆立传，立功省份建立专祠；父：盛芸，光绪癸巳恩科副贡，特赏举人，特旨存记道
15	宗室玉辉	光绪癸未年十月	正蓝旗第二族铁焜佐领下人，四品宗室	曾祖：贵定，奉国将军，世管佐领；祖：端明，奉恩将军，世管佐领，大考一等；父：恒贶，宗人府主事；本生父：恒睿，现任本族族长
16	赫舍哩氏煜贵	光绪癸未年十二月	正黄旗满洲头甲喇常海佐领下人，世袭二等男爵	曾祖：特克慎，世袭二等男爵；祖：清福，世袭二等男爵；父：明喜，世袭二等男爵

续表

序号	姓名	出生年月	身份	三代情况
17	葛尔达苏氏麟济	光绪癸未年十二月	镶红旗满洲文熙佐领下人，二品荫生，补用骁骑校	曾祖：皂庆；祖：成永；父：联魁，头品顶戴，现任甘肃、新疆巡抚
18	伊尔根觉罗氏齐敏	光绪癸未年十二月	正红旗满洲承厚佐领下人，附生，法部笔帖式	曾祖：隆文，嘉庆甲子举人，戊辰翰林，原任刑部尚书，镶红旗蒙古都统，军机大臣，予谥端毅；祖：桂清，原任福建汀漳龙道；父：奎英，原任工部员外郎
19	卫献玫	光绪甲申年正月	河南卫辉府新乡县人，附贡生	曾祖：殿华，附贡生；祖：世杰，廪贡生，河内县教谕；父：荣光，道光丙午举人，咸丰壬子进士，翰林院编修，原任山西巡抚
20	巴禹特氏贵筠	光绪甲申年正月	正白旗蒙古第七甲喇拴禄佐领下人，贡生	曾祖：德兴额；祖：巴哈，盛京正白旗蒙古公中佐领；父：尚贤，同治庚午举人，甲戌进士，翰林院编修，内阁学士兼礼部侍郎衔，钦赏副都统衔，留京候简，前驻藏帮办大臣
21	陈昌毂	光绪甲申年三月	贵州贵阳府开州人，原籍江西抚州府崇仁县，分省试用知府	曾祖：之榛，廪贡生。祖：世炘，道光辛卯举人，大挑一等，原任贵州清溪县知县；父：夔麟，同治癸酉补行甲子科举人，光绪庚辰进士，翰林院庶吉士，现任广东布政使司布政使
22	阎佳氏继馥	光绪甲申年四月	正黄旗汉军福煊佐领下人，二品荫生，以通判用	曾祖：阎溥；祖：德春；父：成勋，署理吉林将军，裁缺吉林副都统
23	尚久恩	光绪甲申年闰五月	镶蓝旗汉军尚其沣佐领下人，世袭恩骑尉	曾祖：宗蕙，世袭三等轻车都尉；本生曾祖：宗轼，世袭三等轻车都尉，署理贵州提督，原任镇远镇总兵；祖：昌懋，头品顶戴，军功花翎，黄马褂，世袭三等轻车都尉，原任正红旗汉军都统，国史馆立传；父：其垚，世袭恩骑尉，花翎，二品衔，特用道

续表

序号	姓名	出生年月	身份	三代情况
24	宗室柏崑	光绪甲申年闰五月	镶蓝旗第五族松海佐领下人，四品宗室	曾祖：怀秀，嘉庆甲子举人，宗人府笔帖式，东陵承办事务衙门主事，礼部员外郎，石门工部郎中；祖：连昌；父：清倚，镶黄旗三等侍卫，侍卫副班领
25	宗室恒绪	光绪甲申年九月	镶蓝旗近支二族宗室毓英佐领下人，四品宗室	曾祖：载宜，道光癸卯举人；祖：福钊，四品京堂，户部员外郎；父：毓泉，宗人府主事
26	佟佳氏光瀛	光绪甲申年十二月	正白旗满洲三甲喇长寿佐领下人，昌陵礼部郎中	曾祖：丰陞阿，世袭男爵；祖：德启，世袭男爵，记名总兵，甘肃副将；本生祖：德成，专用道，原任直隶广平府知府；父：麟寿，世袭男爵，记名副都统
27	徐迪祥	光绪乙酉年三月	江苏太仓州嘉定县人，一品荫生，度支部员外郎	曾祖：樟，邑庠生；祖：述岐，旌表孝行；本生祖：经，嘉庆戊寅恩科举人，己卯恩科进士，翰林院编修，原任山东济东泰武临道；父：郙，咸丰己未恩科举人，同治壬戌状元，翰林院修撰，原任协办大学士、礼部尚书
28	沙济富察氏麟钰	光绪乙酉年四月	镶黄旗满洲凤山佐领下人，世袭一等男爵	曾祖：博敬，世袭一等男爵；本生曾祖：博启图，世袭一等诚嘉毅勇公爵，御前大臣，太子太保衔，原任工部尚书，予谥敬僖；祖：景成，世袭一等男爵，赏戴花翎，头等侍卫；本生祖：景寿，世袭一等诚嘉毅勇公爵，御前大臣领侍卫内大臣，固伦额驸，予谥端勤；父：耆昌，一品荫生，三等侍卫；本生父：志勋，四品京堂
29	宗室世昌	光绪乙酉年六月	镶蓝旗头族宗室国常佐领下人，四品宗室	曾祖：成朗，原任户科给事中；祖：廉明，副理事官；父：达春

续表

序号	姓名	出生年月	身份	三代情况
30	赫舍里氏恩厚	光绪乙酉年六月	正黄旗满洲惠忠佐领下人,世袭男爵,二等侍卫	曾祖:和春,督办三江军务,钦差大臣,赏戴双眼花翎,原任江宁将军,予谥忠庄;祖:霍顺武,世袭男爵,二等侍卫;父:文佟,二品荫生
31	宗室常贵	光绪乙酉年六月	正黄旗第一族寿恒佐领下人,恩监生,宗人府笔帖式	曾祖:达谦;祖:多平,西陵员外郎;父:惠诚
32	郭则涑	光绪乙酉年十二月	福建福州府侯官县人,主事衔	曾祖:柏荫,道光戊子举人,壬辰进士,翰林院编修,原任湖北巡抚,署湖广总督;祖:式昌,咸丰己未补行戊午科举人,原任浙江金衢严道,署浙江按察使司按察使;父:曾准,光绪己卯举人,壬辰进士,翰林院庶吉士,候选知府,现任江西义宁州知州
33	宗室荣华	光绪丙戌年四月	镶白旗第二族常瑞佐领下人,四品宗室	曾祖:文高,二等侍卫;祖:祥厔;父:继嘉
34	顾思范	光绪丙戌年七月	江苏太仓州镇祥县人,知县用,安徽补用县丞	曾祖:慰祖,附贡生;祖:钟,本生祖:镶,四品衔,候选同知;父:浩如;本生父:元爵,特赠内阁学士
35	宗室毓庄	光绪丙戌年七月	镶蓝旗近支第二族毓英署佐领下人,四品宗室	曾祖:奕颢,奉恩镇国公,原任兵部尚书;祖:载耀,原任吉林副都统;父:福恩,原任宗人府主事
36	沙济富察氏麟昭	光绪丙戌年七月	镶黄旗满洲凤山佐领下人,监生	曾祖:博启图,世袭一等诚嘉毅勇公爵,御前大臣,太子太保衔,原任工部尚书,予谥敬僖;祖:景寿,世袭一等诚嘉毅勇公爵,领侍卫内大臣,固伦额驸,予谥端勤;父:志勖,四品京堂
37	宗室德通	光绪丙戌年九月	正蓝旗第十一族麒振佐领下人,四品宗室	曾祖:瑞喜,原任宗人府主事;祖:嵩祥,原任二等侍卫;父:广志,宗人府候补笔帖式

续表

序号	姓名	出生年月	身份	三代情况
38	吴保锴	光绪丙戌年十一月	山东武定府海丰县人	曾祖：式芬，道光壬午举人，乙未进士，翰林院编修，原任内阁学士兼礼部侍郎衔；祖：重熹，同治壬戌恩科补行辛酉科举人，现任河南巡抚；父：钦，光绪戊子副贡，浙江候补知府
39	佟佳氏光泰	光绪丙戌年十二月	正白旗满洲长寿佐领下人，花翎，三品衔，定陵礼部郎中	曾祖：丰陞阿，世袭男爵；祖：德成，专用道，原直隶广平府知府；父：松寿，现任闽浙总督
40	宗室萨佑	光绪丙戌年十二月	镶红旗第六族宗室祥林佐领下人，四品宗室	曾祖：法克星阿；祖：桂荫；父：玉龄，三等侍卫副班领
41	宗室希敬	光绪丙戌年十二月	镶蓝旗第五族松海佐领下人，四品宗室	曾祖：爱仁，奉国将军，追封郑亲王；祖：廉至，奉国将军，原任察哈尔都统；父：耆徵，奉恩将军，前吉林副都统
42	苏完呢瓜尔佳氏松年	光绪丁亥年正月	正黄旗满洲润芳佐领下人，三等侍卫	曾祖：禄贤，世袭一等昭勋雄勇公爵，原任散秩大臣；祖：复昌，世袭一等昭勋雄勇公爵，原任散秩大臣；父：符珍，世袭一等昭勋雄勇公爵，固伦额驸内大臣，现任正白旗满洲都统
43	李晋祥	光绪丁亥年闰四月	湖北汉阳府沔阳州人，分省试用知县	曾祖：道湘，道光甲辰恩科举人，原任直隶柏乡县知县；祖：绂藻，同治丁卯经魁，辛未进士，翰林院检讨，原任仓场侍郎；父：烈钦，附贡生，二品荫生，候选知府
44	宗室铜锟	光绪丁亥年五月	正蓝旗第三族灵照佐领下人，四品宗室	曾祖：文霱，嘉庆戊寅举人；祖：凤翰；父：延庥
45	伊尔根觉罗氏忠旭	光绪丁亥年五月	正蓝旗满洲文泰佐领下人，监生	曾祖：伊克坦布，花翎，提督衔，记名总兵，原任贵州清江协副将，恩赏骑都尉世职；祖：桂龄，花翎，记名副都统，护军参领兼袭骑都尉；父：祥佑，花翎，现任山东沂州协副将兼袭骑都尉

续表

序号	姓名	出生年月	身份	三代情况
46	郭佳氏成荫	光绪丁亥年七月	镶蓝旗满洲永泉佐领下人，贡生，礼部笔帖式	曾祖：广泰，原任礼部侍郎；祖：穆彰阿，嘉庆庚申举人，乙丑翰林，原任文华殿大学士；父：萨廉，光绪丙子举人，庚辰翰林，裁缺礼部侍郎，现任正黄旗护军统领
47	宗室毓英	光绪丁亥年九月	正蓝旗第二族溥彩佐领下人，四品宗室	曾祖：奕聪，镇国将军；祖：载润；父：溥森
48	宗室文林	光绪丁亥年九月	正红旗头族庆恕佐领下人，四品宗室	曾祖：庆陞额；祖：海明；父：凤寿
49	宗室溥经	光绪丁亥年九月	镶红旗近支第三族定寿佐领下人，四品宗室	曾祖：绵荦，和硕庄质亲王；祖：奕仁，和硕庄厚亲王；父：载勋，已革和硕庄亲王
50	朱尔车特氏福荫	光绪丁亥年十月	正黄旗蒙古恩杰佐领下人，大门侍卫，世袭二等子爵兼世管察哈尔佐领	曾祖：希朗阿，世袭二等子爵兼世管察哈尔佐领，原任湖北副将，赏加骑都尉世职；祖：恩佑，世袭二等子爵兼世管察哈尔佐领，太子少保，花翎，头品顶戴，管理神机营事务大臣，原任镶蓝旗蒙古都统；父：文锦，二品顶戴，原任头等侍卫，续办事章京
51	刘祖兰	光绪丁亥年十一月	直隶河间府吴桥县人，附生，法部候补主事	曾祖：廷瑞；祖：硕膚；父：恩溥，同治乙丑进士，翰林院编修，原任仓场侍郎
52	宗室志庚	光绪戊子年正月	正蓝旗第四族庆锟佐领下人，四品荫生，宗人府候补笔帖式	曾祖：受庆，嘉庆丙子举人，道光壬午进士，翰林院编修，原任都察院左副都御史；祖：奎景，咸丰辛亥举人，原任宗人府主事；本生祖：奎郁，同治丁卯举人，甲戌进士，原任内阁侍读学士；父：宝熙，光绪戊子举人，壬辰进士，翰林院编修，现任学部右侍郎
53	铁岭胡氏庆格	光绪戊子年二月	镶白旗汉军四甲喇英顺佐领下人，陆军部候补主事	曾祖：胡文陸；祖：常顺，骁骑参领；父：联芳，现任外务部右侍郎

续表

序号	姓名	出生年月	身份	三代情况
54	萨克达氏贤麟	光绪戊子年二月	正黄旗满洲清康佐领下人，同知职衔	曾祖：恩达赫，原任火器营参领；祖：双寿，国子监生员；父：瑞启，乾清门侍卫，现任镶白旗蒙古副都统
55	张璸	光绪戊子年二月	河南光州固始县人，附生，主事衔	曾祖：惇麟，增生；祖：问行，增贡生；父：仁黻，邑庠生，花翎，候选同知；原任吏部右侍郎张仁黼胞侄
56	宗室玉崑	光绪戊子年三月	正蓝旗满洲第十三族富宽佐领下人，四品宗室	曾祖：吉定，原任宗人府主事；祖：英增，原任一等侍卫兼本族族长；父：文信，现任本族族长
57	穆尔察氏魁瀛	光绪戊子年六月	镶白旗满洲爱绅佐领下人，二品荫生，花翎，五品衔，法部候补主事	曾祖：特克绅布，原任江西吉安府知府；祖：英会，原任惠陵礼部员外郎；父：铁良，现任陆军部尚书
58	宗室松生	光绪戊子年六月	镶白旗二族常瑞佐领下人，恩监生，法部八品录事	曾祖：恒谟，宗学总管；本生曾祖：恒尧；祖：丰泽，宗人府主事；本生祖：英絿；父：常隆；本生父：常瑞，光绪丙子举人，现任掌湖南道监察御史公中佐领
59	宗室恒垺	光绪戊子年七月	正蓝旗满洲溥彩佐领下人，四品宗室	曾祖：载铨，和硕定敏亲王；祖：溥煦，多罗定慎郡王；父：毓长，一等镇国将军
60	宗室连通	光绪戊子年八月	正白旗第三族承全佐领下人，四品宗室	曾祖：何谦；祖：惟忠；父：宝继
61	陈绳	光绪戊子年十月	福建福州府闽县人	曾祖：春芳，旌奖孝友；祖：鸿英，抚民同知；父：瑀，四品衔，国史馆誊录；前任邮传部尚书陈璧之胞侄
62	宗室毓逖	光绪戊子年十一月	正蓝旗近支第二族溥彩佐领下人，奉国将军	曾祖：奕亨，多罗贝勒；祖：载容，固山贝子；父：溥绶，辅国将军

续表

序号	姓名	出生年月	身份	三代情况
63	宗室宝文	光绪戊子年十一月	正白旗第二族承全佐领下人，花翎，宗人府候选理事官	曾祖：荣遐，道光甲午举人，原任宗人府主事；祖：敬信，原任体仁阁大学士，追赠太子少保，予谥文恪；父：墨麒，终制开缺内阁学士兼礼部侍郎衔
64	宗室荣良	光绪戊子年十一月	镶白旗二族常瑞佐领下人，四品宗室	曾祖：文徵，奉国将军；祖：祥登，奉恩将军；父：继凤，奉恩将军，一品荫生，三等侍卫
65	宗室毓翰	光绪戊子年十二月	右翼镶红旗近支三族定寿佐领下人，四品宗室	曾祖：奕赓；祖：载焘；父：溥墊
66	宗室麟淮	光绪戊子年十二月	正红旗三族恩元佐领下人，四品宗室	曾祖：瑞玉；祖：锡光；父：海志，二等侍卫，侍卫班领
67	宗室长缜	光绪戊子年十二月	正蓝旗第五族广裕佐领下人，四品宗室	曾祖：耆英，原任文渊阁大学士；祖：庆贤，宗人府理事官；父：德祜，花翎，三品顶戴，记名简放繁缺知府，礼部员外郎
68	博尔济吉特氏奉纯	光绪己丑年正月	镶黄旗满洲清顺佐领下人	曾祖：哈福康阿，前锋参领；祖：希拉绷阿，云南副将；父：经文；郡主和硕额驸，散秩大臣；原任杭州将军果勒敏之胞侄
69	瓜尔佳氏良豫	光绪己丑年正月	正白旗满洲锡龄佐领下人，步军统领衙门候补员外郎，世袭骑都尉加一云骑尉，又兼恩骑尉	曾祖：塔斯哈，原任镶红旗蒙古都统喀什噶尔办事大臣，予谥庄毅；祖：长瑞，原任天津总兵，予谥武壮；父：承禄，原任湖北郧阳府知府
70	宗室济昌	光绪己丑年正月	镶蓝旗三族宗室国常佐领下人，花翎，陆军部学习主事	曾祖：明恺，宗人府主事；祖：庆广，宗学副管；父：景厚，光绪己卯举人，丙戌进士，礼部左侍郎
71	完颜氏立贤	光绪己丑年正月	镶黄旗满洲连荣佐领下人，花翎，三品顶戴，内务府候补郎中	曾祖：麟庆，嘉庆戊辰恩科举人，己巳进士，原任江南河道总督；祖：崇厚，道光己酉举人，前都察院左都御史；父：衡平，同治乙亥恩科举人，选用道

续表

序号	姓名	出生年月	身份	三代情况
72	宗室善铎	光绪己丑年二月	正蓝旗溥彩佐领下人，应封宗室，辅国将军	曾祖：恒明，奉恩辅国公；祖：裕恪，奉恩辅国公；父：意普，奉恩辅国公
73	宗室颐庆	光绪己丑年二月	镶红旗第三族春满佐领下人，四品宗室	曾祖：奉福，头等侍卫；祖：福锡，乾清门头等侍卫；父：恩裕，宗人府笔帖式
74	宗室丰申	光绪己丑年四月	正蓝旗第十一族麒振佐领下人，四品宗室	曾祖：保奎，原任云麾使；祖：常灿，二等侍卫；父：志和
75	宗室志清	光绪己丑年四月	正蓝旗第四族庆锟佐领下人，二品荫生，大理院六品推事	曾祖：成海；本生曾祖：受庆，嘉庆丙子举人，道光壬午进士，翰林院编修，原任都察院副都御史；祖：奎郁，同治丁卯举人，甲戌进士，原任内阁侍读学士；父：宝贤；本生父：宝熙，光绪戊子举人，壬辰进士，翰林院编修，现任学部右侍郎
76	郭博勒氏克兴额	光绪己丑年四月	正白旗满洲恒连佐领下人，四品衔，邮传部庶务司学习郎中	曾祖：忠山，原任正白旗蒙古都统，予谥恪僖；祖：穆腾阿，帮办安徽等省军务大臣，军功花翎，原任江宁将军，济特固勒特依巴图鲁；父：希朗阿，花翎，现任镶黄旗满洲副都统，镶黄旗护军统领
77	宗室存昌	光绪己丑年五月	镶红旗第六族祥林佐领下人，四品宗室	曾祖：秀慧，宗人府理事官；祖：兆麟，头等侍卫，记名副都统；父：吉绥，三等侍卫
78	叶赫那喇氏耆年	光绪己丑年六月	正蓝旗满洲吉寿佐领下人，陆军部郎中	曾祖：庆泰，嘉庆癸亥翻译进士，东陵礼部员外郎；祖：瑞麟，原任文华殿大学士，两广总督，晋赠太保，予谥文庄；父：怀塔布，原任理藩院尚书，总管内务府大臣，晋赠太子少保，予谥恪勤

续表

序号	姓名	出生年月	身份	三代情况
79	富察氏国源	光绪己丑年九月	镶黄旗满洲锡惠佐领下人，贡生，国史馆议叙笔帖式	曾祖：玉成，候选知府兼袭轻车都尉；祖：硕麟，花翎，提督衔，原任直隶通永镇总兵，兼袭轻车都尉；父：霍顺武，花翎，二品衔，军机处存记道，原任浙江绍兴府知府，兼袭轻车都尉
80	徐传元	光绪己丑年九月	江苏太仓州嘉定县人	曾祖：述岐，旌表孝行；本生曾祖：经，嘉庆戊寅恩科举人，己卯恩科进士，翰林院编修，原任山东济东泰武临道；祖：郙，咸丰己未恩科举人，同治壬戌恩科状元，原任协办大学士，礼部尚书；父：桢祥，二品荫生，直隶候补道
81	宗室溥露	光绪己丑年九月	正蓝旗近支第二族宗室溥彩佐领下人，宗人府经历司学习笔帖式	曾祖：绵勋，固山贝子；祖：奕均，追封奉恩镇国公；父：载信，奉恩镇国公
82	宗室继质	光绪己丑年十月	镶白旗二族常瑞佐领下人，四品宗室	曾祖：恒晋，镇国将军；祖：文续；父：祥立，前左翼宗学副官
83	宗室厚良	光绪己丑年十一月	正蓝旗满洲第八族溥彩佐领下人，四品宗室，恩赏主事	曾祖：讷勒亨额，嘉庆己卯进士，原任盛京刑部侍郎，库伦办事大臣；祖：瑞清，原任宗人府笔帖式；父：宝丰，光绪己丑进士，原任翰林院侍读
84	马佳氏常麟	光绪己丑年十一月	镶黄旗满洲继良佐领下人，正二品荫生	曾祖：德克吉贺；祖：庆福；父：明惠，头品顶戴，都统衔，前任凉州副都统
85	苏完呢瓜尔佳氏松耆	光绪己丑年十二月	正黄旗满洲润芳佐领下人，一品荫生	曾祖：禄贤，世袭一等昭勋雄勇公爵，原任散秩大臣；祖：复昌，世袭一等昭勋雄勇公爵，原任散秩大臣；父：符珍，世袭一等昭勋雄勇公爵，固伦额驸内大臣，现任正白旗满洲都统

续表

序号	姓名	出生年月	身份	三代情况
86	宗室恒寅	光绪庚寅年二月	正蓝旗第一族溥彩佐领下人，四品宗室	曾祖：载铨，和硕定敏亲王；祖：溥煦，多罗定慎郡王；父：毓长，一等镇国将军
87	钱承懋	光绪庚寅年二月	浙江嘉兴府嘉善县人，度支部候补主事	曾祖：埙，郡庠生；祖：宝廉，道光癸卯举人，庚戌进士，翰林院编修，原任吏部右侍郎；父：文训；本生父：能训，光绪癸巳恩科举人，戊戌进士，裁缺奉天右参赞
88	胡同林	光绪庚寅年二月	安徽泗州人，原籍浙江绍兴府萧山县，二品荫生，以通判用	曾祖：寿牲；祖：豫；父：橘棻，同治甲子举人，甲戌进士，翰林院庶吉士，原任邮传部右侍郎
89	宁古塔氏德玉	光绪庚寅年五月	镶蓝旗满洲玉崑佐领下人	曾祖：富英阿；祖：明魁，原任杭州副都统；父：瑞崑，二品衔，卓异，记名副都统
90	钮祜禄氏钟麟	光绪庚寅年五月	镶黄旗满洲信恪佐领下人，陆军部学习主事	曾祖：恩绪，西宁办事大臣，世袭二等男爵，晋封侯爵；祖：瑚图理，世袭侯爵兼袭二等男爵，晋封承恩公，委散秩大臣；父：文瑞，世袭二等男爵，现任西安将军
91	萨克达氏富克锦	光绪庚寅年七月	镶蓝旗满洲祥福佐领下人，钦赏和硕额驸，品级二等侍卫，世袭恩骑尉	曾祖：安福，原任察哈尔都统，以军功给云骑尉世职，予谥刚恪；祖：熙拉布，御前侍卫，都统衔，左翼前锋统领，原任正黄旗满洲副都统；父：扎拉丰阿，寿禧和硕额驸，赏镇国公衔，御前大臣，赏戴双眼花翎，原任正蓝旗蒙古都统
92	宗室谦顺	光绪庚寅年七月	镶红旗满洲第二族春满佐领下人，四品宗室	曾祖：炳悦；祖：伊什布；父：裕祺

续表

序号	姓名	出生年月	身份	三代情况
93	沙济富察氏祥楸	光绪辛卯年正月	正黄旗满洲书润佐领下人，世袭一等男爵	曾祖：成明，世袭一等男爵，头等侍卫；祖：凤纪，世袭一等男爵，原任杀虎副将；本生祖：凤冈，世袭都尉加云骑尉兼恩骑尉，原任山东城守营参将；父：连兴，世袭一等男爵兼公中佐领；本生父：文海，世袭骑都尉加云骑尉兼恩骑尉，二等侍卫
94	宗室世纲	光绪辛卯年四月	正蓝旗满洲第九族宗室宝锟佐领下人，四品宗室	曾祖：福伦，第九族族长；祖：秀龄，第九族族长；父：多寿，现任盖州城守尉
95	喜塔腊氏承启	光绪辛卯年七月	正白旗满洲成福佐领下人，二品荫生，员外郎衔	曾祖：崇纶，头品顶戴，原任湖北巡抚；祖：裕长，头品顶戴，原任湖北巡抚；父：熙彦，光绪壬辰进士，现任农工商部左侍郎

后 记

本书是在程学峰和我的两篇硕士论文的基础上修订而成的。程学峰是我的师姐，她在2005年硕士毕业，毕业论文的题目为《贵胄学堂与清末贵族》。八年后，我也从北京师范大学历史学院毕业，硕士论文的题目为《清末编订名词馆研究》。这两篇文章的主题看似互不关联，但都从各自的角度反映出清末新政中政治与文化变革的新貌，或可对理解清末政治文化有所助益。因此，在我们共同的导师——孙燕京教授的筹划下，我们对原有文字加以修改、增订，最终以一本专著的样式呈现在诸位读者面前。

我们深知学术界对清末历史的研究日新月异，在修订时参考了大量近年来新出版的研究成果，以期在研究深度上能较硕士论文成文时有所进步。然而对于本书所引用的一些原始资料，目前学界的关注仍然较少，且尚未出版。为便于后人利用，我们决定将这部分史料整理出来，作为本书的附录。全书所用的史料，或有明显讹误，或有与现代汉语用法相异之处，我们酌情加以处理，请读者鉴之。

本书的具体分工如下：程学峰提供了下编的初稿，我提供了绪论和上编的初稿，并对全书加以统筹、修订。附录部分由我们二人共同整理、校对。

这本小书得以出版，首先要感谢孙燕京老师。本书从确定出版计划，到最终定稿，其间的每一个环节都离不开孙老师的鼓励、建议、督促与宽容。在出版过程中，华夏出版社的责编王敏老师同样付出了辛苦的劳动，其专业性常令我们赞叹。最后，对关心本书出版的北京师范大学历史学院和华夏出版社的其他领导、老师，对助益本书写作的各位学界前辈、同仁，我们在此也一并表示真挚的感谢。

由于我们的水平有限，书中难免错谬疏漏之处，敬请各位读者不吝赐教！

何思源（代）

2021年10月22日

图书在版编目（CIP）数据

新政、新制、新文化：编订名词馆与贵胄学堂 / 何思源，程学峰著.
——北京：华夏出版社有限公司，2021.12

（满蒙权贵与20世纪初的政治生态研究书系 / 孙燕京主编）

ISBN 978-7-5222-0202-0

Ⅰ.①新… Ⅱ.①何… ②程… Ⅲ.①教育制度-研究-中国-清代 Ⅳ.①G529.49

中国版本图书馆CIP数据核字（2021）第230134号

新政、新制、新文化：编订名词馆与贵胄学堂

作　　者	何思源　程学峰
责任编辑	王　敏
责任印制	周　然
出版发行	华夏出版社有限公司
经　　销	新华书店
印　　装	北京九州迅驰传媒文化有限公司
版　　次	2021年12月北京第1版 2021年12月北京第1次印刷
开　　本	720×1030　1/16
印　　张	21.5
字　　数	300千字
定　　价	68.00元

华夏出版社有限公司　地址：北京市东直门外香河园北里4号　邮编：100028
网址：www.hxph.com.cn　电话：(010) 64663331（转）

若发现本版图书有印装质量问题，请与我社营销中心联系调换。